# 정의로운 전쟁과 평화주의

모든 인간은 하나님의 형상을 닮은 존엄한 존재입니다. 전 세계의 모든 사람들은 인종, 민족, 피부색, 문화, 언어에 관계없이 존귀합니다. 예영커뮤니케이션은 이러한 정신에 근거해 모든 인간이 존귀한 삶을 사는 데 필요한 지식과 문화를 예수 그리스도의 사랑으로 보급함으로써 우리가 속한 사회에 기여하고자 합니다.

## 정의로운 전쟁과 평화주의

**펴낸 날** · 2010년 2월 25일 | **초판 1쇄 찍은 날** · 2010년 2월 20일
**지은이** · 박도현 | **펴낸이** · 김승태
**등록번호** · 제2-1349호(1992. 3. 31) | **펴낸 곳** · 예영커뮤니케이션
**주소** · (136-825) 서울시 성북구 성북1동 179-56 | **홈페이지** www.jeyoung.com
**출판사업부** · T. (02)766-8931  F. (02)766-8934  e-mail : edit1@jeyoung.com
**출판유통사업부** · T. (02)766-7912  F. (02)766-8934  e-mail : sales@jeyoung.com

copyright ⓒ 2010, 박도현
ISBN 978-89-8350-569-9 (04230)
    978-89-8350-570-5 (세트)

## 값 10,000원

* 잘못 만들어진 책은 교환해 드립니다.
* 본 저작물은 저작권법에 의하여 한국 내에서 보호를 받는 저작물이므로 무단 전재와 무단 복제를 금합니다.

# 정의로운 전쟁과 평화주의

박도현 지음

예영커뮤니케이션

# 머리말

　삶의 현실 속에서 우리는 생태계, 환경, 생명공학, 성윤리 등과 같은 많은 윤리적 문제들에 직면해 살아간다. 이런 문제들에 대해 윤리학은 옳고 그름, 선과 악을 판별할 수 있게 한다. 그런 의미에서 삶은 윤리적 판단의 연속이다. 기독교 윤리는 기독교인에게 삶에서 부딪치는 문제들에 대해서 어떻게 판별하고 행동할 것인가를 가르쳐 준다. 이것이 기독교 윤리의 과제이다.

　필자는 목회자로서 그리고 윤리를 전공한 학자로서 삶에 부딪치는 문제들에 대해 고민하고, 성경에 비추어 해석하며 바른 길이 무엇인지를 밝히는데 사명을 두고 있다. 여러 가지 문제들 가운데 전쟁과 평화는 끊임없는 물음을 필자에게 주었다. "전쟁은 과연 옳은가?", "성경은 전쟁을 지지하는가 아니면 반대하는가?"에 대한 물음에 쉽게 답할 수 없었다. 공부를 하면 할수록 전쟁과 평화는 인류의 생존에 직결되는 중요한 문제임에도 불구하고, 분명한 기독교의 입장이 정립되어 있지 않다는 점을 발견하게 되었다. 성경은 정의로운 전쟁과 평화주의 둘 다에 대해 말하고 있다. 그래서 기독교의 입장도 두 가지로 나뉜다. 주류의 입장은 정의로운 전쟁을 지지하고 있다. 비주류는 전쟁을 반대한다. 과연 어느 것이 옳은 주장일까? 필자는 이런 문제의식을 가지고 전쟁과 평화를 어떻게 보아야 할 것인가에 대해 연구하였고, 그 결과물로『정의로운 전쟁과 평화주의에 대한 기독교 사회윤리학적 연구』라는 제목의 박사학위 논문을 쓸 수 있었다.

이 책은 정의로운 전쟁을 인정하는 라인홀드 니버(Reinhold Niebuhr)와 평화주의를 주장하는 존 요더(John H. Yoder)의 기독교 사회윤리를 비교한 것이다. 니버는 기독교 현실주의라는 입장에서 정의로운 전쟁이 필요하다고 보았고, 요더는 재세례파로서 평화주의를 주장하는 입장이다. 이 상반되는 두 주장이 기독교의 입장이기도 하다. 기독교 역사에서 정의로운 전쟁은 주류의 입장으로, 그리고 평화주의는 비주류의 입장으로 지금까지 내려온 기독교의 유산이다. 이 대표되는 두 입장을 살펴봄으로써 기독교인의 입장에서 전쟁과 평화를 보는 관점을 이해할 수 있었다. 이 책은 그 결과를 독자들과 함께 나누고 싶어서 출판을 하게 되었다.

먼저 이 책을 통해 기독교인의 입장에서 전쟁과 평화를 어떻게 보아야 하는가에 대한 균형잡힌 시각을 얻으면 좋겠다. 그리고 기독교인으로 평화를 이루기 위해서 무엇을 해야 할 것인가를 결단하고 실천할 수 있는 계기가 되기를 바란다. 이 책에서는 두 입장을 비교하여 새로운 제 3의 길을 여는 단초를 제공하려고 하였다. 정의로운 전쟁은 평화를 위해 전쟁을 할 수 있다는 입장이고, 평화주의는 평화로만 이룰 수 있다고 주장한다. 서로 상반되는 것처럼 보이지만, 지향점은 모두 평화이다.

남북이 갈라져 서로 총부리를 겨누고 있는 오늘의 현실에서, 아직도 전쟁이 끝나지 않은 잠시 휴전의 상태임을 우리는 잊고 사는 것 같다. 오늘 이 땅에 사는 우리에게 전쟁은 먼 남의 이야기가 아니다. 서울에서 멀지 않은 곳에 서로 총을 겨누고 있는 휴전선이 존재하고 있는 것이 현실이다. 이 엄중한 현실 속에서 평화는 우리의 과제이며, 우리의 꿈이다. 낭만적으로 평화를 외친다고 평화는 오지 않는다. 그렇다고 군비를 확장하고 전쟁을 준비하는 것만으로 평화는 보장되지 않는다. 기독교인은 전쟁과 평화에 대한 바른 이해가 필요하다. 이 책이 그 일을 감당할 수 있다면, 그것으로 족하겠다.

이 책이 나오기까지 도와주신 분들께 진심으로 감사를 드린다. 박사학위를 지도해 주신 김기순 교수님, 논문을 심사해 주시면서 학문의 길을 열어 주신 숭실대 백도형 교수님, 김선욱 교수님, 서울대 황경식 교수님, 장신대 노영상 교수님께 다시 한번 감사를 표한다. 힘든 교정을 기꺼이 보아 주신 신하령 선생님께 감사드린다. 특별히 담임목사의 학업을 응원해 주고, 기도하며 기다려 준 부민교회 성도들과 장로님들께 감사를 드린다. 그리고 출판업계가 어려움에도 기쁘게 출판을 해 주신 예영커뮤니케이션 김승태 대표님과 편집부원들께도 감사드리고, 늘 힘이 되어 주는 사랑하는 아내와 두 딸에게 고마움을 전한다.

2010년 2월
부민교회 목양실에서
박도현

머리말 4

## 제1장 서론 11

1. 오늘 전쟁과 평화가 중요한 이유 11
2. 니버와 요더를 비교하는 이유 14
3. 전쟁의 현실성과 폭력, 그리고 책임 16

## 제2장 정의로운 전쟁과 평화주의에 대한 이해 21

1. **기독교 입장에서의 정의로운 전쟁과 평화주의의 이해** 22
   1) 전쟁과 평화에 대한 기독교의 이해
      ① 세 가지 입장
      ② 초대교회에서 로마의 공인까지
   2) 정의로운 전쟁의 흐름들
   3) 평화주의의 흐름들
2. **철학적 입장에서의 정의로운 전쟁과 평화주의의 이해** 43
   1) 전쟁과 평화에 대한 철학적 견해들
   2) 정의로운 전쟁과 평화주의에 대한 이해
      ① 정의로운 전쟁에 대한 이해
      ② 평화주의에 대한 이해
3. **정의로운 전쟁과 평화주의를 어떻게 볼 것인가** 63

## 제3장 현실성을 중심으로 본 정의로운 전쟁과 평화주의 67

1. 현실성의 의미와 조건 68
2. 니버의 정의로운 전쟁과 현실성 71
   1) 정의로운 전쟁을 지지하는 이유
   2) 정의로운 전쟁의 가능성
3. 요더의 평화주의와 현실성 87
   1) 평화주의의 배경
   2) 평화주의의 가능성
4. 현실성을 중심으로 본 니버와 요더에 대한 평가 98

## 제4장 폭력을 중심으로 본 정의로운 전쟁과 평화주의 107

1. 폭력의 의미와 정당성 108
2. 니버의 입장에서 본 폭력과 정의로운 전쟁 111
   1) 폭력에 대한 니버의 입장
   2) 평화주의의 문제점
3. 요더의 입장에서 본 폭력과 평화주의 127
   1) 폭력에 대한 요더의 입장
   2) 정의로운 전쟁의 문제점
4. 폭력을 중심으로 본 니버와 요더에 대한 평가 138

## 제5장 책임을 중심으로 본 정의로운 전쟁과 평화주의 143

1. 책임의 정의와 한계 143
2. 니버의 입장에서 본 책임과 정의로운 전쟁 148
   1) 책임으로서의 정의의 문제
   2) 책임으로서의 정의로운 전쟁

3. 요더의 입장에서 본 책임과 평화윤리 155
   1) 교회가 갖는 책임의 문제
   2) 평화주의는 책임을 다하고 있는가
4. 책임을 중심으로 본 니버와 요더에 대한 평가 165

## 제6장 니버와 요더를 넘어서 : 제3의 길은 가능한가 169

1. 정의로운 전쟁과 평화주의에 대한 윤리적 논변 170
   1) 정당한 전쟁에 대한 윤리적 논변
   2) 평화주의에 대한 윤리적 논변
2. 제3의 가능성 181
   1) 새로운 대안 – 저항권
   2) 니버와 요더를 넘어서 : 제3의 길을 향하여

## 제7장 결론 197

참고문헌 203
주제어 및 인명 색인 215

제1장
### 서론

## 1. 오늘 전쟁과 평화가 중요한 이유

많은 윤리적 주제들이 있지만, 전쟁과 평화만큼 인류의 생존에 직결되는 중요한 주제도 찾기가 쉽지 않다. 누구나 평화를 원하지만, 그 평화를 이루는 방법에 대해서는 다양한 견해가 제시된다. 전쟁 역시 전쟁을 목적으로 삼는 경우는 없다. 역설적이기는 하지만 전쟁의 목적은 대부분 평화이다. 평화는 인류의 영원한 꿈이다. 그 꿈을 꿈으로 그치지 않고, 현실세계에서 이루어 보려는 다양한 시도들과 계획이 있었다.

기독교에서는 전쟁과 평화를 어떻게 보는가 하는 문제를 살펴보자. 기독교는 전쟁과 평화에 대해 두 가지 입장을 가지고 있다. 하나는 정의를 위해서는 폭력을 사용할 수 있다는 정의로운 전쟁(just war)의 입장이다. 다른 하나는 어떠한 경우에도 폭력을 사용을 해서는 안 된다는 평화주의

(pacifism)의 입장이다. 정의로운 전쟁은 전쟁에 도덕성을 부여함으로 전쟁의 피해를 최소화하거나 제한하려 하고, 평화주의는 전쟁을 소멸시키려고 한다. 인류는 전쟁 없이 평화를 이루고자 소망하지만, 불행하게도 실제로 전쟁의 두려움에서 벗어나 본 적이 없다.

특히 인류는 20세기에 일어난 두 차례의 세계 대전으로 인해, 전쟁의 공포와 인간성 상실을 동시에 경험하였고, 무고한 시민과 유대인의 대량 학살로 인해 인간의 본질에 의문을 품게 되었으며, 핵무기의 발명으로 인해 이제 자멸의 위기 앞에 서 있다. 그래서 아도르노(Theodor W. Adorno)는 "아우슈비츠 사건 이후에 시를 쓰는 것은 야만스럽다"고 말했다. 여기서 말하는 '아우슈비츠 이후'(Nach Auschwitz)라는 시대 구분은 1933년에서 1945년까지 독일의 히틀러(Adolf Hitler) 치하에서 세계 인류에게 자행된 야만적 폭력을 지칭한다. 아도르노의 이 말은 인간의 행위에 대해 책임을 묻는 수사(rhetoric)인 동시에, 무자비한 폭력의 시대 이후에 인간이 아름다운 언어로 사랑과 인생을 노래할 수 있을까를 묻는 것이다. 무자비한 폭력 앞에 인류는 책임을 공감해야 한다는 아도르노의 생각을 읽을 수 있다.

'아우슈비츠 이후'라는 말과 함께 쓰이는 시대 구분 방식으로 '히로시마 이후'(nach Hiroshima)가 있다. '아우슈비츠 이후'라는 말이 인간의 이성에 대한 회의라면, '히로시마 이후'는 역사상 최초로 핵폭탄이 떨어진 이후 인류가 처한 현실을 말해 준다. '히로시마 이후' 인류는 가공할 핵무기의 시대에 들어섰으며, 핵전쟁으로 인해 모든 인류가 공멸하리라는 것을 알게 되었다. 히로시마에서 보여 준 핵무기의 위력은 현대 전쟁의 개념을 송두리째 바꾸어 놓았다. 핵전쟁은 대량살상을 가능케 할 뿐 아니라, 전투원과 비전투원의 구분조차 의미 없게 만들어 버렸다. 이전의 전쟁은 그래도 전투원과 비전투원의 구분으로 전쟁을 최소화하고 정당성을 부여할 수 있었지만, 핵무기는 이러한 구분을 하지 않는다. 이제는 누구라도 죽음의 위협 앞에서 자유로울 수 없게 된 것이다. 게다가 핵무기를 보유한 국가가 많아지면서 핵전쟁의 위협이 현실로 되어가고 있다. 이들은 핵을 가져야만 전쟁을 억제할 수 있다는 핵 억지론(抑止論)을 주장한다. 핵전쟁은 핵을 무기로 하는 전쟁이다. 기본적으로 핵무기는 공격용 무기가 아니다. 핵무기는 상대방이 자신을 공격하지 못하도록 하는 억지력(deterrence)을 제공하는 무기이다. 핵무기가 가지는 억지력은 그 자체가 가지는 가공할 파괴력에 기인한다.

군사적 공격에는 1차 공격능력과 2차 공격능력이 있다. 1차 공격능력이란 공격국가가 상대방을 공격하여 최소한의 피해만으로 상대방의 2차 공격능력, 즉 보복공격 능력을 완전히 파괴할 수 있는 능력을 말한다. 억지력이 작동하려면 어떤 국가도 1차 공격능력을 가져서는 안 된다. 반면에 2차 공격능력은 적의 선제공격으로 인한 심각한 피해에도 불구하고 보복공격을 가할 수 있는 능력을 의미한다. 핵 억지력을 위해서는 2차 공격능력을 갖추어야 한다. 따라서 국가들의 군비경쟁은 결국 2차 공격능력을 유지 강화하기 위한 것이다. 핵미사일을 핵 항모나 핵잠수함으로 분산 배치하는 것이 여기에 속한다. 핵이 있음으로 해서 평화를 이룰 수 있다고 주장하는 핵 억지력은 단지 '공포에 의한 균형'일 뿐이다.

국가들은 서로 이러한 2차 공격능력을 갖거나 파괴하기 위해서 군비경쟁을 가속화하고 있다. 이는 진정한 평화를 약속할 수 없다. 언제든지 선제공격이나 보복공격을 통해 인류는 멸망할 수 있는 절대 절명의 위기 속에 살고 있다. 따라서 핵무기를 통한 평화는 환상이라고 생각한다.[1] 핵을

---

1) 유현석, 『국제정세의 이해』(서울: 한울 아카데미, 2003), pp.97-121 참조.

가지면, 핵이 가지는 공포와 대량살상의 능력으로 인해 공멸할지도 모른다는 우려감 때문에 갈등이 생겨도 전쟁으로 해결하려는 생각을 쉽게 하지 못할 것이라는 주장이다. 이것이 핵억지력의 내용이다.

현재 많은 나라들이 이러한 주장으로 전 인류를 멸망시키고도 남을 엄청난 양의 핵무기를 보유하고 있으며, 가지지 못한 나라 역시 핵무기를 가지려고 노력하고 있다. 이러한 핵무기 확산은 결국 인류의 생존을 위협하게 되었다. 이러한 현대의 핵 상황을 보면서 다시 한 번 전쟁을 생각하게 된다. 모든 전쟁의 기본 전제는 상대방을 악이라고 간주하는 것이다. 물론 정의로운 전쟁도 그러하다. 이 현존하는 악에 대응하는 방식은 두 가지로 구분할 수 있다. 하나는 수동적이고 소극적인 태도가 있을 수 있는데, 이 방식은 비폭력적 방식이다. 즉 상대방의 악에 대해 평화적인 방식으로 대응하는 것이다. 다른 하나는 맞서 싸우는 태도가 있을 수 있다. 이때의 전쟁을 정의로운 전쟁이라고 부를 수 있다.

기독교계의 주류는 기본적으로 정의로운 전쟁(Just War)을 지지하고 있으며, 평화를 위해서는 전쟁은 피할 수 없다는 입장이다. 그리고 세상에 존재하는 악과 싸우는 것은 성경적으로도 그르지 않다고 본다. 이와는 달리 평화주의(Pacifism)를 주장하는 비주류도 있다. 평화주의는 예수의 윤리를 따르고자 하며, 예수의 말씀에 따라 비폭력을 통해 평화를 실현하려고 한다.

## 2. 니버와 요더를 비교하는 이유

이 책에서 저자는 기독교의 이런 두 입장을 대표하는 기독교 사회윤리학자의 견해를 중심으로 정의로운 전쟁과 평화주의 사이의 윤리적 주장들을 통해 전쟁과 평화에 대해 어떤 태도를 가져야 하는지 살펴보고자 한다. 이 일을 보다 분명하게 하기 위하여 정의로운 전쟁(just war)을 주장하는 라인홀드 니버와 평화주의(pacifism)를 주장하는 존 요더 두 사람을 비교하려고 한다. 이 두 사람이 가진 윤리적 입장을 비교함으로써 기독교 내에 존재하는 전쟁에 대한 태도를 살펴보고, 어느 것이 더 기독교에 부합하는지를 견주어 보려고 한다.

이 두 사람을 비교하는 근거는 다음과 같다. 첫째, 이들이 기독교 전통 아래 있는 기독교 사회윤리학자라는 점이다. 두 사람은 모두 기독교인으로서 어떻게 해야 할 것인가에 깊은 관심을 가졌다. 둘째, 이들의 사회윤리의 출발점이 성경이라는 점이다. 성경은 기독교윤리의 출발인 동시에 규범이며, 성경을 통해 윤리적 기준이 세워진다. 따라서 이 두 사람이 모두 성경에 근거하여 상반되는 주장을 내놓고 있기 때문에 비교할만 하다. 셋째, 이들의 목표는 예수의 교훈을 실천한다는 것에서 일치하지만, 그 방법은 서로 상반된다. 넷째, 이들이 주장한 정의로운 전쟁과 평화주의는 기독교가 지녀온 두 입장을 잘 반영하고 있다는 점이다. 이런 점에서 이 둘의 비교는 정의로운 전쟁과 평화주의를 둘러싼 기독교 사회윤리의 논변과 주장의 본 모습을 잘 보여 줄 수 있다. 이러한 두 사람의 비교를 통해 우리는 기독교 사회윤리가 가지는 전쟁과 평화의 태도에 대해 보다 분명한 입장들을 알 수 있을 것이다.

이를 위해 먼저 '기독교 사회윤리'(Christian Social Ethics)의 개념을 정의하고자 한다. 기독교 사회윤리는 '기독교'와 '윤리'를 하나로 묶은 '기독교 윤리학'이라는 학문과, 또 개인의 도덕성에 관심을 갖는 '개인 윤리', 그리고 사회에 존재하는 도덕적 문제들에 관심을 갖는 '사회 윤리'가 합쳐진 말이다. 레만(Paul L. Lehmann)은 "예수 그리스도를 믿는 자로서 그리고 그의 교회의 구성원으로서 내가 무엇을 할 것인가라는 질문과 그에 대한 답을 고찰하는 것이 기독교 윤리학이다"[2]라고 하였다. 기독교 윤리가 일반 윤리와 다른 점은 하나님의 계시가 바로 윤리의 규범이라는 점이다. 한편으로 사회윤리는 개인윤리를 벗어나, 사회적인 관계에서 발생하는 문제를 다룬다. 따라서 기독교 사회윤리란, 하나님의 계시에 비추어 삶을 반성적으로 살펴보고, 사회에서 발생하는 구조적인 문제들에 대해 올바른 윤리적 성찰과 대안을 제시하려는 학문이라고 정의할 수 있겠다. 기독교 사회윤리는 성경에서 출발하여, 인간의 문제와 사회 구조의 문제를 다루고, 더 나아가 사회나 국가 간에 발생하는 문제들에 대해 선과 악, 옳고 그름을 판별한다. 이 판별을 통해 필자는 기독교적인 세계를 넘어서 보편적인 사회 윤리를 지향함으로써 기독교가 사회에 기여할 수 있는 방안을 대안으로 제시하려고 한다. 즉 정의로운 전쟁과 평화주의를 기독교 사회 윤리적 관점에서 살펴보고, 그 대안적인 방법을 일반 사회 윤리적인 차원에서 적용할 수 있는 방안을 찾아보려는 시도이다.

## 3. 전쟁의 현실성과 폭력, 그리고 책임

이 책에서는 필자는 니버와 요더의 비교를 통해 현실성과 폭력, 그리고 책임의 문제를 다루려고 한다. 이 세 가지에 집중하는 이유는 두 사람이 주장하는 정의로운 전쟁과 평화주의에 대한 윤리적 논의들은 대부분 여기에 집중되어 있기 때문이다. 첫째, 현실성이라는 입장에서 보면, 정의로운

---
[2] Paul L. Lehmann, *Ethics in A Christian Context*(New York: Hopper & Row, 1963), p.25.

전쟁이나 평화주의가 현실적이냐 하는 문제는 중요하다. 단지 정의로운 전쟁이나 평화주의가 유토피아적 상상력에 그치거나 현실에 적용할 수 없다면 논의 자체가 별 의미가 없기 때문이다. 현대에 들어와 각국이 핵무기로 무장하고 전쟁이 발발하면 인류가 공멸할 수밖에 없다는 위기의식이 팽배해 있는 지금, 정의로운 전쟁이나 평화주의가 현실성이 있느냐 없느냐 하는 문제에 대한 탐구는 반드시 필요하다.

둘째, 폭력의 입장에서 보면, 전쟁은 폭력의 잔인성과 극단성을 잘 보여준다. 폭력은 개인 간의 폭력도 있고, 집단 간의 폭력도 있다. 문제는 이러한 폭력을 어떻게 하면 줄일 수 있는가에 있다. 정의로운 전쟁은 폭력을 최소화시키기 위한 주장이며, 평화주의는 폭력을 소멸시키려는 주장이다. 그렇다면 정의로운 전쟁이 얼마나 폭력을 감소시킬 수 있고, 평화주의는 폭력을 얼마나 소멸시킬 수 있는지를 물을 수 있다. 그러나 반대로 정의로운 전쟁이나 평화주의가 폭력을 가중시킬 수도 있다. 따라서 폭력의 문제를 다루는 것이 정의로운 전쟁과 평화주의의 정당성을 입증하는 데 필수적인 것임을 알 수 있다.

셋째, 책임의 입장에서 보면, 책임은 기독교 사회윤리학에서 중시되는 문제 가운데 하나이다. 기독교인에게 윤리는 반성적 사유에서 끝나는 것이 아니라 실천으로 나아가야 하는 것이다. 그 실천은 하나님의 대리자로서 책임 있는 삶을 살아야 할 의무로 나타난다. 책임이란 도덕적 행위자인 인간만이 할 수 있는 행위이다. 정의로운 전쟁이나 평화주의는 책임 있는 인간이 어떻게 행동해야 하는가에 대한 탐구이다. 정의로운 전쟁이나 평화주의를 실천할 때, 어떤 책임 있는 행동을 할 것이며, 그 책임의 범위와 기준이 무엇인가에 대해 논의하는 것 역시 필요하다.

이 세 가지 주제는 정의로운 전쟁과 평화주의라는 문제에 집중하게 하고, 보다 깊게 논의할 수 있게 한다. 이러한 문제를 의식하면서 제2장에서는 먼저 기독교 입장과 철학적 입장에서의 전쟁과 평화에 대한 예비적 고찰을 할 것이다. 전쟁과 평화에 대한 사상이 어떻게 흘러 왔으며, 어떤 논의가 진행되었는가를 살펴볼 것이다.

제3장에서는 정의로운 전쟁과 평화주의가 각기 주장하는 것이 삶 속에서 현실성이 있는가 하는 물음에서 시작하려고 한다. 이러한 물음은 전쟁이나 평화가 우리 인류에게 절박한 문제이기 때문이다. 이러한 절박함 때문에 실현 가능성을 묻게 되는 것이다. 일반적으로 정의로운 전쟁은 현실에 적실성(relevance)이 있다고 여겨져 왔으나, 평화주의는 이상적인 생각이며 현실에 적실성이 없다고 폄하되어 온 것이 사실이다. 여기서는 그것이 과연 타당한 생각인가에 의문을 갖고 논의를 시작하여, 니버와 요더의 입장을 통해 이 둘의 윤리적 입장을 논쟁적으로 살펴보려고 한다.

제4장은 폭력을 중심으로 정의로운 전쟁과 평화주의를 다루려고 한다. 폭력은 전쟁보다 광의의 개념이면서, 많은 것을 포괄하는 개념이다. 이 개념을 통해, 정의로운 전쟁과 평화주의 안에 내재하는 폭력의 문제를 다루고자 한다. 전쟁의 정당성이 입증된다고 할지라도, 실제 전쟁은 강력한 폭력을 수반하는데, 현대에 와서는 점점 더 전쟁의 정당성이 상실되고 있는 것이 현실이다. 또한 평화주의 역시 비폭력을 주장하지만, 어떤 점에서 더 큰 폭력일 수 있다는 것이 역사적으로 증명되었다. 이런 점들을 중심으로 폭력의 문제를 니버와 요더의 정의로운 전쟁과 평화주의를 중심으로 살펴보려고 한다.

제5장은 책임을 중심으로 다루고자 한다. 책임의 입장에서 정의로운 전쟁과 평화주의를 살펴봄으로써 우리가 취해야 할 입장과 책임의 범위와 한계를 살펴보고, 평가해 보고자 한다. 또한 교회와 국가의 관계에 대

해 살펴봄으로써 교회가 국가에 대해 어떤 책임을 져야 하는지도 살펴볼 것이다.

이제까지 정의로운 전쟁(just war)과 평화주의(pacifism)는 양립이 불가능한 것으로 이해되어 왔다. 정의로운 전쟁은 전쟁이라는 폭력도 가능하다는 입장이고, 평화주의는 폭력은 절대 불가하다는 입장이기 때문이다. 이 책의 결론인 제6장에서는 이 두 입장을 다 인정하면서 새로운 길을 모색하려고 한다. 이 길은 니버의 정의로운 전쟁과 요더의 평화주의를 넘어서 새로운 제3의 길을 찾으려는 시도이다. 제1의 길이 정의로운 전쟁이고 제2의 길이 평화주의라면, 본회퍼(Dietrich Bonhoeffer)의 저항권의 개념을 통해 제1의 길과 제2의 길을 넘어서 새로운 제3의 길의 가능성을 보이고자 한다. 이미 기존의 많은 연구들이 이러한 제3의 길을 찾기 위해서 노력하였다. 이들을 크게 보면 두 가지 입장으로 정리할 수 있다. 한 입장은 정의로운 전쟁을 인정하면서, 폭력의 사용을 줄이는 노력을 하였다. 즉 전쟁은 현실적으로 인정할 수밖에 없다고 보고, 폭력을 제한하거나 줄이는 방식을 찾는 방향으로 나아간다. 다른 한 입장은 평화주의를 훼손하지 않는 한에서, 현실성 있게 접근하는 방법을 사용하였다. 평화주의는 이상적이라는 것을 인정하고서 전쟁의 최소한을 인정하는 방향으로 나아간다. 정의로운 전쟁이 1이고 평화주의가 3이라면 1과 3이 서로 가까워지는 과정으로 이해할 수 있다. 이렇게 서로에 대해 접근하다 보면 새로운 2의 입장이 나올 수 있을 것이며, 그것이 바로 제 3의 길이라고 볼 수 있다.

필자는 이 책에서 정의로운 전쟁의 입장에서 본회퍼의 저항권의 개념을 통해 평화주의에 근접할 수 있는 가능성을 보이고자 한다. 이러한 작업은 기독교 사회 윤리의 테두리를 넘어 일반 사회윤리의 영역에서도 전쟁과 평화에 대한 새로운 제3의 길을 여는 데 일조할 수 있다고 본다.

## 제2장
## 정의로운 전쟁과 평화주의에 대한 이해

　이 장에서는 니버와 요더의 전쟁과 평화의 윤리를 살펴보기 전에, 그 예비적 고찰로서 전쟁과 평화에 대한 기독교의 입장과 철학적 입장을 살펴보려고 한다. 기독교 역사 속에서 진행된 논의를 알아야 니버와 요더의 주장을 이해할 수 있고, 그들의 논의가 무엇을 근거로 진행되는지 파악할 수 있기 때문이다. 동시에 철학적 입장을 통해 전쟁과 평화에 대한 논의들이 어떻게 진행되었고, 현재 어디까지 와 있는지를 살펴봄으로써 기독교의 논의와 비교할 수 있을 것이다. 이러한 작업은 다음 제3장부터 진행될 니버와 요더의 비교를 위한 예비적 성격의 것이다. 이런 역사적인 고찰을 통해 정의로운 전쟁과 평화주의에 대한 논의를 더욱 명료하게 할 수 있을 것이 분명하다.[3]

---
3) 전쟁과 평화에 대한 선행 연구를 살펴보면, 먼저 기독교계에서 전쟁과 평화에 대해 체계적 연구를 한 사람은 베인튼(R.H.Bainton)이다. 그는 *Christian Attitudes toward War and Peace - a Historical and Critical Survey and Evaluation*(Abingdon Press, 1960)에서 역사적으로 전쟁과 평화에 대한 기독교의 입장의 변화를 연구한 후에, 결론적으로 평화주의를 주장하고 있다. 그가 정의로운 전쟁이 부당하다고 주장하는 것은 예수 그리스도의 윤리적인 입장과 대립되기 때문

## 1. 기독교 입장에서의 정의로운 전쟁과 평화주의의 이해

이 절에서는 기독교 역사 속에 흐르는 정의로운 전쟁과 평화주의에 대해 살펴봄으로써 기독교 전통에서 두 흐름이 어떻게 이어져 왔는가를 보려고 한다. 정의로운 전쟁을 주장하는 한 흐름은 로마가 기독교를 국교로 받아들인 이후 아우구스티누스(Augustinus)와 중세 토마스 아퀴나스(Thomas Aquinas), 종교 개혁 시대의 마르틴 루터(Martin Luther)를

---

이다. 또한 전쟁을 하는 편이 정당하다는 근거가 없으며, 부분적인 정의 외에는 불가능하다고 보기 때문이다. 전쟁의 원인에 대해 연구한 탁월한 고전으로는 케네스 월츠(Kenneth Waltz)의 Man, The State and War(New York: Columbia University Press, 2001)가 있다. 이 책에서 월츠는 전쟁의 원인에 대한 입장을 개진하면서, 전쟁의 원인을 세 가지로 파악했다. 그 외에 가톨릭 입장에서 정의로운 전쟁을 주장한 폴 램지(Paul Ramsey)가 있다. 그는 War and the Christian Conscience(Durham: Duke University Press, 1961)와 The Just War(Boston: University Press of America, 1983)를 통해 정의로운 전쟁에 대해 논변했다. 램지는 핵시대에 핵무기 사용이 가능한 전면전보다는 힘의 난폭한 사용을 제거하기 위한 제한적 전쟁을 주장하였다. 현대 철학계에서 전쟁과 평화에 대해 철학적으로 탐구한 학자는 왈쩌(Michael Walzer)이다. 그는 Just and Unjust Wars : A Moral Argument with Historical Illustrations(New York: Basic Books, 2006)에서 정의로운 전쟁에 대한 철학적 논변을 자세히 다루고 있다. 그 역시 정의로운 전쟁을 주장하는 입장이다. 그는 과거에 일어났던 전쟁을 분석하여 전쟁의 정당성에 관한 논거를 제시하고 있다. 전쟁과 평화를 논하는 데 늘 거론되는 탁월한 책이다. 전쟁과 평화에 대한 독특한 시각을 전개한 사람이 하워드(Michael Howard)이다. 그는 The Invention of Peace: Reflection on War and International Order(New Heaven: Yale University Press, 2000)에서 평화란 근대 계몽주의의 발명이라고 보고, 그 시초를 칸트의 영구 평화론에서 찾았다. 평화를 위해서 국제기구를 창설한 것이 바로 평화의 발명이라고 보았다. 글로버(Jonathan Glover)는 Humanity: a Moral History of the Twentieth Century(Pimlico, London, 2001)에서 현대의 비극을 잘 보여 준다. 그는 비극적인 전쟁 속에 새로운 도덕의 가능성을 제시하여, 인간이 저지른 악을 보여 주면서도, 휴머니티라는 인간 안에 내재한 긍정적인 면을 부각시킨다. 전쟁과 평화에 대해서 국내에서는 맹용길의 『전쟁과 평화』(서울: 쿰란출판사, 1994)가 있다. 그 역시 정의로운 전쟁을 인정하면서도 그 지향점은 결국 평화가 되어야 한다고 한다. 철학연구회에서도 『정의로운 전쟁은 가능한가』(서울: 철학과 현실사, 2006)라는 주제로 이 문제를 다루었고, 모든 정의로운 전쟁의 목적은 평화이지만, 이 평화는 적극적인 평화의 실현이며, 이는 정의에 바탕을 둔 평화임을 주장하였으며, 또한 정의로운 전쟁의 가능성과 한계에 대한 학자들의 주장도 실었다. 평화윤리에 대해서는 우선 후버(Wolfgang Huber)와 로이터(Hans-Richard Reuter)가 공저한 Friedensethik(stuttgart: Kohlhammer, (1990)가 있다. 이 책은 유럽 기독교계의 평화윤리의 발전이 어디까지 왔는지를 보여 주는 평화윤리의 백과사전적 집대성이다. 평화학의 새로운 장을 연 사람은 요한 갈퉁(Johan Galtung)인데, 그는 Peace by Peaceful Means(London: Thousand Oaks, 1996)에서 비폭력으로서의 혁명을 주장하고, 평화를 이루기 위한 수단은 평화적이어야 한다는 점을 설파하였다. 페이지(Glenn D. Paige)의 Nonkilling Global Political Science(Xlibris Corp, 2002)는 비폭력보다 한발 더 나아가 비살생을 주장한다. 페이지는 학문에서 몇 가지 변화를 통해 비살생하는 지구사회를 가능케 할 수 있다고 주장하였다. 이는 평화주의 입장에서도 급진적인 접근이다. 이삼열은 『기독교와 사회이념』(서울: 한국신학연구소, 1986)을 통해 분단된 남과 북의 통일을 위해 기독교의 입장에서 평화를 어떻게 볼 것인가에 대해 논하였다. 그는 교회가 국가교회적인 모습을 극복할 때, 진정한 평화운동이 가능하다고 보았다. 이삼열의 평화운동은 남북 이데올로기가 심화되던 시대에 교회가 해야 할 사회적 사명이 무엇인지를 밝힌 데 의의가 있다.

거쳐 오늘 날 니버(Reinhold Niebuhr)에 이어져 왔다. 평화주의 역시 초대교회에서 발원하여 중세 수도원 운동으로, 종교개혁 시대에 급진적 재세례파와 퀘이커교도들과 오늘날 요더(John H. Yoder)에까지 한 흐름을 형성하고 있다.

이 두 흐름을 통해 전쟁과 평화에 대한 기독교 사회윤리학적 입장이 어떻게 서로 대립하고 보완하며 이어져왔는가를 볼 것이다.

## 1) 전쟁과 평화에 대한 기독교의 이해

### ① 세 가지 입장

성경의 중요한 사상 가운데 하나는 평화이다. 이 평화를 구약에서는 '샬롬'(שלום)[4]이라 하고 뜻은 '전쟁이 없는 상태'이다. 헬라어로 평화는 '에이레네'(εἰρήνη)라고 하는데, 히브리어의 샬롬과 같은 뜻이다. 신약성경에서는 무엇인가 결여되거나 공포가 없는 상태를 말했지만, 이 역시 기독론적으로 이해되어 인간과 신과의 새로운 관계를 의미하는 말로 주로 사용된다.

전쟁은 히브리어 '밀하마'(מִלְחָמָה)라고 하는데, 이는 전쟁, 싸움, 전투를 말한다. 구약에서의 전쟁의 주체는 많은 경우 하나님이다. 하나님이 전쟁을 진행하며 승패도 하나님께 달려 있다고 믿었다. 헬라어로 전쟁은 '폴

---
[4] 샬롬이라는 말은 단순히 전쟁의 반대개념이 아니다. 정치-군사적인 의미에서 전쟁이 없는 상태를 말하기도 하지만, 건강한 상태로 장수하는 것, 안락한 생활을 영위하는 것도 샬롬이다. 구약적 사유에서 샬롬은 인간이 이루는 것이 아니다. 평화는 오직 하나님에 의해서만 주어지는 것으로 이해한다. 그래서 샬롬의 두 번째 의미는 '하나님께 복종하는 것'이다. 인간이 하나님께 복종하는 것만이 인간의 모든 갈등 요인을 해소할 수 있는 유일한 방법이라 여긴 것이다. 세 번째로 샬롬은 하나님이 주신 계약의 말씀을 준행함으로써 주어지는 공의, 복, 구원으로 완성된다고 보았다. 이러한 샬롬의 의미를 보면, 결국 샬롬은 인간의 힘으로는 불가능한 것이고, 오직 신의 명령을 준행하거나 신의 은총으로만 가능한 것으로 이해되고 있음을 알 수 있다. 그런 의미에서 샬롬의 평화는 종말론적이다. 평화는 역사의 주인이신 하나님이 미래에 주실 하나님 나라의 목표이며 실체이다.
강사문, 『구약의 하나님』(서울: 한국성경학연구소, 1999), pp.282-284참조.

레모스(πόλεμος)라고 하는데, 신약성경에서는 잘 사용되지 않는다. 그 이유는 신약성경의 전반적인 분위기가 임박한 종말사상과 평화에 대한 열망이기 때문이다. 신약성경에서 나타나는 전쟁에는 두 가지가 있다. 하나는 일반적인 전쟁이고, 다른 하나는 세상의 마지막 때에 일어나는 종말론적인 전쟁이다. 후자를 더 많이 언급하고 있는 것으로 보아, 신약성경의 관심은 신과 연관된 종말론적인 전쟁이나 평화에 관심이 있음을 알 수 있다.

기독교는 전쟁에 대해 세 가지 입장을 가지고 있다. 그것은 거룩한 전쟁(Holy War, crusade), 평화주의(Pacifism), 정의로운 전쟁(Just War)이다. "이 세 가지 전통은 서로 다른 신관에 기원을 둔 것이 아니라 서로 다른 인간관에 기원을 두고 있었는데, 그것은 모든 기독교인들이 인간의 타락을 인식하였기 때문"[5]이라고 베인튼(R. H. Bainton)은 말했다. 즉 인간이 전쟁을 피할 수 없는 이유가 인간의 타락에서 비롯되었다는 것이다. 이는 인간의 죄성 때문에 모든 악이 발생한 것이라고 보는 기독교의 일반적인 견해를 반영한다. 성경은 하나님이 인간을 선하게 창조하였지만, 선악과를 따 먹음으로써 타락하게 되었고, 그 이후 인간이 사는 세상은 죄로 가득 차게 되었다고 한다. 베인튼의 말은 이러한 인간관을 반영한 것이다.

거룩한 전쟁(Holy War, crusade)의 전통은 구약성경에서 비롯된다. 구약성경은 평화보다는 정의를 우선시한다. 평화는 정의를 구현하는 곳에서만 이루어진다고 보기 때문이다. 즉 평화는 정의의 열매이다. 전쟁에 대해 구약에서는 인간의 전쟁이 아닌 '여호와의 전쟁'으로 규정한다. 여호와의 전쟁이란 구약시대 전통적인 전쟁관으로 전쟁을 인간의 싸움이 아닌 신의 심판으로 이해하는 것이다. 구약에 나오는 하나님은 전쟁의 용사이다. 성경 기자들은 전쟁을 할 때 늘 하나님이 도우시고 있음을 고백하고 있다.

---

[5] R. H. Bainton, *Christian Attitudes toward War and Peace – a Historical and Critical Survey and Evaluation*(Abingdon Press, 1960), pp.14–15.

그 대표적인 것이 바로 여호수아 6장에 보이는 여리고 성의 전투이다. 이 전투에서 이스라엘 사람들이 한 것이라고는 나팔을 불며 성을 돈 것밖에 없다. 그러나 하나님의 개입으로 견고하던 성이 무너져서 이스라엘이 승리하게 된다. 이처럼 여호와의 전쟁은 여호와의 적을 인간의 전쟁이라는 도구를 통해 섬멸하고 심판하는 것을 의미한다. 그러므로 여호와의 적을 섬멸하는 과정에서 무자비한 모습이 나타나기도 하고, 용사로서 본성이 드러나기도 한다. 이는 심판의 주와 구원의 주라는 하나님의 양면성 중에서 심판의 주로서의 특성이 부각된 것이다.[6] 이러한 주장은 하나님의 뜻을 이루는 것이 전쟁의 목적임을 보여 준다. 즉 전쟁은 인간을 심판하는 방법 가운데 하나이며, 따라서 전쟁의 주체는 인간이 아니라 하나님이다.

거룩한 전쟁에 대한 구약 성경의 근거는 신명기 20장 10-18절을 들 수 있다.

"네가 어떤 성읍으로 나아가서 치려 할 때에는 그 성읍에 먼저 화평을 선언하라 그 성읍이 만일 화평하기로 회답하고 너를 향하여 성문을 열거든 그 모든 주민들에게 네게 조공을 바치고 너를 섬기게 할 것이요 만일 너와 화평하기를 거부하고 너를 대적하여 싸우려 하거든 너는 그 성읍을 에워쌀 것이며 네 하나님 여호와께서 그 성읍을 네 손에 넘기시거든 너는 칼날로 그 안의 남자를 다 쳐 죽이고 너는 오직 여자들과 유아들과 가축들과 성읍 가운데에 있는 모든 것을 너를 위하여 탈취물로 삼을 것이며 너는 네 하나님 여호와께서 네게 주신 적군에게서 빼앗은 것을 먹을지니라 네가 네게서 멀리 떠난 성읍들 곧 이 민족들에게 속하지 아니한 성읍들에게는 이같이 행하려니와 오직 네 하나님 여호와께서 네게 기업으로 주시는 이 민족들의 성읍에서는 호

---
[6] 강사문, op. cit. p.238.

흡 있는 자를 하나도 살리지 말지니 곧 헷 족속과 아모리 족속과 가나안 족속과 브리스 족속과 히위 족속과 여부스 족속을 네가 진멸하되 네 하나님 여호와께서 네게 명령하신 대로 하라 이는 그들이 그 신들에게 행하는 모든 가증한 일을 너희에게 가르쳐 본받게 하여 너희가 너희의 하나님 여호와께 범죄하게 할까 함이니라"

이 본문에 전쟁의 두 가지 모습이 나타난다. 먼저 10-15절은 일반적인 전쟁의 모습이다. 상대방과 전쟁을 하기 전에 우선 항복을 권유하고, 그 요구를 거절하면 전쟁을 하되 모든 장정은 죽이고 아이들과 여자들은 노예로 삼는다. 그러나 16-18절에 나오는 전쟁은 하나님의 전쟁, 곧 거룩한 전쟁의 모습이다. 하나님은 약속하신 가나안 땅을 점령하기 위해서 그곳에 사는 모든 족속을 멸하라는 명령을 내리신다. 이 명령은 윤리적으로 잔인해 보이지만, '가나안 땅'이라는 제한된 공간과 하나님의 적으로 간주되었다는 사실을 염두에 둘 필요가 있다.[7] 즉 이 전쟁의 정당성은 전쟁은 인간에게 속한 것이 아니라 하나님께 속한 것이라는 사상에 기초한다. 전쟁은 인간이 하는 것이 아니라 하나님의 명령과 뜻에 따라 하는 것이기에 거기에는 인간적인 관점이 투영되지 않는다. 여기서 중요한 것은 하나님 명령에 대해 순종하느냐 하지 않느냐이다.

이러한 신앙의 전통이 중세에도 이어져서 전쟁을 하나님의 명령으로 간주하고, 더 나아가 이교도들의 도전에 직면해서는 전쟁을 하나님의 명령으로 이해하였다. 이는 이교도와의 전쟁을 하나님의 뜻을 이루는 거룩한 전쟁으로 믿었기 때문이다.

이 거룩한 전쟁의 문제점은 다음과 같다. 첫째, 거룩한 전쟁의 가장

---

[7] ibid, p.233.

근본적인 문제는 종교적인 것이다. 거룩한 전쟁은 하나님에 대한 부적절한 이해를 내포한다. 거룩한 전쟁을 주장하는 자들은 마치 하나님께서 적은 돌보지 않고 오직 우리 편을 위해서만 섭리하시는 분으로 오해한다. 둘째, 도덕적으로 너무 단순하다. 거룩한 전쟁의 이해는 도덕성에 있어서의 정도 차이의 여러 문제를 단순히 이것 아니면 저것의 양자택일의 문제로, 즉 선과 악 사이의 갈등의 문제로 바꾸어 버린다. 셋째, 거룩한 전쟁의 절대적 목표는 이 세상 안에 완전한 상태(perfect conditions)를 가져올 수 있다고 가정하는 것이다. 그들은 거룩한 전쟁이 위험한 갈등을 영원히 제거하거나 혹은 악한 사람들을 다 박멸할 것으로 생각한다. 넷째, 거룩한 전쟁의 전쟁 방식은 적국의 국민에 대해 무차별적이다. 적국의 모든 시민을 구별하지 않고 모두 악의 세력으로 간주한다.[8] 기독교에서 거룩한 전쟁은 일차적으로 하나님의 뜻을 이루는 것이다. 하나님의 뜻을 이루기 위해 어떠한 희생도 감수해야만 한다. 그리고 하나님의 뜻에 따라 행동하다가 죽는 것 역시 거룩한 죽음, 즉 순교이다. 순교의 전통은 여기에서부터 합리화되고 미화된다. 사실 하나님의 뜻에 의해 행해지는 전쟁에는 이유도 목적도 무의미할 수 있다. 오직 하나님의 뜻이라면 무엇이든지 가능하다는 아주 위험한 생각을 정당화할 수 있는 이론이다. 현대에 와서는 이러한 주장은 받아들여지지 않는다. 다만 일부 광신적 종교인들에 의해 정당화되고 있을 뿐이다.

정의로운 전쟁(Just War)은 콘스탄티누스(Constantinus) 황제의 기독교 공인(A.D. 313년) 이후로 발전한 이론이다. 로마가 기독교를 공인함으로써 교회는 많은 변화를 겪게 되었다. 그 중에 특기할 만한 것은 전쟁에 대해 이전의 부정적인 생각에서 벗어나 긍정적인 생각으로 변화한 것이

---

8) J. L. Allen, *War : a Primer for Christians*, 김홍규 옮김, 『기독교인은 전쟁을 어떻게 볼 것인가』(서울: 대한기독교서회, 1993), pp.24-29 참조.

다. 이는 기독교가 로마의 국교가 된 결과 일어난 현상이다. 교회는 로마의 정책에 협조해야 할 뿐 아니라, 안녕을 빌어 주어야 했다. 그리고 기독교인에게는 국가를 위해 군대에 복무해야만 하고, 전쟁이 발발하면 승리를 기원해야만 했다. 정의로운 전쟁 이론은 처음에 성 암브로우시우스(St. Ambrosius)에 의해 형성되었다가 아우구스티누스에 이르러 완성되었다. 그리고 중세를 거쳐 지금까지 기독교 주류의 입장으로 유지되어 왔다. 정의로운 전쟁은 근대까지는 거룩한 전쟁과 구분되었지만, 현대에 와서는 거룩한 전쟁을 정의로운 전쟁의 논의에 포함시킨다.[9] 거룩한 전쟁 역시 전쟁을 긍정한다는 입장에서 정의로운 전쟁에 포함시켜 제한하려고 하기 때문이다. 따라서 기독교에서는 크게 정의로운 전쟁과 평화주의 두 입장으로 나눌 수 있다. 정의로운 전쟁은 국가나 개인의 권리와 보호를 위해서 폭력의 사용이 정당화될 수 있다는 주장이다.

평화주의(Pacifism)는 예수의 가르침을 따르려는 운동에서 비롯된다. 예수는 갈등과 다툼이 있는 곳 어디에서나 평화를 선포하고 실천하는 모습을 보였다. 그는 삶을 통해 철저하게 평화주의로 일관했는데, 그 절정이 바로 십자가이다. 예수가 제자들에게 일곱 가지를 명령하였다. 첫째는 조건 없는 사랑이다. 둘째는 원수까지도 사랑하라는 것이다. 셋째는 복수를 위한 권리를 포기하고 놀라운 관용의 영성을 증명하라는 것이다. 넷째는 먼저 하나님의 나라와 그의 의를 구하라는 것이다. 다섯째는 세상 가치의 전복이다. 여섯째는 십자가를 지라는 것이다. 일곱째는 평화주의자가 되라는 것이다.[10] 이 일곱 가지를 보면 예수가 제자들에게 세상의 가치를 바꾸기를 원했고, 그 실천 방안 중에 하나로 평화주의를 말씀하였음을 알 수 있다.

---

9) James Johnson, *The Quest for Peace*(Princeton: Princeton University Press, 1987), p.xi.
10) Paul N. Anderson, '*Jesus and Peace*', Barbara Nelson Gingerich, *The Church's Peace Witness*(Grand Rapids, Mich: Wm. B. Eerdman Publishing Co, 1994), pp.111-115 참조.

예수의 윤리적 기초는 사랑이다. 마태복음 5장 38-48절에 보이는 "네 오른편 뺨을 치거든 왼편도 돌려대며, 속옷을 가지고자 하는 자에게 겉옷까지도 가지게 하며(…) 너희 원수를 사랑하며 너희를 박해하는 자를 위하여 기도하라"는 예수의 명령은 참된 평화가 무엇인지 잘 보여 준다. 이는 사랑에 기초한 것으로, 그 사랑은 무조건적이며 아가페적인 사랑이다. 즉 자기의 유익을 구하지 않는 정신(고전 10:24)이고, 악을 악으로 갚기보다는 선으로 악을 이기는 정신(롬 12:17, 21)이다. 그리고 더 나아가 자기의 목숨까지도 버리는 희생정신이다. 예수의 사상을 이어받은 초대교회에서는 전쟁 자체를 반대할 뿐 아니라 전쟁에 참여하는 것도 거부하였다.[11]

### ② 초대교회에서 로마의 공인까지

초대교회의 신앙 전통이 강조하는 것은 사랑이기에, 사랑과 반대되는 미움이나 폭력은 배제되었다. 특별히 종말론적 관점을 유지하던 초대교회는 예수님의 말씀을 믿고 평화주의를 지켰다. 초대교회는 초기 3세기까지 군 복무를 하지 않았다.[12] 이들은 살생을 거부하고 예수님의 말씀을 지키며 비폭력을 주장했다. 초대교회는 평화주의를 "모든 강제적인 폭력의 사용을 거부하는 것"[13]으로 알고 행동하였다. 이들의 목표는 무엇보다도 예수의 말씀대로 사는 것이다. 그러나 콘스탄티누스가 교회의 박해를 종식시키고 기독교를 공인한 후에 기독교인의 태도가 변하기 시작했다. 이는 교회가 소종파에서 국가교회로 발전하면서 생긴 변화였다. 기독교가 로마의 박해를 받으면서도, 평화주의를 견지한 까닭은 예수의 평화주의에 근거한다. 예수의 아가페적 사랑은 제자들에게 전적으로 평화주의를 지향하게 하였

---

11) 박원기 지음, 『평화의 추구』(서울: 이화여대출판부, 1992), pp.9-10참조.
12) 박종도 지음, 「기독교 평화주의와 믿음의 공동체」 『신학사상』 2002. 겨울호. p.176.
13) J. Patout Burns ed, *War and Discontents – Pacifism and Quietism in the Abrahamic Traditions*(Washington D.C: Georgetown Univ. Press, 1996), p.3.

다. 베인튼 역시 이런 점을 잘 지적한다.

    초대교회의 평화주의는 신약성경을 율법적으로 해석한 데서 나온 것이 아니라 그리스도의 정신을 따르려는 노력에서 나타난 것이다. 기독교인은 어떤 세밀한 윤리적 규범이나 새로운 정치 이론을 가지고 사회 문제를 본 것이 아니라 전혀 새로운 가치관을 가지고 보았던 것이다. 기독교의 사랑은 유대교나 헬레니즘의 사랑을 초월해 있었다. 기독교의 아가페적 사랑은 전적으로 타자를 인정하는 사랑이었다.[14]

    초대 교회는 예수의 아가페적 사랑을 평화주의로 실천하였다. 이런 평화주의 실천은 그 당시 로마의 제국주의 정책과 갈등을 겪게 된다. 로마의 평화는 강력한 군사력을 바탕으로 다른 나라들을 정복함으로써 얻은 평화이기에 전쟁은 필연적이고, 평화를 계속 유지하기 위해서는 더 강력한 군사력이 필요했다. 벵스트(Klaus Wengst)는 로마가 유지하는 평화를 "전쟁, 승리, 그리고 평화"[15]로 요약한다. 전쟁에서 승리해야만 얻을 수 있는 평화라는 의미이다. 로마인들은 평화를 얻기 위해서는 전쟁이 필요하고, 그 전쟁에서 이긴 자만이 진정한 평화를 누릴 수 있다는 제국주의적인 평화관을 가지고 있었다. 이런 평화는 로마에게는 평화이지만, 피정복자에게는 굴욕일 뿐이다. 로마는 계속적으로 제국의 평화를 유지하기 위해 강한 군사력을 보유해야만 했고, 그 군사력으로 전쟁을 계속 치렀다. 그리고 다시 평화를 위해 군사력을 증강해야 하는 악순환의 고리에 빠져 있었다. 이것이 로마의 평화의 진면목이다.

---

14) R. H. Bainton, op. cit. pp. 53-54.
15) Klaus Wengst, *Pax Romana*, 정지련 옮김, 『로마의 평화』(천안: 한국신학연구소, 1994), p.37.

이런 로마의 평화와 기독교의 평화는 완전히 다른 평화이다. 기독교의 평화는 제국주의적인 평화가 아닌 이웃을 향한 사랑의 실천으로 얻어지는 평화였다. 그런데 교회가 점점 숫자가 많아지고 교세가 확장됨에 따라 교회가 지향하는 평화가 로마가 지향하는 것과는 다름이 밝혀지고, 이것이 로마와 갈등을 초래했다. 또 다른 갈등은 종교관의 차이였다. 기독교는 철저하게 유일신을 믿는 데 반해서 로마는 다신교를 믿었다. 황제까지도 죽은 후에 신이 되는 로마인들의 사고방식에 따르면, 기독교는 로마의 평화를 깨는 도전 세력으로 간주될 수밖에 없었고, 그 결과 교회의 박해로 나타나게 된 것이다.

기독교가 로마의 국교가 되기 이전 즉 A.D. 180년 전에는 기독교인이 군대에 입대하였다는 증거는 없지만 그 이후로 기독교인 군인이 증가했다는 증거는 있다.[16] 그러나 얼마나 많은지는 알 수 없다. 초대 기독교인들이 군대에 지원하지 않은 이유는 두 가지로 볼 수 있다. 하나는 교회의 가르침 때문이다. 예수의 후계자인 바울은 종말론적인 관점에서 로마 제국이 곧 무너질 것이라고 믿었다. 이는 요한계시록의 주요한 주제이기도 하다. 기독교인들은 임박한 종말에 대한 기대로 예수의 사랑의 윤리를 지켰다. 그리고 다른 하나는 로마의 박해 때문이었다. 기독교는 박해받음으로써 로마와 대립적 구도를 형성하였다. 로마와의 싸움을 곧 영적인 싸움으로 이해하였기에 군복무를 거부한 것이다.

이제 기독교는 강력한 군사력을 바탕으로 제국을 건설한 로마와의 갈등을 피할 수 없게 되었다. 이 갈등은 결국 박해로 드러나게 되었고, 기독교인들은 박해[17] 속에서도 평화주의를 버리지 않았다.

---

16) R. H. Bainton, op. cit, p.71.
17) 로마의 기독교 박해는 세 기간으로 나누어 볼 수 있다. 제1기는 티베리우스 황제(A.D. 14-37)로부터 도미티안 황제(A.D. 81-96)까지의 기간이다. 이 시대에 네로 황제가 기독교인들을 박해했으며, 베드로와 바울이 이때 순교한 것으로 알려져 있다. 제2기는 트라야누스 황제(98-117)로부터 필립푸스 황제(244-249)까지의 기간으로 로마에서는 클레멘트 주교가 그리고 안디옥에서는 이그

## 2) 정의로운 전쟁의 흐름들

소종파에서 로마라는 거대한 제국의 국교로 발전한 교회는 제국을 수호하고 보호해야 할 사명이 생겼다. 이제 교회는 소종파 때와는 다른 방식으로 국가와의 관계를 설정해야만 했다. 교회는 로마 황제와의 불필요한 마찰을 피하기 위해 보다 협조적인 자세를 취하게 되었다. 이러한 변화는 전쟁에 대한 교회의 태도에 변화를 가져오게 되었다. 이전까지 우세하던 평화주의가 후퇴하고, 제국을 수호하기 위한 전쟁의 정당성을 주장하는 방향으로 선회했다.[18] 그 결과 기독교는 로마의 정신적 세계를 감당하는, 또는 감당해야 하는, 이데올로기가 되었다. 이는 기독교의 모습을 혁명적으로 바꾸어 놓는 계기가 되었다. 우선 국가를 기독교화한 만큼 교회도 세속화되었고, 국가는 지금까지 박해받던 교회에 많은 특혜를 주었다. 성직자들에 대한 공공 의무를 면제해 주고, 교회의 기부금 수수와 재산 축적을 가능[19]하게 만들어 주었다. 그 결과 교회는 점점 부자가 되어 갔다. 동시에 기독교는 로마 전역에 들불처럼 번져나갔고, 신자 수가 급증하였다. 초대교회가 가지고 있던 소종파적이고, 제자화 된 헌신적인 신자들은 사라지고, 많은 사람이 갑작스럽게 유입되면서 교회는 세속화되었을 뿐 아니라 이교화되기 시작하였다. 그 결과 콘스탄티누스 이전의 교회와 이후의 교회는 확연히 다른 모습을 띠게 되었다. 달라진 교회는 제국의 평화를 지키기 위해 평화주의를 버리고 전쟁을 정당화하는 작업에 나서게

---

나티우스 주교가 순교했다. 제3기는 250-311년 사이의 시기로 이 때 가장 조직적으로 박해를 받아 많은 신자가 순교를 했다. 이 시기에 기독교는 놀랍게 부흥하였고, 제국의 신들과 황제 숭배를 골간으로 하는 국가의 틀을 위협하는 존재로까지 성장했다. 데키우스 황제는 마침내 250년 기독교인들에게 희생을 드리라고 요구했다. 이를 거부한 자는 구금, 추방, 고문 및 처형을 하였다. 정기환, 「콘스탄티누스의 종교정책(1)」, 『종교와 문화』 1998, 4권, pp.180-183참조.
18) 김명용 지음, 『현대의 도전과 오늘의 조직신학』(서울: 장로회신학대학교출판부, 1997), p.163.
19) Philip Schaff, 이길상 옮김, 『교회사전집』3권(서울: 크리스챤다이제스트, 2006), pp.96-106 참조.

된다. 그렇게 만들어진 것이 정의로운 전쟁론이고, 이 일에 신학적 기초를 제공한 인물이 암브로시우스(Ambrosius)와 아우구스티누스였다. 암브로시우스는 제국의 방어가 곧 신앙의 방어라고 주장하면서 전쟁의 정당성을 역설하였다. 그는 『성직자의 의무』(On the Duties of the Clergy)라는 글에서 이렇게 말했다.

**용기에 대해 말하면, 야만인들로부터 조국을 지키기 위해 전쟁에 참여하거나 또는 강도로부터 동료나 약한 자를 보호하는 것이 정의의 완전함이다.** [20]

그는 야만족의 침략에 대해 싸우는 것이 진정한 용기라는 말로 신자들에게 전쟁에 참여할 것을 권했다. 그는 정의로운 전쟁의 조건을 두 가지로 제시하였다. 첫째, 전쟁행위가 정당해야 하며 둘째, 성직자들은 전쟁행위에서 제외되어야 한다[21]고 했다. 이는 정의로운 전쟁이 무엇을 지향해야 하는가를 말해 준다. 먼저 전쟁은 항상 정당한 이유가 있어야 한다고 함으로써 전쟁에 조건을 달았다. 이는 부당한 전쟁은 거부할 수 있음을 말한 것이다. 다만 그는 성직자들에 대해서는 육체의 의무보다는 영혼의 의무에 더 관심을 가져야 하므로 전쟁에서 제외되어야 한다고 보았다. 이런 성직자의 군역 면제는 아직까지 초대교회의 평화주의 전통이 남아있음을 보여 준다. 암브로우시우스의 견해는 정의로운 전쟁의 초기 모습을 잘 보여 준다. 그 이후 더 정교하게 정의로운 전쟁의 이론을 발전시킨 인물이 아우구스티누스이다.

---

20) Ambrosius, *On the Duties of the Clergy*, BK. Ⅰ. ⅩⅩⅤⅡ, 129. p.22; Paul Christopher, *The Ethics of War and Peace*(New York: Prentice Hall, 1994) p.26에서 재인용.
21) R. H. Bainton, op. cit, pp.90-91.

아우구스티누스가 살던 시대는 로마가 기독교를 국교화하여 발전하던 시기이면서 동시에 로마 제국의 힘이 감소하여 이민족의 침입에 시달리던 시기였다. 끊임없는 전쟁을 통해 제국을 유지하는 로마에서는 전쟁이 일상화되어 있었다. 이런 상황에서 그는 교리적으로 정의로운 전쟁을 체계화함으로써 로마의 국교로서의 기독교의 사명을 감당하고자 하였다. 그는 정의로운 전쟁을 인정하는 근거를 세상적인 차원에서 구하지 않고 하나님 나라에서 구했다. 전쟁의 목적은 그 자체에 있는 것이 아니라 평화의 달성에 있음을 분명히 하였다.[22] 이 세상에 전쟁이 존재하는 것은 선의 결핍 때문이다. 악이 가득한 이 세상에는 참된 평화가 없기에 참된 평화를 얻기 위해서는 악과의 전쟁을 피할 수 없다. 그리고 악에 대해 싸우는 것은 도리어 정의로운 전쟁이다. 그러면서도 그는 전쟁 중에 나타나는 악에 대해 이렇게 말한다.

> 전쟁에서 악이란 무엇인가? 어떻게든 곧 죽게 될 사람을 죽여서 다른 사람들이 평화롭게 살 수 있게 하는 것인가? 이것은 단지 겁쟁이처럼 혐오하는 것일 뿐 그 어떤 종교적 감정도 아니다. 전쟁에서의 진정한 악은 폭력을 즐기는 것이요, 잔학한 복수심과 격렬하고 식을 줄 모르는 적대감, 난폭한 저항, 그리고 권력에 대한 탐욕과 같은 것들이다.[23]

아우구스티누스는 전쟁이란 인간의 죄성과 악이 가장 극명하게 드러나는 사건이이며, 인간에게 전쟁이 필연적일 수밖에 없는 이유는 바로 인간이 가지고 있는 죄성에 있음을 밝힘으로써 전쟁의 원인이 인간의 본성

---

22) 이석우 지음, 『아우구스티누스』(서울: 민음사, 1995), p.189.
23) Augustinus, *Contra Faustum*, 22. 74. J. 랑г, 문시영 옮김,「아우구스티누스의 전쟁윤리」『아우구스티누스의 윤리학』(서울: 서광사, 1998), p.289에서 재인용.

안에 존재한다는 것을 지적하였다. 따라서 죄성을 가진 인간의 삶에서 참된 평화보다는 이기심과 탐욕에 의한 전쟁은 피할 수 없다. 그가 추구한 것은 평화이고, 전쟁은 평화를 얻기 위한 수단일 뿐이다. 이 평화를 위해서 그는 정의로운 전쟁을 할 수밖에 없으며, 그것이 이 지상에서 평화를 이루는 방법이라고 보았다. 그는 평화를 둘로 나눈다. 하나는 '천상의 평화'(Celestial Peace)로 이는 하나님 나라의 평화이다. 다른 하나는 '지상의 평화'(Earthly Peace)로 이 세상의 평화이다. 그는 천상의 평화를 소망했지만, 지상의 평화를 불완전한 것이긴 해도 허위적인 것은 아니라고 보았다. 오히려 그것을 천상의 평화로 가기 위한 방편으로 이해하였다. 따라서 그는 정의로운 전쟁을 천상의 평화를 이루기 위한 과정으로 이해하였다.[24] 그는 정의로운 전쟁의 필연성에 대해 이렇게 말한다.

> 그러나 그 현자가 인간이라면, 아무리 의로운 전쟁이라 하더라도 인간에게 전쟁이라는 필요악이 존재한다는 사실에 대해 한층 더 애통해 할 것이다. 의로운 전쟁이 아니라면 현자는 그 전쟁을 수행해서는 안 되고, 따라서 현자는 어떤 전쟁도 수행해서는 안 될 것이다. 현자로 하여금 의로운 전쟁이라는 전쟁을 수행하지 않을 수 없게 하는 것은 상대편의 불의일 것이다. 전쟁을 일으킬 만한 그런 불의라면 인간 누구나 통탄해야 마땅하다. 비록 거기서 반드시 전쟁이 일어나는 것은 아니더라도 어디까지나 인간들이 저지른 불의라는 점에서 통탄해야 한다.[25]

여기서 세 가지를 볼 수 있다. 첫째는 전쟁은 필요악이라는 것이고, 둘째는 의로운 전쟁이 아니면 해서는 안 된다는 것이다. 그리고 셋째는 전쟁

---
24) 이석우, op. cit, p.363.
25) Augustinus, *De Civitate Dei*, 성염 옮김, 『신국론』(왜관: 분도출판사, 2004), p.2171.

이 정당화될 수 있는 것은 상대방의 불의 때문이라는 것이다. 이러한 주장은 결국 선을 추구하는 자가 악에 대해 정의로운 전쟁을 할 수 있다고 본 것이다. 아우구스티누스의 공로는 정의로운 전쟁과 정의롭지 못한 전쟁을 구분함으로써 전쟁에 대해 새로운 이해를 가능하게 했다는 점이다.

대체로는 아우구스티누스가 정의로운 전쟁을 옹호했다고 보지만, 이에 반대하는 견해도 있다. 많은 정치철학자와 신학자들이 그의 폭력 사용 옹호를 강조함으로써 그를 기독교 현실주의자로 이해했다. 그러면서 아우구스티누스는 폭력의 사용은 허용(admit)했으나 옹호(advocate)하지는 않았다고 주장한다.[26] 여기서 인정이라는 말은 부득이하게 폭력의 사용을 허용할 수밖에 없다는 소극적인 의미를 내포하고 있다. 그리고 옹호는 적극적인 개념으로 볼 수 있는데, 아우구스티누스가 소극적으로는 인정했지만, 정의로운 전쟁을 적극적으로 옹호하거나 고취하지는 않았다고 주장하였다. 이는 정의로운 전쟁을 옹호하지는 않지만 인정했다는 것이 결국 현실주의적 해결방안 내지는 타협이라고 보는 관점이다. 그러나 실상 허용이든 옹호든지 어느 것을 택하든 그 결정은 정의로운 전쟁을 인정한 것이며, 이는 현실적인 시각을 가졌다는 것을 말해 준다. 현실적이란 힘이 없는 평화는 한낱 구호에 불과하다는 것을 그 바탕에 인정하는 것이다. 오늘날에도 전쟁의 대부분의 구호는 정의와 평화를 위해서라고 말해지는 것을 보면, 아우구스티누스의 선택은 그 당시 현실을 반영한 것임이 틀림없다. 따라서 아우구스티누스가 정의로운 전쟁을 허용한 것은 현실주의적인 접근 방식으로 보는 것이 타당할 것이다. 이러한 현실주의적인 시각을 현대에 들어와서 니버가 계승하였다.

토마스 아퀴나스의 신학적 체계는 중세 신학의 절정기에 아리스토텔

---

26) 유지황, 『어거스틴의 신학 사상 이해』(서울: 땅에 쓰신 글씨, 2006), p.132.

레스적 관점에서 이루어졌다. 그의 신학적, 철학적 사상은 중세의 여러 분야에 심대한 영향을 끼쳤다. 그 역시 아우구스티누스와 마찬가지로 전쟁은 어디까지나 수단이라고 보았다. 그는 『신학대전』(Summa Theologica)에서 아우구스티누스의 견해를 덧붙여서 신학적으로 정의로운 전쟁에 대해 세련된 사고를 전개하였다.

> 전쟁의 정당성이 성립되기 위해서는 세 가지 조건이 필요하다. 첫째, 군주의 명령에 의해 전쟁이 선포되어야 한다. 둘째, 정당한 원인(causa iusta)이 있어야 한다. 다시 말하면 공격당한 사람들은 자신들의 어떤 실수로 인해 당연히 받아야 마땅한 공격을 당한다. (…) 셋째, 교전국들은 반드시 정당한 의도(intentio recta)가 있어야 한다.[27]

이러한 조건이 충족되었을 때, 그 전쟁은 비로소 정의로운 전쟁의 지위를 얻게 된다고 보았다. 아퀴나스의 전쟁의 원칙은 기독교가 추구하는 바가 전쟁이 아니라 평화임을 말해 준다. 다만 정의로운 전쟁을 주장하는 것은 전쟁을 평화의 수단이나 도구라고 이해한다는 것이다. 중세 시대까지 기독교는 계속 정의로운 전쟁을 지지하면서, 그 정의로운 전쟁의 조건을 좀 더 세밀하고 정교하게 다듬어가고 있었음을 알 수 있다.

중세 시대 이후 종교개혁을 통해 프로테스탄트 교회가 성립하였다. 종교개혁을 시작한 마르틴 루터는 가톨릭의 부정과 잘못을 수정하여 개혁교회의 모델을 만들어 냈다. 루터는 교회와 국가에 대해 이원론적인 두 왕국론을 주장하였다. 이 세상에는 두 왕국이 있는데, 하나님의 왕국과 세상의 왕국이 그것이다. 하나님의 왕국에는 교회가 속하고, 세상의 왕국에

---

27) Thomas Aquinas, *Summa Theologica*, 2.2, Q.40.

는 국가가 속한다. 하나님의 왕국은 신앙을 지배하지만, 세상의 왕국은 외적인 것, 즉 토지와 육체와 집을 지배한다. 루터는 세상의 왕국을 지키기 위해서는 정의로운 전쟁이 가능하다고 보았으며, 역시 아우구스티누스의 의견을 받아들여 전쟁의 목적은 평화에 있다고 주장하였다.

동시대의 종교개혁가인 존 칼빈(John Calvin)은 루터처럼 정의로운 전쟁을 긍정하고 있다. 그는 『기독교강요』 제20장에서 재세례파의 평화주의 주장을 반박하면서 다음과 같이 말한다.

> 그러나 신약성경에는 그리스도인들이 전쟁을 해도 좋다고 가르치는 증거나 전례가 없다고 반대하는 사람이 있다면 나는 이렇게 대답할 것이다. 첫째, 전쟁을 해야 할 이유는 옛날과 같이 지금도 있으며 집권자들이 그 지배하에 있는 주민을 방위하지 말라는 이유도 없다. 둘째, 이 문제에 대한 명백한 말을 사도들의 글에서 찾아서는 안 된다. 그들의 목적은 그리스도의 영적 왕국을 건설하는 것이었지 정부를 조직하려는 것이 아니다. 끝으로, 그리스도께서 오셨을 때 이 점에서는 아무 변화도 일으키지 않으셨다는 것이 성경의 언외에 나타나 있다. 아우구스티누스가 말한 것같이 기독교 교리가 모든 전쟁을 배척한다면, 군인들이 구원에 관한 지도를 요청했을 때 무기를 버리고 군대에서 완전히 물러서라고 충고했을 것이다.[28]

칼빈의 견해 역시 이전의 정의로운 전쟁과 유사하다. 다만 칼빈의 이 답변이 의미가 있는 것은 당시의 재세례파가 주장하던 평화주의를 반박하기 위한 것이라는 데 있다. 칼빈의 주장 첫 번째는 자신을 방어하기 위한 전쟁은 가능하다는 것이고, 두 번째는 교회와 국가를 분리하여 교회에서

---

28) John Calvin, 김종흡·심복윤·이종성·한철하 옮김, 『기독교강요』下(서울: 생명의 말씀사, 1986), p.610.

는 평화주의를 주장할 수 있지만, 교회와는 다른 국가가 행하는 것은 어떤 목적을 위해, 또는 국가를 방어하기 위한 전쟁은 가능하다는 것이다. 칼빈의 정의로운 전쟁론은 결국 교회와 국가를 분리하여 보고, 또한 현실을 다분히 고려한 것임을 알 수 있다. 루터나 칼빈은 중세 가톨릭의 정의로운 전쟁이론을 계승하여 발전시켰다.

지금까지 로마의 공인을 받은 이후 정의로운 전쟁에 대한 기독교의 이론이 어떻게 진행되어 왔는지를 살펴보았다. 기독교는 로마의 공인 이후 중세를 거쳐 근대에 이르기까지, 악을 이기기 위해서는 전쟁이 불가피하다고 여겼다. 또한 그러한 전쟁은 정의로운 전쟁으로 인식되었다. 이런 이해는 인간이 믿는 이 세상의 제도와 하나님의 나라를 구분하여 생각함으로써, 이 세상에서는 예수의 말씀이 그대로 이루어질 수 없다는 것을 전제로 하고 있음을 알 수 있다. 이런 견해가 니버에 이르러 기독교 사회윤리학적 체계로 더욱 정교하게 이론화 되었다.

### 3) 평화주의의 흐름들

예수의 사상을 이어받은 초대교회는 전쟁 자체를 반대할 뿐 아니라 전쟁에 참여하는 것도 거부하였다.[29] 앞에서 이미 설명했듯이 초대교회는 평화주의의 입장을 견지했다. 문제는 로마가 기독교화 된 이후이다. 국교화 된 로마 교회는 교권이 강해지고, 성직자의 권위가 높아졌다. 한쪽에서는 이런 교권의 발전과는 반대로 종말의 기대와 소망을 가지며 살아가는 공동체가 생겨나기 시작하였다. 중세가 되면서 사라져 버린 초대교회의 소박한 공동체의 모습을 다시 되찾고 경건한 삶을 살기 원하는 사람들이 수도원

---

29) 박원기, op. cit, pp.9-10.

에 들어가 예수의 삶을 살기를 결단하는 수도원운동이 일어난 것이다. 이 운동은 주류 가톨릭의 흐름에 반대하여 세상과 타협하지 않는 초대교회의 윤리적 이상을 이루려고 하는 운동이었다.

역설적이지만 수도원 운동이 확산된 중요한 이유가 교회의 거대한 성공에 대한 반발이었다. 교회의 거대한 성공은 교회의 타락을 가져왔다. 이에 반대하여 수도사들은 자기희생과 겸손 같은 덕목을 지키기 위해서 수도원에 들어가 영적인 삶을 유지하였다. 가장 먼저 조직된 베네딕트 수도회는 청빈, 순결, 복종이라는 회칙에 서약하고, 엄격한 규칙과 생활을 통해 예수의 삶을 실천하며 살았다. 신약성경의 산상보훈의 가르침이나, 기독교의 핵심인 아가페 사랑을 실천하며 경건한 삶을 살아감으로써 성경의 가르침이 현실에서도 가능하다는 것을 직접 보여 주었다. 후에 점점 더 많은 수도원이 생기면서 바뀌기는 했지만, 수도원운동의 가장 중요한 핵심은 성경이 세상에 적실성을 가진다는 것을 보여 주는 것이었다. 이런 수도원주의 운동은 중세의 거대한 교회의 성공으로 인한 타락을 어느 정도 상쇄해 주었다.

수도원주의 윤리가 지니고 있는 현저한 특징은 다음과 같다. 첫째, 윤리의 이중 구조에 근거하여 이루어졌다는 점이다. 그들은 거룩한 부름을 받은 삶이 성(聖)의 삶이라면 일상의 삶은 속(俗)의 삶이라고 보았다. 둘째, 따라서 초기 기독교 전통에 힘입은 초기 수도사들은 기독교 금욕주의의 이상을 따라 청빈(poverty), 순결(chastity), 겸손(humility)과 복종(obedience)을 수도원적 삶의 주요 덕목으로 받아들였다. 셋째, 수도원주의자들은 플라톤 영향을 받아 육체를 상당히 경시하는 입장을 지니고 있었기 때문에 육체적 욕망을 버리는 것이 주요한 삶의 내용이 된다고 생각하였다. 넷째, 수도원주의자들은 그리스도를 철저히 주님으로 고백하는 삶을 살기 위하여 자신의 의지가 앞서는 교만을 꺾고 겸손과 복종의 길을 걷기를 선택하였다. 다섯째, 수도원주의자들은 수도원적 삶에서 얻어지는 덕은 하루아침에 이루어질 수 있는 것이 아니라고 생각하였다.[30]

중세 가톨릭교회의 현실에 대한 고민과 문제의식, 그리고 수도사들의 고민과 문제의식은, 현실에 성경을 어떻게 적용할 것인가 하는 해석학적 문제였다. 그 가운데 정의로운 전쟁과 평화주의는 아주 첨예한 대립각을 이루는 주제였다. 물론 주류 교회는 정의로운 전쟁을 인정하고 따랐다. 이것이 후에 중세 십자군 전쟁으로 발전했는데, 그것만이 국교화 된 교회가 취할 수 있는 현실적 대안이었기 때문이다. 반대로 평화주의 전통은 늘 소수이면서 비주류의 길을 걸었다. 그래서 초대교회도 중세 수도원도 늘 세상과는 구별된 공동체를 만들 수밖에 없었다. 즉 세상을 등진 자신들만의 소종파로 존재할 뿐 국가에는 관여하지 않게 되었다. 이러한 중세 수도원 운동은 현실에 적실성이 없어 보이는 성경을 자신의 삶 속에만이라도 적실성이 있는 것으로 만들려는 끊임없는 시도였다고 평가할 수 있다.

마르틴 루터의 종교 개혁 이후 개신교에서 주장한 평화주의는 재세례파(Anabaptist)라는 소종파에서부터 시작한다. 재세례파라는 이름의 효시는 이름에서 보듯이 유아 때 받은 세례를 무효라고 했기 때문에 붙여진 이름이다. 이들의 기원에 대해서는 크게 세 가지 견해가 있다. 하나는 1524년 토마스 뮌처(Thomas Müntzer)를 중심으로 일어났던 농민전쟁을 재세례파의 효시로 보는 견해이다. 뮌처는 철저하게 성경적 원리에 근거한 개혁을 주장한 인물인데, 그는 천년 왕국적 희망을 교회의 희망으로 삼아, 전쟁을 반대하고 유아세례를 반대했다. 두 번째 견해는 트뢸취(Ernst Troeltsch)의 주장인데, 1523년 취리히를 중심으로 성경공부를 하던 형

---
30) 박충구, 『기독교 윤리사』(서울 : 대한기독교서회, 2000), pp.128-131참조.

제단 신앙운동에서 그 기원을 찾을 수 있다고 한다. 이들은 교회의 진정한 모습은 자기 부인과 십자가를 지는 삶을 사는 고난의 공동체임을 강조하였다. 세 번째 견해는 라인 강 하류에 살던 천년왕국설을 신봉하던 종말론자들은 호프만을 중심으로 모였는데, 이들이 후에 재세례파 운동을 전파하였다고 본다. 호프만 이후에 메노 사이몬(Meno Simon)에 의해서 주도되었고, 이 운동은 그 이름을 본따서 메노나이트(mennonite)라는 이름으로 불리게 되었다.[31] 재세례파는 예수를 모범으로 삼아서 진정한 제자의 길을 가야 하며, 교회는 그러한 사명을 이루기 위한 공동체라고 본다. 따라서 그 공동체가 추구해야 할 길은 주님의 명령처럼 사랑의 윤리를 가져야 한다고 말한다. 사랑의 윤리는 저항이 아닌 무저항이요, 비폭력의 길이다. 예수가 보여 준 십자가의 윤리가 바로 그 길임을 그들은 믿는다. 이러한 비전을 가진 재세례파는 당연히 신앙의 실천을 중시하고, 그들의 모범인 예수의 윤리적 모습을 실천하려는 성향을 가지게 된다.

재세례파의 윤리적 특징은 외적인 신앙의 표현으로서의 도덕적인 삶을 강조하는 데 있다. 다음 여섯 가지로 정리할 수 있다.[32] 첫째, 강한 제자직의 윤리를 지향한다. 재세례파는 예수의 산상설교의 메시지를 사랑의 법으로 이해하고, 삶 속에서 사랑의 법을 받아들이고 실천하는 윤리를 강조한다. 둘째, 완전주의적 윤리를 가진다. 즉 세상과의 구별이 선행된 삶의 범주를 요구한다. 셋째, 이런 완전주의적 윤리의 강조는 결과적으로 비타협적인 윤리적 성격 때문에 고난을 강조하는 십자가의 윤리가 된다. 넷째, 일종의 성인(聖人)의 윤리를 지향한다. 다섯째, 철저하게 공동체적인 성격을 강조한다. 여섯째, 세상을 본받지 않는다. 세상의 제도적 삶의 원리를 따라서 사는 삶은 그리스도의 평화와 비폭력의 가르침과는 상반되

---
31) ibid, pp.234-235참조.
32) ibid, pp. 242-248참조.

는 것이라고 여긴다.

이 재세례파는 성경, 특별히 예수의 말씀을 중심으로 그것을 세상에 실천하며 살아가려고 하는 소종파였다. 이들은 예수가 평화주의를 주장했다고 하며, 그 말씀대로 살아가는 것이 그리스도의 삶이라고 보았다. 이는 중세 수도원주의 운동을 새로운 개신교판으로 변형한 것이라고 정의할 수 있겠다. 재세례파 외에도 퀘이커교도(Quaker) 또는 형제단(Christian Brethen)과 같은 소종파가 있으며, 이들 모두 교리는 다르지만, 소종파라는 공통점이 있다. 이런 평화주의의 한 흐름 역시 기독교 역사에 늘 있어왔다. 초대교회에서 중세 수도원주의 운동으로, 그리고 다시 재세례파로 흐르는 평화주의 전통은 이론적으로 체계화 되지 못하였으나, 현대에 요더에 의해 이론적으로 체계화가 이루어졌다.

## 2. 철학적 입장에서의 정의로운 전쟁과 평화주의 이해

### 1) 전쟁과 평화에 대한 철학적 견해들

고대 폴리스 아래 살던 그리스 사람들은 늘 전쟁을 겪었다. 소크라테스(Socrates)는 자연스럽게 보병으로 군대에 나갔는데, 그에게 전쟁은 폴리스의 시민으로서 자연스러운 일이었다. 플라톤(Plato)은 헬라인들 간의 전쟁은 바람직하지 않은 것으로, 그리고 야만인들과의 전쟁은 피할 수 없는 것으로 보았다.[33] 그는 더 나아가 전쟁에 대비하여 항상 군사 훈련을 하는 것을 당연한 것으로 여겼다. 그에게 국가는 전쟁을 방지하여 폴리스

---
33) Plato, Politeia, 박종현 역, 『국가』(서울: 서광사, 1997), pp.358-359.

의 시민의 생명을 보호하는 것이다. 이 때문에 『국가』(Politeia)에서 수호자 계급의 교육을 중요하게 다루고 있다. 플라톤은 철학자가 왕이 되는 이상 국가를 그려냈다. 이러한 이상적 모델을 제시하는 플라톤의 목적은 행복에 있었다. 즉 모든 폴리스의 시민들이 최대한의 행복을 누리는 것이 지혜를 가진 철학자가 다스리는 국가이며, 이런 국가는 정의를 실천하는 국가라는 것이다. 이러한 국가의 정의에 대해 에링턴(Robert L. Arrington)은 이렇게 말했다.

> 이러한 국가는 정의의 덕을 구체화한 것이며 이러한 국가에서는 시민들 각각이 자신의 몫을 행함으로써 또한 자신의 몫(각자의 몫)을 얻게 될 것인데 바로 이것이 그리스인들의 마음속에 뿌리 박혀 있는, 다소간 모호하기는 하지만, 정의의 개념이라고 할 수 있다.[34]

국가의 구성원이 각자 제 몫을 담당할 때 정의롭다는 것이다. 그런데 개인이 제 역할을 하지 못하면, 정의는 깨어지고 평화는 사라지게 될 것이며, 동시에 행복도 사라진다. 이러한 플라톤의 정의는 "훌륭한 생활을 위한 인간의 정신 자세에 주안점을 둔 것"[35]이다. 따라서 플라톤의 정의는 사회정의가 아니라 형이상학적인 정의이다. 플라톤에게 이상은 영원불변한 것이지만 현실적인 것들은 끊임없이 생멸하는 것이다. 따라서 정의도 그 이데아는 영원불변하지만, 정의로운 것을 추구하기 위한 제도나 방법은 일시적이다. 그러므로 현실에서 정의는 변화하는 것이다.

역사상 처음으로 정의로운 전쟁이라는 표현을 만들어 낸 아리스토텔

---

34) Robert L. Arrington, *Western Ethics: An Historical Introduction*, 김성호 옮김, 『서양윤리학사』(서울: 서광사, 2003), p.87.
35) 조요한, 『관심과 통찰』(서울: 숭실대출판부, 2004), p.310.

레스(Aristoteles)는 그 주요 목적을 헬레니즘 국가들 사이의 평화에 두었다. 분쟁 중에서도 그 문화권 전체의 연대성은 보존하고자 했다. 그러나 헬레니즘 문화권 이외의 민족과 관련되면 그 구도는 전혀 달라진다. 본성적으로 노예 신분에 처해진 사람들이 그들의 사회적 신분에 맞는 자리를 거부할 때 전쟁을 통해 그들을 억압할 수 있었다.[36] 아리스토텔레스에게 정의로운 전쟁은 이민족과의 전쟁에 사용된 용어였다. 그에게 전쟁이란 무언가 획득하기 위해 수행되는 자연스러운 것이며, 도덕적으로 우위에 있는 사람들이 그렇지 못한 사람들을 노예화하는 것은 당연하다는 것이다. 플라톤이나 아리스토텔레스는 헬라인들과의 전쟁은 바람직하지 않지만, 이민족(Barbarian)과의 선생은 당연한 것 내지는 정의로운 전쟁으로 간주했다. 이들에게 평화주의는 헬라가 처한 현실에서는 생각할 수 없는 것이었다.[37] 끊임없는 전쟁 속에서 시민의 안녕과 국가의 번영을 약속받을 수 있었던 고대 국가에서는 평화주의에 대한 사유가 빈약할 수밖에 없을 것이다. 그러나 이들 역시 전쟁을 목적으로 보지 않고 평화를 이루기 위한 수단이나 방법으로 보았다는 점을 염두에 둘 필요가 있다.

르네상스 시대의 인문주의자 에라스무스(Edsiderius Erasmus)는 전쟁을 피해야 한다고 하였다. 그는 『평화의 호소』(Querela pacis)라는 저서를 통해 평화주의를 주장하였다. 그는 예수를 철저히 평화의 군주로 파악하고 예수의 산상 수훈의 가르침에서 사랑과 폭력 거부의 근거를 찾았다.

> 예수 그리스도는 권세와 영예와 부와 보복을 위해 싸우는 곳에서는 평화를 확립할 수 없다는 것을 알고 있었기 때문에 그 제자들의 마음에서 이

---

36) 김정우, 「정당한 전쟁 이론에 관한 윤리 신학적 고찰」『현대 가톨릭 사상』 vol. No23(2000) 대구 가톨릭대 가톨릭연구소, p.283.
37) 이석우, 「Aurelius Augustin과 전쟁론」『경희사학』 6,7,8합본호, 1980년 2월, 경희대 사학회 편, p. 183.

러한 강한 욕망을 근절하려 했고 더욱이 악에 대해서 저항하는 것까지 일체 허용하지 않고 가능하다면 나쁜 행위를 한 사람에게도 선으로 갚는 것을 명했다.[38]

에라스무스는 예수의 가르침에 기초하여 평화주의를 주장하였다. 그는 구체적인 평화주의 이론을 펼치지는 않았지만, 예수의 교훈에 기초하여 평화주의를 주장하였다는 점에 의의가 있다.

근대에 국가와 사회에 깊은 관심을 가졌다. 그 중에 토마스 홉스(Thomas Hobbes)는 자연 상태의 삶과 국가의 삶을 구별하였다. 자연 상태에서 인간의 삶은 '만인 대 만인의 투쟁'의 삶이다. 이런 삶에서 인간의 본성 가운데 분쟁의 원인이 되는 세 가지 주된 요소를 발견할 수 있다. 첫째는 경쟁이고, 둘째는 불신이며, 셋째는 명예이다.[39] 홉스는 사람들이 경쟁 때문에 싸우고 침략하며, 또 서로 불신하고 명예를 위해서 전쟁도 불사하는 말 그대로 투쟁의 삶을 살기 때문에 전쟁을 피할 수 없다고 보았다. 그는 자연 상태를 벗어나기 위해서는 자연법이 필요하며, 그 자연법은 이성이 발견한 원리라고 이해하였다.

> 모든 사람은 평화에 도달할 수 있는 희망이 있는 한 평화를 획득하기 위하여 노력하여야 한다. 그러나 평화를 획득할 수 없을 때에는 전쟁의 모든 수단을 사용하고 이익을 추구해도 좋다. 이 규칙의 앞부분은 평화를 추구하고 그것에 따르라는 제일의, 기본적인 자연법을 포함하고 있다.[40]

홉스가 말하는 평화의 추구는 인간의 생존을 위한 최선의 희망이다.

---

38) Edsiderius Erasmus, *Querela pacis*, 최상용, 『평화의 정치사상』(서울: 나남출판, 2006), p.115에서 재인용.
39) Robert L. Arrington, op. cit. p.259.
40) Thomas Hobbes, *Leviathan*, B. Baumrin ed.(Belmont, CA: Wardsworth, 1996), xv, 4.

현실주의자인 홉스는 이상을 말하지만, 늘 현실에 초점을 두고 있다. 그는 자연 상태 곧 무정부적인 상태를 폭력이라고 보았는데, 결국 리바이어던(Leviathan), 곧 제도화된 정치적 강제력을 가진 국가이다. 따라서 평화를 가져오기 위해 필요한 것이 국가이다. 국가는 정의를 위한 도구이고, 정의를 확립하기 위해서는 서로 맺어진 규약을 지킴으로써 가능하다고 보았다.

홉스와 같은 사회 계약론자 가운데 국가의 성립에 대해 깊이 있게 연구한 루소(Jean Jacques Rousseau)는 홉스와 마찬가지로 자연 상태의 인간은 국가를 건설함으로써 평화를 찾을 수 있다고 보았다. 그는 자발적 연방제를 통해 국가 간 평화를 유지할 수 있다는 칸트의 생각을 비판하면서, 그 대신 국가 간 전쟁의 해결책은 "현재 국가 내에서 개인들을 하나로 묶어 주는 것과 같은 연대감으로 국가들을 묶어 주고, 모든 국가들을 법의 권위 아래에서 대등하게 대우하는 연방정부의 형태에서만 찾을 수 있을 것"[41]이라고 하였다. 인간의 이기심과 죄성을 제거하기 위해서는 자연적 상태를 벗어나야 했고, 그것이 자연스럽게 국가의 탄생을 가져왔다는 주장이다. 이들에게 평화의 추구는 결국 국가 간의 문제를 어떻게 해결할 것인가의 문제이다.

평화에 대한 깊은 철학적 연구는 근대에 칸트(Immanuel Kant)에 의해 이루어졌다. 그는 72세에 쓴 『영구평화론』(Zum ewigen Frieden)에서 세계 모든 나라 정부가 다 같이 살아남기 위해서 협력하든지, 아니면 다 같이 공멸하든지 둘 중 하나를 선택해야 한다고 주장하였다. 그에게 평화 문제는 현실의 문제임과 동시에 현실을 초월하는 당위의 문제였다. 또한 법적, 정치적 문제이면서 윤리적, 철학적 문제였다. 왜냐하면 평화는 인간의

---

41) Jean Jacques Rousseau, *A Lasting Peace*, Kenneth Waltz의 책에서 재인용, p.255.

이성이 지닌 보편적인 이념이기 때문이다.⁴²⁾ 칸트는 평화 상태가 자연스러운 것이 아니라 도리어 전쟁의 상태가 자연스러운 상태라고 보았다. 따라서 평화를 이루기 위한 첫 단계는 그가 '공화주의적'이라고 명명한 형태의 국가를 건설하는 것이다. 칸트는 전쟁이 계속 일어날 것이지만, 점증하는 전쟁의 공포와 비용 부담으로 인해 달갑지 않게 여겨질 것이며, 결국 국가 간에 무정부 상황을 버리고 국가연합의 차원으로 들어설 것이라고 주장하였다.⁴³⁾ 칸트의 이러한 주장은 그가 계몽주의 영향을 받았음을 보여 준다. 계몽주의 철학자들은 일반적으로 인간은 본래 선하지만 제도에 의해 타락하므로 그러한 제도만 변혁하면 본연의 덕이 스스로 살아나 인류가 평화롭게 살아갈 수 있을 것이라고 생각하였다.⁴⁴⁾ 계몽주의자였던 칸트는 평화를 실현하기 위한 제도를 만들기 위해서 노력했고, 이론적으로 영구평화론을 통해 이루었다. 그리고 이 영구 평화를 보장하는 것은 세계시민적 기구이고, 이 기구를 이성적 법칙에 의해 운영하기 위해서는 민족과 국가와 사회를 초월하는 국제법이 있어야 한다고 하였다.

이러한 칸트의 주장은 계몽주의 철학자의 신념에서 나온 것이라고 할 수 있다. 그러나 그의 주장은 이루어지기 어려워 보인다. 그럼에도 칸트가 영구평화를 주장한 것은 지속적인 평화의 구상이 현실주의를 근거로 하는 전쟁에 대한 일상적 합리화보다 훨씬 더 현실적이라는 점을 증명하려는 것이었다.⁴⁵⁾ 칸트가 말한 영구평화가 현실적으로 가능할까? 이에 대해 복(Sissela Bok)은 비판적으로 답했다.⁴⁶⁾ 그는 칸트의 이런 구상이 현실성

---

42) 이삼열, 「평화의 개념과 평화운동의 과제」, 그리스도교 철학연구소 편, 『현대사회와 평화』(서울: 서광사, 1991), p.174.
43) Michael Howard, *The Invention of Peace*, 안두환 옮김, 『평화의 발명』(서울: 전통과 현대, 2002), p.46.
44) ibid, 46.
45) Sissela Bok, *A Strategy for Peace*, 박상섭 옮김, 『평화를 위한 전략』(서울: 인간사랑, 1991), p.89.
46) 복은 현실적 관점에서 칸트의 영구평화가 가지는 약점을 몇 가지 지적한다. 첫째, 칸트는 평화에 대한 전략을 제시하는데 몹시 추상적이다. 둘째, 따라서 그의 영구평화론으로 부터 평화를 위

없다고 했다. 김선욱은 칸트에 대한 복의 비판과 복이 내놓은 대안 - 국가 간의 신뢰를 바탕으로 한 평화 전략 - 역시 현실에서 비현실적이라고 지적하였다. 칸트나 복이 내놓은 대안은 결국 신뢰의 확대를 통해 평화를 이루려고 하는 전략이다. 그러나 김선욱은 칸트와 같은 주장이 현실에서 적실성을 가지려면 "평화를 직접적으로 목표로 하는 전략이 아니라, 그러한 평화를 가능하게 하는 여러 원리들에 대한 탐사"가 필요 하다고 말한다.[47] 이는 다원화되고 복잡해지는 세계의 문제를 한 가지 원리로는 해결할 수 없다는 입장이다. 사실 칸트의 영구 평화론의 구상은 현실적인 접근이라기 보다는 당위적 접근임을 알 수 있다.

인류는 1, 2차 세계 대전을 경험한 후에 전쟁에 대해 깊이 성찰하게 되었다. 특별히 현대의 전쟁은 전투원과 비전투원의 구분이 어렵고, 대량 학살이 가능하기 때문에 전쟁 자체가 전에 경험하지 못한 가공할 공포로 변하게 되었다. 이런 배경 하에 등장한 실존주의 철학 역시 인간의 본성에 대한 깊은 성찰을 반영한 것이라고 할 수 있다. 전쟁은 다른 말로 곧 폭력과 같다. 이런 폭력의 원인에 대해 깊이 성찰한 아렌트(Hannah Arendt)는 인간을 복수성(plurality)의 존재로 규정했다. 이 복수성은 각 개인의 생각과 삶의 방식이 다름을 뜻한다. 이들은 상이한 의견을 가지고 있는데, 이 다양하고 상이한 생각이나 의견을 드러내어 서로 소통할 수 있는 공적 영적을 만드는 것이 정치이다.[48] 문제는 이러한 정치가 실종될 때, 그 사회

---

한 전략의 구체적인 내용을 추출해 내기가 어렵다, 셋째, 정책결정자들의 입장에서 옳고 그른 것에 관해 어떠한 중간적 입장이나 타협을 인정하지 않는 칸트의 입장을 받아들일 수 없을 것이다. ibid, pp.90-92.
47) 김선욱,「평화에 대한 정치윤리적 반성」(한국동서철학회,『동서철학연구』제 33호, 2004. 9월), pp.152-153.
48) 김선욱,『정치와 진리』(서울: 책세상, 2001), p.122.
제2차 세계 대전을 일으킨 히틀러가 정권을 잡고 나서 유대인들을 희생양으로 삼은 이유가 있다. 히틀러가 정권을 잡기 전에 독일의 상황은 인구의 1%도 안 되는 유대인들이 전체 독일의 판사나 검사의 6%, 변호사와 공증인의 15%, 의사의 7%, 언론인과 작가의 7% 이상을 차지했고, 전국 백화점 유통망의 5분의 4가 유대인의 소유였으며, 베를린의 150개 은행 가운데 3분의 1은 유대인의 것이었다. 당시 독일인과 유대인간의 갈등은 종교적 불화나 인종전쟁이 아니라 두 집단의 상이한 정신적,

는 폭력을 드러낼 수밖에 없다는 점이다. 이처럼 국가 사이에도 의사소통이 안 되면 갈등이 생기고, 그 갈등을 해결하는 수단으로 전쟁을 택하기 쉽다. 아렌트가 예루살렘 재판에서 피고로 서게 된 아이히만을 관찰한 결과, 그가 말하는 데 무능력하고, 생각하는 데 무능력하며, 결국 타인의 입장에서 생각하는 데 무능력한[49] 것을 발견한다. 이처럼 생각하지 않고, 서로 소통하지 않으면, 아이히만처럼 인간은 비극에 빠지게 된다. 이 비극은 개인으로 끝나는 것이 아니라 한 사회나 국가 또는 인류 전체가 폭력과 전쟁의 수렁에 빠지게 되는 결과를 초래할 수도 있다. 아이히만은 이런 소통 부재가 가져오는 타인에 대한 생각 없음이 얼마나 비극적인가를 잘 보여 준다. 이러한 것도 전쟁이나 폭력을 이해하는 한 이론이라고 할 수 있다.

전쟁을 선악의 문제가 아니라 사회 현상 가운데 하나로 보는 하워드(Michael Howard)는 인류는 결국 "평화의 발명"에 이르게 될 것이라고 한다. 그는 인간의 이성을 신뢰하고 있다. 마치 글로버(Jonathan Glover)가 인간의 이성을 넘어서 인간이 가지는 휴머니티(humanity)에 주목하고, 거기에서 인간의 평화의 단초를 발견하려는 것과 같다. 하워드는 단순한 종교적 열망을 넘어서 평화의 발명을 한 인물로 칸트를 들었다.[50] 하워드는 칸트의 평화론을 평화 과정의 출발로 보고, 평화를 위해 초국가적인 정부를 건설하거나 만들어 내는 것을 발명이라 부르고, 인류가 이러한 발명에 도달할 것이라 낙관했다. 그러나 과연 초국가적 정부를 건설하는 것이 반드시 평화를 가져다 줄 것인지는 논의의 여지가 있다.

---

사회적 특성에서 기원한 사회적 대립이였다. 즉 나와 다른 타자에 대한 두려움이나 소통 부재로 말미암아 빚어진 참극이라는 것이다. 그래서 소통의 문제가 중요하다. 전쟁이나 폭력의 가장 큰 원인 가운데 하나가 소통의 부재이기 때문이다.
라파엘 젤리히만, 박정희, 정지인 옮김, 『집단 애국의 탄생 히틀러』(서울: 생각의 나무, 2008), pp.34-37참조.
49) Hannah Arendt, *Eichmann in Jerusalem*, 김선욱 옮김, 『예루살렘의 아이히만』(파주: 한길사, 2007), p.106.
50) Michael Howard, op. cit, p.47.

전쟁과 평화의 문제는 현대에 들어서서 더욱 절실해졌다. 핵전쟁의 위협이 증가하면 할수록 평화에 대한 기대 역시 커졌다. 그래서 어떤 방식이든 평화는 이루어져야 한다. 평화 없이는 인류의 생존이 불가능하기 때문이다. 1960년대 이후에는 보다 적극적인 평화를 추구하게 되었는데, 이 적극적 평화는 "기존의 국제정치 관계를 지배하고 있는 위협체제의 원칙과 조건들을 극복하고자 하는 운동"[51]이다. 적극적인 평화는 현실적이고 정의에 바탕을 둔 평화이다. 핵위기 앞에 서 있는 인류에게 긴급한 과제는 이러한 접근일 것이다.

## 2) 정의로운 전쟁과 평화주의에 대한 이해

### ① 정의로운 전쟁에 대한 이해

전쟁에 관해 최초로 체계적으로 저술한 클라우제비츠(Carl von Clausewitz)는 전쟁이란 "나의 의지를 실현하기 위해 적에게 굴복을 강요하는 폭력행위"[52]라고 정의했다. 전쟁의 수단은 폭력이고, 나의 의지를 실현하는 것이 목적이라고 하는 주장은 상당히 현실주의적인 접근이라고 할 수 있다. 즉 클라우제비츠는 전쟁에서 중요한 것은 이기는 것이므로, 전쟁의 정당성같은 것은 중요하지 않다고 생각한 것이다. 이러한 클라우제비츠의 견해는 여기서 문제 삼지 않고, 정의로운 전쟁이 성립하려면 어떤 조건과 원칙들을 지켜야 하는가를 살펴봄으로써 정의로운 전쟁에 대한 논의를 시작하고자 한다.

일반적으로 전쟁의 정당성을 주장하는 두 종류의 이론이 있다. 하나

---

[51] 황경식, 「전쟁과 평화 그리고 정의」, 철학연구회 편, 『정의로운 전쟁은 가능한가』(서울: 철학과 현실사, 2006), p.21.
[52] Carl von Clausewitz, *Von Kriege*, 김만수 옮김, 『전쟁론』(서울: 갈무리, 2008), p.46.

는 '전쟁에 개입할 수 있는 법'(jus ad bellum, 전쟁의 정당성)과 '전쟁 중의 법'(jus in bello, 전쟁에서의 정당성)이 있다.

'전쟁에 개입할 수 있는 법'은 다음과 같은 7가지이다.[53]

- ⓐ 정당한 원인(a just cause)으로 전쟁을 하기 위해서는 전쟁을 하는 정당한 원인이 있어야 한다.
- ⓑ 합법적인 권위(a legitimate authority)로서 전쟁은 합법적인 정부에 의해서 선포되어야 한다.
- ⓒ 공식적인 선언(formally declared)은 전쟁을 기습적으로 하는 것이 아니라 상대국에 먼저 공시적으로 알려야 한다.
- ⓓ 평화적인 의도(a peaceful intention)는 전쟁을 하는 목적은 평화를 가져오기 위해서라는 것이다.
- ⓔ 최후의 수단(a last resort)이란 전쟁이 마지막 수단이어야 한다는 것이다.
- ⓕ 성공의 희망(hope of success)은 전쟁에서 이길 수 있다는 기대에 근거해야 한다.
- ⓖ 목적을 추구하는 비례(proportionality)는 전쟁을 수행함에 있어 공격은 상대방이 공격하는 것에 비례해야 한다는 것이다.

이 7가지가 전통적으로 정의로운 전쟁을 할 수 있는 전제조건들이다. 이들 조건들이 이루어져야만 비로소 그 전쟁은 정의로운 전쟁이 될 수 있다.

---

53) Walter Wink, *'beyond just war and pacifism',* J. Patout Burns ed, *War and Discontents —Pacifism and Quietism in the Abrahamic Traditions*(Washington, D.C: Georgetown Univ. Press, 1996), pp.111-112참조.

'전쟁 중의 법'(jus in bello)은 첫째로 비전투원은 -싸움의 대상에서- 면제되어야 한다. 둘째로 죄수는 인도적으로 대우해야 한다. 셋째로 국제적인 조약과 관례는 지켜져야 한다. 이는 전쟁을 수행하면서 지켜야 할 최소한의 법을 규정한 것이다. 이 원칙이 지켜진다면 그 전쟁의 정당성은 윤리적으로 확보된다고 할 수 있다.

이 두 가지 이론이 그 전쟁이 정당성을 갖느냐, 다시 말해 정당화 될 수 있느냐를 묻는 중요한 기준이 된다. 이밖에도 정의로운 전쟁에 대해 두 가지 생각해 볼 것이 있다. 도덕적으로 허용할 수 있는(permissible) 전쟁과 도덕적으로 의무적인(obligatory) 전쟁이 있다.[54] 내가 부당하게 공격받을 때는 정당방위가 되어 도덕적으로 허용되는 전쟁이라고 할 수 있다. 의무적인 전쟁이란 예를 들면, 만일 A라는 나라가 B라는 나라와 조약을 맺어 보호해 주기로 했다면, 도덕적으로 A는 B에게 의무를 진 것이다. 그런데 어느 날 C라는 나라가 B를 공격했을 때, A는 B를 도와 전쟁을 해야 할 도덕적 의무가 발생한다. 그렇다면 논리적으로는 정의로운 전쟁이 될 수도 있다. 형식 논리로는 가능하지만, 실제로는 많은 변수가 있기 때문에 그 전쟁의 정당성을 인정받기는 쉽지 않다.

그러나 더 중요한 것은 앞의 정의로운 전쟁의 조건을 지키는 것이다. 이런 조건을 지킨다면 그 전쟁은 정의로운 전쟁이 될 것이다. 여기서는 세부적인 사항들에 대해 논의하기보다는, 전쟁이 무엇인가부터 논의를 시작하려고 한다.

와서스트롬(Richard Wasserstrom)은 전쟁을 하나의 국제적인 현상으로 파악한다. 전쟁은 국가 이하의 단위들이나 개인들이 아니라, 국가들 내지 민족 국가들 사이에 일어나는 현상이다. 그리고 전쟁은 정당하다는

---

[54] Douglas P. Lackey, *The Ethics of War and Peace*, 최유신 옮김, 『전쟁과 평화의 윤리』(서울: 철학과 현실사, 2006), p.76.

주장 하에 여러 가지 형태의 폭력을 사용하는 일이 불가피하다.[55] 실제로 개인 간의 폭력 사용은 부당하다고 하지만, 국가 간의 폭력은 정당화 될 수 있다고 말한다. 이는 폭력을 새로운 각도로 보는 것이다. 개인 간의 폭력은 폭력이지만, 국가 간에 사용되는 폭력은 조건도 다양하고, 이유도 상황에 따라 다르기 때문에, 국가라는 제도 하에서 이루어지는 제도적 폭력을 긍정하는 입장이라고 할 수 있다.

전쟁에서 도덕성을 논하는 문제는 중요하다. 현실적으로 전쟁을 막을 수 없다면, 전쟁이 보다 도덕적이고 정당성 있는 명분을 가질 때로 한정해야 한다. 그래서 전쟁을 제한하거나 전쟁외적인 방법들, 예를 들어 외교, 협상 등과 같은 방법을 사용할 수 있게 해야 한다. 도덕성을 논하게 되면 쉽게 전쟁을 하지 못하게 될 것은 분명하다. 만일 도덕성을 따지지 않는다면 오직 승리만을 추구하여 전쟁을 쉽게 일으킬 수 있는 요인이 될 수도 있다.

또 하나 전쟁의 도덕성을 논하는 데 중요한 개념은 전투원과 비전투원의 분리이다. 19세기까지는 어느 정도 전투원과 비전투원의 구분이 가능했으나, 비행기와 장거리 미사일이 등장하면서 전투원과 비전투원을 구분하기가 쉽지 않게 되었다. 핵폭탄은 이러한 구분을 더욱 모호하게 만들었다. 히로시마에 떨어진 원자폭탄의 경우, 전투원과 비전투원의 구분 없이 인명을 살상하여 전쟁의 정당성을 상실하였다. 최근에는 그런 구분이 어렵고, 게다가 비전투원의 피해가 커지면서 전쟁의 정당성이 의문시되었다. 따라서 현대에 와서 전쟁의 도덕성 논란은 커져가고 있다. 여기에는 전쟁뿐 아니라 테러도 포함된다. 소수가 자신의 의사를 전하거나 관철시키기 위해서 펼치는 전쟁, 곧 테러는 현대의 전쟁의 양상을 더욱 복잡하게 만들었다.

---

55) Richard Wasserstrom, 「전쟁의 도덕성: 예비적 고찰」, 제임스 레이첼스 편, 황경식 옮김, 『사회윤리의 제문제』(서울: 서광사, 1998), p.355.

아무리 핵무기를 가지고 있어도 테러의 공격에는 취약할 수밖에 없고, 그런 의미에서 테러는 더욱 더 전쟁의 양상을 어렵게 하고, 복잡하게 한다. 오늘날에도 전쟁의 도덕성을 묻는 이유는 전쟁에 제한을 가함으로써 보다 덜 폭력적이고, 덜 부당한 전쟁이 되도록 하자는 것이다. 그래서 전쟁의 도덕성과 그것을 이루어가는 과정이 중요하다.

이런 문제는 17-18세기에 도덕 신학에서 가르쳤던 원칙 중 하나인 이중효과의 원칙(principle of double effect)으로 잘 설명할 수 있다. 이중효과의 원칙이란 "그 자체로 죄악이 아닌 목표는, 그리고 죄악이 아닌 수단으로써 실행되는 목표는, 설령 사악한 부작용이 초래된다 할지라도, 그 부작용을 직접직으로 의도하지 않았다면, 허용된다는 원칙이다."[56] 즉 하나의 행위가 이중 결과를 낳을 때 진짜 본래의 동기에 의한 것은 책임은 지지만, 부차적 결과에 대해서는 책임을 지지 않는다는 것이다.

이중 효과의 예는 이런 것이다. "만일 당신이 목숨을 구하기 위해 적을 피해 도망을 가는데, 좁은 샛길이 나왔다. 그런데 그 가운데 어린아이가 누워있다고 치자. 당신 목숨을 구하기 위해 적을 피해 말을 타고 달리고 있는데 아이를 밟고 가야 하는 상황이다. 그러나 당신이 그 아이의 죽음을 직접적으로 의도하지 않았으므로 당신이 말을 멈추어야 할 하등의 도덕적 의무가 없다. 그러므로 말을 계속 타고 달려서 그 아이가 설령 밟혀 죽는다고 할지라도 당신에게는 도덕적 책임이 없다"고 할 수 있다. 이는 동기만을 기준으로 도덕성을 판단하는 것이라고 이해할 수 있다. 머튼은 "죄 없는 아이를 죽이는 것이 선험적으로 정당하다고 가정한다면 진정한 그리스도적 행동에 대한 희망의 싹을 어디에서 찾을 것인가?"[57] 반문

---

56) 토마스 머튼, *Peace in The Post-Christian Era*, 조효제 옮김, 『머튼의 평화론』(왜관 : 분도출판사, 2006), p.112; G. E. M. Anscombe, 「전쟁과 살인」, 제임스 레이첼스 편, op. cit, pp.337-338참조. 여기서 엔스콤은 이중효과의 난점에 대해 자세히 다룬다.
57) ibid. p. 114.

한다. 즉 의도하지 않았다면 그 결과에 대한 책임에서 자유로울 수 있다는 견해에 대한 의문이다.

글로버는 이중 효과를 설명하면서 엔스콤(G. E .M. Anscombe)의 일화를 들고 있다. 1956년 옥스퍼드 대학이 트루먼(Harry Truman) 대통령에게 명예박사 학위를 수여하자는 제안이 이루어져서, 투표하는 자리에서 앤스콤이 어떤 목적을 위한 수단으로 무고한 사람을 살상하는 것은 언제나 살인이라고 하면서 반대하였다. 이 견해에 따르면 무고한 자의 살인은 절대로 금지된다. 이중 효과 이론은 무고한 사람들의 살상을 예견할 수 있는 어떤 행위를 허용하기 위해 주장된다.[58] 그런데 엔스콤처럼 이중 효과를 반대하면 결국 절대적 금지를 옹호하게 된다. 이러한 절대적 금지는 결국 히틀러까지도 살해하면 안 된다는 결론에 도달하게 된다. 이렇게 되면 결과는 신앙에 맡기고 과정에 충실할 수밖에 없게 된다. 이 입장은 인간적 관점에서 벗어난 전제에 의존하는 것이다.[59] 따라서 이중 효과의 문제는 의도하지 않은 결과에 대해 인간이 도덕적으로 면책될 수 있는가의 문제이다. 이러한 이중 효과를 인정한다면 트루먼 대통령이 히로시마에 원자폭탄을 투하하라고 명령한 것은 전쟁 종식을 의도했던 것뿐이며, 비전투원인 민간인의 학살은 의도하지 않았기에, 그의 민간인 살해는 정당화되어 버리게 된다. 엔스콤이 말하는 바는 의도하지 않았더라도, 발생된 문제에 대해서는 책임을 져야한다는 주장이다. 이로서 이중 효과는 무시되어 버린다. 비전투원의 살해를 의도하지 않았다고 할지라도, 폭격이나 핵폭탄을 통해 소정의 목적을 거두려는 의도는 도덕적으로 정당화될 수 없다고 할 수 있다.

---

58) Jonathan Glover, *Humanity: A Moral History of the Twentieth Century*, 김선욱, 이양수 옮김, 『휴머니티』(서울: 문예출판사, 2008), pp.175-177참조.
59) 김선욱, 『평화에 대한 정치윤리적 반성』, op. cit. p.157.

실제로 히로시마와 나가사키에 떨어진 핵폭탄의 사용 여부에 대해 미국은 공리주의적 계산을 가지고 접근하였다. 핵폭탄으로 빨리 전쟁을 끝내는 것이 전쟁의 지속으로 인한 것보다 덜 인명을 살상한다고 생각하였다. 그래서 폭탄은 투하되었고, 전쟁은 끝났다. 그렇다면 죄 없이 죽은 민간인들의 희생은 당연한 것으로 여겨야 하는가? 그것은 '전쟁의 정당성'의 문제가 아니라, '전쟁에서의 정당성'을 상실한 것이라고 볼 수 있다. 또한 이러한 견해가 바로 이중 효과의 대표적인 예이다. 이중효과의 원칙을 통해서 현실주의자들처럼 결과만 중요한 것이 아님을 알게 된다. 이 원칙은 전쟁에, 특히 현대전쟁에 적용할 수 없다. 그러면 정의로운 전쟁 자체는 불가능해진다. 정의로운 전쟁이라고 한다면, 적어도 어떤 행위가 가져올 결과에 대해 면밀히 숙고해야 한다.

이에 대해 정의로운 전쟁을 지지하는 왈쩌(Michael Walzer)는 중요한 두 가지 기준을 제시한다. 첫째, 전쟁은 정치·경제·외교 등 국력의 여타 수단이 위력을 발휘하지 못하는 순간에 사용되어야 한다. 이는 전쟁이란 최후의 수단(ultima ratio)이 되어야 한다는 것을 말한다. 둘째, 전쟁에서 군인과 민간인이 입게 될 희생은 추구하는 전쟁 목표의 의미와 비교해 커서는 안 된다.[60] 여기서 중요한 것은 전쟁이 최후의 수단이 되어야지, 선택할 수 있는 것 가운데 하나가 되어서는 안 된다는 점이다. 아무리 클라우제비츠가 전쟁이 정치의 연장이라고 했다고 해도, 전쟁이 여러 대안 가운데 하나인 경우, 그 전쟁은 정당성을 얻기가 어렵다. 또한 어떠한 정치적 이익이 있다고 해도 많은 사람의 생명보다 더 귀할 수는 없다. 사람의 희생보다 더 큰 전쟁의 목표가 있다면 어쩔 수 없겠지만 그렇지 않다면, 전쟁은 정당화될 수 없고 정의로운 전쟁은 성립될 수 없다.

---

60) Michael Walzer, *Just and Unjust Wars : A Moral Argument with Historical Illustrations*, 권영근, 김덕현, 이석구 옮김, 『마르스의 두 얼굴』(서울: 연경문화사, 2007), p.41.

이를 통해 보면 정의로운 전쟁은 갈등을 해결하는 한 방식이 아니라, 상대방의 부정의와 불의를 해소하기 위한 최후의 수단으로만 인정되어야 한다. 이 원칙이 깨지면, 정의로운 전쟁의 정당성은 사라지고, 그 이후의 전쟁은 정의로운 이름을 빌린 정의롭지 못한 전쟁이 될 것이다. 앞에서 본 정의로운 전쟁의 조건들을 보면, 상당히 현실에서 이루기 어렵다. 전투원끼리 서로 부딪치며 싸우던 시대에는 가능할 수도 있지만, 오늘 날과 같이 무기가 발달하여 장거리 미사일이나 공중 폭격을 통해, 적과는 마주쳐보지도 못한 채, 당하는 전쟁에서는 정의로운 전쟁의 조건에 맞추어 전쟁을 한다는 것이 거의 불가능하다. 그럼에도 정의로운 전쟁론자들은 정의로운 전쟁이 존재하며, 그것이 가장 폭력을 적게 사용하는 방식이라고 주장한다.

② 평화주의에 대한 이해

평화는 '폭력이나 전쟁이 없는 상태'라고 이해할 수 있다. 폭력이 발생하는 원인은 여러 가지가 있겠지만, 중요한 것 중에 하나는 해결되지 않은 갈등에서 비롯된다는 것이다. 이 해결되지 않는 갈등은 좌절로 이어지고 결국 폭력이나 전쟁의 원인이 된다. 평화학을 체계화시킨 요한 갈퉁(Johan Galtung)은 평화를 건강 연구와 같은 진단·예측·처방의 삼각 구도로 이해한다. 그는 평화의 개념을 소극적 평화(negative peace)와 적극적 평화(positive peace)로 구분하고, 소극적 평화를 치료적 처방으로, 적극적 평화를 예방적 처방으로 설명한다.[61] 이러한 관점은 학문적인 접근인 동시에, 평화를 실현하기 위한 시도이다. 갈퉁은 폭력 원인에 대한 진단을 통해 미래를 예측하고, 그 갈등이나 폭력을 해결할 수 있는 방안을 학문적으로 제시하고 있다.

---

61) Johan Galtung, *Peace by Peaceful Means*, 강종일 외 옮김, 『평화적 수단에 의한 평화』(서울: 들녘, 2000), pp.17-21참조.

갈퉁은 평화에 대한 두 가지 정의를 말한다. "첫째, 평화란 모든 종류의 폭력이 없거나 폭력의 감소이다. 둘째, 평화란 비폭력적이고 창조적 갈등의 변형(transformation)이다." 이 정의가 충족되려면 다음의 조건을 포함해야 한다. "첫째, 평화작업(peace work)이란 평화적 수단으로 폭력을 감소시키는 행위이다. 둘째, 평화 연구(peace studies)란 평화 작업의 조건들에 관한 연구이다."[62] 갈퉁은 평화를 위해서 필요한 연구에 있어서는 두 번째 정의가 중요하다고 한다. 즉 단순한 폭력의 제거나 감소는 부정적인 의미를 가진다. 그러나 두 번째 정의는 보다 역동적이고, 새로운 길을 모색할 수 있는 방안이다. 진정한 평화는 창조적 갈등의 변형이 비폭력적으로 발생할 때 이루어지게 된다. 즉 갈등을 창조적으로 처리할 수 있는 사람들에 의해서 평화가 이루어진다는 것이다. 창조적이란 폭력을 사용하지 않고도 갈등을 풀 수 있는 능력이다. 갈퉁은 폭력이나 전쟁을 하나의 병으로 보고, 의사가 분석하고 판단하며 치료하는 것과 같은 과정을 거쳐서 평화를 이룰 수 있다고 본다. 이는 평화를 이루기 위한 실천적인 모습으로 이해할 수 있다.

칸트도 갈등의 해결이 평화를 이루는 가장 중요한 방법이라고 여겼다. 그의 영구 평화를 위한 첫째 조항이 바로 그것을 말해 준다. 그 조항은 "장차 전쟁의 화근이 될 수 있는 내용을 암암리에 유보한 채로 맺은 어떠한 평화 조약도 결코 평화 조약으로 간주되어서는 안 된다"[63]는 것이다. 갈등을 임시적으로 없는 것으로 하거나, 완전히 해소되지 않은 갈등을 덮어서 참된 평화를 가져올 수 없다는 것이다. 존재하는 갈등을 덮어 두는 것은 잠시 휴전하는 것이거나 아니면 다음 전쟁을 위해 쉬는 것일 뿐이다. 칸

---

62) ibid, p.36.
63) Immanuel Kant, *Zum ewigen Frieden*, 이한구 옮김, 『영구평화론』(서울: 서광사, 2008), p.15.

트가 제1조항에서 갈등의 완전한 해소 없이는 영구 평화가 불가능하다고 본 것은 타당하다. 평화는 갈등을 어떻게 해소하는가에 달려 있기 때문이다. 칸트나 갈퉁의 공통점은 갈등 해결이 평화를 이루는 가장 중요한 점이라는 것을 갈파했다는데 있다. 칸트는 갈등 해소를 영구평화의 전제 조건으로 삼았고, 갈퉁은 갈등을 해소하기 위해 폭력이나 전쟁이 아닌 비폭력적 방법의 사용을 '창조적 변형'이라고 말했다. 따라서 두 사람 모두 평화를 이루기 위해서 갈등을 해소하는 것이 중요하다는 것을 강조하고 있음을 알게 된다.

그렇다면 먼저 갈등이 어디에서 오는지를 살펴볼 필요가 있다. 오늘날 평화를 깨뜨리는 원인은 여러 가지로 다양하다. 어떤 이는 빈부의 격차와 강자에 의한 약자의 억압과 착취에 있다[64]고 주장하기도 하고, 또 기독교에서는 이러한 갈등의 근본 원인을 인간의 본성에 있는 죄성으로 보기도 한다.[65] 인간 사회에서 일어나는 갈등을 해결하는 방법이 폭력적이면 그것은 전쟁이 되고, 비폭력적이면 평화가 오는데, 지금까지 인류는 전쟁이라는 방식을 통해 갈등을 더 많이 해결해 온 것이 사실이다. 그러므로 평화의 문제는 인간의 갈등을 어떻게 해결 할 것인가에 대한 탐구라고 할 수 있다.

평화주의의 단점 가운데 하나는 이 갈등의 문제를 종교적인 신념으로 자신 안에 내면화하든지, 인내하든지, 덮어버리는 방식으로 해결한다는 것

---

64) 이러한 관점에서 전쟁을 다룬 책은 다케니카 치하루의 『왜 세계는 전쟁을 멈추지 않는가?』(서울: 갈라파고스, 2009)에서 잘 볼 수 있다. 다케니카는 세계를 안전하고 풍요로운 세계와 위험하고 가난한 세계로 구분한다. 이 구조는 각기 선진국과 후진국의 차이에서 오는 문제일 수도 있고, 같은 나라 사이에서도 일어나는 문제이다. 같은 나라에서 일어날 때는 부자와 가난한 자가 서로 다른 세계로 등장한다. 그는 다섯 가지 경우를 말한다. 1) 강대국과 강대국의 대립 2) 강대국과 약소국의 대립 3) 약소국과 약소국의 대립 4) 다수파와 소수파의 대립 5) 풍요로운 사람과 가난한 사람의 대립이다. 1)의 경우는 전통적인 의미에서의 전쟁이고, 2)의 경우는 침략이며, 현대에 일어나는 전쟁이나 폭력은 3),4),5)에 해당한다. 이러한 모습은 오늘날 지역분쟁이나 내전의 형태로 나타난다. 즉 강대국의 대리전이라든가 계급적 갈등이라든가 종교분쟁으로 인해 현대사회의 갈등의 문제는 점점 복잡해져 가고 있다.
65) 기독교는 인간 사회에서 발생하는 갈등의 문제를 인간의 내적인 면에서 찾는다. 즉 인간이 가진 죄성으로 말미암아 인간 사회는 늘 갈등과 다툼이 떠나지 않는다고 본다. 이 문제는 뒤에 니버를 다룰 때, 인간의 죄성에 대해서 자세하게 다룬다.

이다. 그렇다고 전쟁을 통해 해결하는 것 역시 바람직하지 못하다. 그런 점에서 칸트가 초국가적인 조직체를 말하는 것은 대화나 협의로 이런 갈등을 해결하려는 시도라고 볼 수 있다. 갈퉁 역시 이런 갈등의 문제를 해결하기 위해서 노력하고 있다. 그러나 세계는 다케니카 치하루가 지적했듯이 점점 복잡한 양상을 보이기에 쉽게 해결할 수는 없다. 다만 이러한 갈등이 해결이 평화를 이루는 중요한 방법 가운데 하나임은 분명하다.

평화주의를 주장하는 방식도 반드시 비폭력 평화주의만 존재하는 것은 아니다. 평화주의 안에도 서로 다른 주장들이 있다. 래키(Douglas P. Lackey)는 평화주의를 네 종류로 구분한다.[66] 첫째는 평화주의의 핵심 사상은 살생의 부도덕성을 지적히는 것이라고 주장하는 평화주의이다. 생명의 신성함을 강조하여 모든 살생을 금지한 슈바이처(Albert Schweitzer) 박사와 같은 경우가 이에 해당한다. 둘째는 평화주의의 핵심은 개인적 관계에서의 폭력이든 나라 간의 폭력이든 어떠한 폭력도 부도덕하다고 주장하는 평화주의자들이다. 살생뿐 아니라 모든 종류의 강제와 폭력을 반대한 간디(M. Gandhi)나 톨스토이(Leo Tolstoy)와 같이 사람들이 이에 해당한다. 래키는 이들을 보편 평화주의자(universal pacifist)라고 부른다. 셋째는 개인적 폭력은 도덕적으로 항상 그른 것이지만 정치적인 폭력은 때때로 도덕적으로 옳은 것이라고 주장하는 평화주의자들이다. 아우구스티누스는 개인적 폭력은 비난했지만, 이교도에 대한 전쟁을 찬성했으므로 이 형태에 속한다고 볼 수 있다. 래키는 이들을 개인 평화주의자(private pacifist)라고 부른다. 넷째는 개인적 폭력은 때때로 도덕적으로 허용할 수 있지만 전쟁은 항상 도덕적으로 그른 것이라고 믿는 평화주의자들이다. 이 경우는 핵전쟁의 위험 속에서 점점 늘어가는 추세이다. 래키는 이들을 반

---

66) Douglas P. Lackey, op. cit, pp.33-34.

전 평화주의자(antiwar pacifist)라고 부른다.

래키는 제한 전쟁, 또는 정의로운 전쟁을 주장했던 사람들까지 평화주의자로 분류함으로써 평화주의의 범위를 크게 잡고 있다. 첫째와 둘째 경우는 우리가 평화주의로 보는데, 보통 셋째 경우에만 정의로운 전쟁을 인정하는 것으로 볼 수 있다. 제한적인 전쟁을 인정하는 사람은 평화주의자라고 보기 어렵다. 전쟁을 인정한다는 말은 결국 전쟁에서의 살해가 정당화될 수 있다는 것을 말하고, 그것이 정당화된다면, 평화주의자라고 할 수는 없다. 이를 통해서 래키가 평화주의의 스펙트럼을 넓게 보았다는 것을 알 수 있다. 만일 평화주의가 전쟁이나 폭력의 사용의 금지가 아니라 허용하여 줄이는 쪽으로 간다면, 정의로운 전쟁과 만날 수 있는 여지는 충분하다. 이는 정의로운 전쟁과 평화주의의 간극을 좁혀서 새로운 제3의 길을 가능하게 할 수도 있다.

칸트 이후 서구는 초국가적 정부를 통해 평화를 추구하는 방향으로 전개되었다. 현대에 들어서는 '민주국가 상호간의 전쟁은 없다'[67]는 명제를 받아들인다. 즉 민주국가끼리는 전쟁을 하지 않는다는 주장이다. 무엇보다도 민주국가에서는 정책 결정자가 폭력적 갈등을 피하려고 한다는 것을 강조한다. 러셋(B. Russett)은 이렇게 말한다.

> **첫째로 민주국가에서는 정책 결정자가 타협과 비폭력으로 갈등을 해결하기를 기대한다. 둘째로 민주국가에서는 다른 민주국가와의 관계에서 평화적으로 갈등을 해결하는 규범을 따른다. 셋째로 한 나라의 민주주의가 안정될수록 민주적 규범이 다른 민주국가와의 관계를 규제한다.**[68]

---

67) 최상용, op. cit, p.269.
68) B. Russett, *Grasping the Democratic Peace*(Princeton University Press, 1993), 최상용, ibid, p.271에서 재인용.

민주국가가 평화주의를 지향하는 이유는 설득과 타협이라는 갈등을 해결할 수 있는 능력을 가지고 있기 때문이다. 만일 이것을 인정하면, 모든 국가가 진정한 의미에서 민주주의를 실현한다면 전쟁은 소멸한다는 결론에 도달한다. 그러나 여기서 말하는 민주주의는 완전한 민주주의가 이루어 질 때이다. 현실에서는 민주주의를 시행하는 나라도 서로의 갈등과 의견의 대립을 해소하지 못하여 심한 갈등을 겪기도 하고 심지어 내전을 경험하기도 한다. 따라서 이 역시 현실적으로 어렵다는 것을 알 수 있다. 그래도 러셋의 설명은 평화주의가 개인의 신념이나 신앙이 아니라 국가를 통해 이루어질 수도 있음을 보여 주는 좋은 예로 인정할 수 있다.

## 3. 정의로운 전쟁과 평화주의를 어떻게 볼 것인가

지금까지의 논의를 통해 정의로운 전쟁과 평화주의에 대한 기독교적인 입장과 철학적 입장을 살펴보았다. 기독교에서 본 정의로운 전쟁과 평화주의는 같은 예수를 믿으면서도 그들의 삶의 자리에 따라, 또 성경을 어떻게 보느냐에 따라 정의로운 전쟁과 평화주의의 길로 갈라졌다. 정의로운 전쟁의 시각은 이 땅에서 예수의 교훈을 따르기에는 너무나 우리 자신이 부패했기 때문에 가능하지 않아 보인다. 개인이나 집단 간의 갈등, 국가 간의 이익 추구로 인한 갈등 해소를 위한 전쟁은 불가피한 것으로 이해한다. 다만 갈등의 해소, 또는 악에 대항하기 위한 전쟁을 용인하기 위한 전제 조건으로 그 앞에 '정의로운'(just)이라는 말을 붙여서 전쟁의 정도나 수위를 제한하려고 한다. '정의로운'이라는 단어를 어떻게 한정하고 규정할 것인가의 문제가 정의로운 전쟁이 되느냐 안 되느냐의 가장 중요한 조걷이기 때문이다.

　기독교 평화주의자들은 예수의 교훈을 삶에서 실천해야 하는 것임을 믿는다. 그들은 인간의 본성은 하나님의 형상을 닮은 존재임을 믿기에, 예수를 만나 새롭게 변할 수 있으며, 제자가 될 수도 있다고 본다. 이들이 보기에 세상의 모든 갈등과 문제는 예수의 교훈대로 살지 않기 때문이다. 예수의 교훈을 따르기 위해 이들은 국가와 대립 관계를 형성하고, 국가의 지배를 가능하면 받지 않기 위해서 자신들의 종파를 만들어 독립적으로 살아간다.

　종교사학파인 트뢸취(Ernst Troeltsch)는 교회와 사회의 관계성을 교회 유형(church type), 소종파 유형(sect type), 신비주의 유형(mysticism type)으로 구별한다.[69] 일반적인 교회는 대개 교회 유형에 속하고, 소종파는 평화주의를 주장하는 재세례파가 속하는데, 이들은 대개 성경을 문자적으로 이해한다. 신비주의 유형은 내적인 경험을 강조하고 공동체를 구성하지 않는 경향을 보이는데 퀘이커교도나 모라비안이 속한다. 이러한 유형적 분류는 그들의 입장을 잘 보여 준다. 자신들의 신앙적 신념에 따라 유형이 분류되고, 사회에 대해 어떤 관계를 설정하느냐가 결정된다. 평화주의는 국가를 악의 세력이 지배하는 곳이라고 생각하여 가급적 관여하지 않으려고 한다. 이는 세상을 포기하는 것과 같다. 즉 세상에 관심을 갖지 않고, 오직 자신들의 공동체에 관심을 갖는 것이 이들의 유형이다. 기독교 평화주의자들이 대개 이런 소종파인 것은 이들 대부분이 소종파 유형이나

---

69) Ernst Troeltsch, *The Social Teaching of the Christian Churches*, vol. I, II, trans by Olive Wyon (Chicago: The University of the Chicago Press, 1991), vol. II, p.993. 교회와 사회의 관계성에 대해 유형적 이해를 위해서는 노영상, 『기독교 사회윤리 방법론에 대한 해석학적 접근』(서울: 장로회신학대학교출판부, 2006) 제5장 "기독교 사회윤리에 있어 교회와 사회의 관계성에 대한 유형 연구 참조. 여기서 트뢸취 외에도 리차드 니이버(Richard H. Niebuhr), 거스탑슨(James M. Gustafson), 에드워드 롱(Edward L. Long, Jr), 로널드 사이드(Ronald Sider), 워거만(J. Philp Wogaman)의 유형을 정리하고 있다. 이를 통해 역사적으로 교회와 사회의 관계를 어떻게 정립해 왔는지 이해할 수 있다.

신비주의 유형에 속하기 때문이다 .

철학적 입장에서 본 정의로운 전쟁은 근대에 들어서 점점 제도의 변화 또는 초국가적 제도를 만들어 평화를 실현하려는 경향으로 나타난다. 홉스나 칸트 모두 국가 제도를 인정하고, 국가가 정의를 실현하기 위한 전쟁은 불가피하다고 인정한다. 더 나아가 국가 간의 갈등 해소를 위한 초국가적인 기관의 건설이 중요하다고 말한다. 평화주의자들은 전쟁이나 제한된 폭력을 통해서는 평화를 이룰 수 없다고 본다. 갈퉁이 말한 대로 평화를 이루기 위한 수단이 평화적이어야만 가능하다고 보는 것이다.

종합해 보면, 기독교 입장과 철학적 입장의 차이를 알 수 있다. 정의로운 전쟁이 불가피한 이유를 기독교 입장은 인간의 본성에서 찾고, 철학적 입장은 소통이나 갈등에서 찾는다. 평화주의를 주장하는 근거를 기독교 입장은 예수의 교훈에 두고 있고, 철학적 입장은 인간의 이성 또는 휴머니티에 두고 있다.

## 제3장
# 현실성을 중심으로 본 정의로운 전쟁과 평화주의

이 장에서는 정의로운 전쟁과 평화주의를 현실성을 중심으로 니버와 요더의 견해를 살펴보겠다. 여기서 현실성은 두 가지 의미로 볼 수 있다. 하나는 개인적 차원에서 이 논의를 현실의 삶에 적용할 수 있는가 하는 것이고, 다른 하나는 사회적 차원에서 국가에 적용할 수 있는가 하는 것이다. 정의로운 전쟁을 주장하든지 안 하든지 그것이 현실성 있는 것인가 하는 문제가 중요하다. 아무리 좋은 이론이라 할지라도 현실성이 없으면 소용이 없기 때문이다.

특별히 이 현실성의 문제가 중요한 것은 평화의 구축이 지금처럼 절실한 적이 없기 때문이다. 히로시마 이후 인류는 종말의 두려움에 직면해 있다. 50년대 이후 냉전 시대에 미국과 소련은 서로 군비경쟁을 통해 상대방을 제압하려는 시도로 수천기의 핵폭탄과 장거리 핵미사일을 만들었다. 이러한 핵무기는 이제 인류를 위협하는 무기로 작용하고 있다. 특히 오늘 한반도에서 벌어지고 있는 핵 논쟁을 통해서도 핵무기의 위험성을 잘 알 수 있다.

한반도에서 미국의 핵정책은 1950년대에 한국전 이후로 '대량 보복'(Mass Retaliation)이었다. 이 전략은 한국전 당시 많은 인명피해를 입은 미국이나 동맹국이 재래식 공격을 받았을 경우에도 소련 본토를 포함하여 미국이 선택하는 장소에 핵보복을 감행하겠다는 것이다. 1960년대는 다시 '보장된 공멸'(Mutual Assured Destruction, MAD)이라는 전략으로 바뀐다. 이는 상대방이 핵공격을 해왔을 때만 이쪽도 핵으로 보복하겠다는 위협을 통하여 상대방의 선제 핵공격을 억지한다는 전략이다. 이는 앞의 대량 보복보다는 진일보한 전략이기는 하지만, 그러한 사고가 완전히 사라진 것은 아니다. 1970년대에 와서 '제한핵전쟁론' 전략으로 바뀐다. 이 전략의 주요 원칙 가운데 하나는 '핵선제 사용 가능 원칙'(first-strike option)이다. 이는 상대방이 핵공격을 하지 않더라도 먼저 핵을 사용할 수 있다는 것으로, 실제로 한반도에 적용되었던 전략이다. 그러나 오늘날까지 유지되고 있는 '핵무기를 통한 억지'(nuclear deterrence)라는 핵전략은 변함이 없다.[70]

이 장에서는 이런 핵 상황을 염두에 두면서 현실성을 중심으로 논의를 해 보려고 한다. 정의로운 전쟁이나 평화주의를 주장했던 니버와 요더를 견주면서 어느 쪽이 더 현실성이 있는가를 볼 것이다.

## 1. 현실성의 의미와 조건

정의로운 전쟁과 평화주의의 현실성을 따질 수 있는 기준은 무엇일까?

---

[70] 더 자세한 한반도에 대한 미국의 핵전략에 대해서는 이삼성, 『미래의 역사에서 미국은 희망인가』(서울: 당대, 1995) 제4장을 참조.

첫째, 개인적인 차원에서 보면, 정의로운 전쟁이나 평화주의를 다른 사람에게 권하거나 따르라고 할 수 있는가 하는 점이다. 만일 다른 사람에게 자신의 주장이 옳다고 권할 수 있고 그 권면을 받아들인다면 그것은 현실성이 있다고 볼 수 있다. 둘째, 사회적인 차원에서 보면, 정의로운 전쟁이나 평화주의를 과연 국가가 실현할 수 있는가 하는 점이다. 이것이 현실성을 가지려면 무엇보다 먼저 국가가 정의를 이룰 수 있는 제도나 합법적인 힘을 가지고 있는지를 살펴야 한다. 정의로운 전쟁을 주장하려면 그 전쟁이 정의로운 전쟁으로 인정받을 수 있는 기준과 원칙을 시행할 수 있어야 한다. 또 평화주의가 현실성을 가지려면 국가 간에, 또는 집단 간에 존재하는 갈등을 해소할 수 있는 방안이 있는지를 살펴야 한다. 이런 조건에 맞출 수 있다면 현실성이 있다고 할 수 있다.

먼저 전쟁에 대한 세 가지 접근 방식이 있다. 그것은 평화주의(Pacifism), 현실주의(Realism), 정의로운 전쟁(Just war)이다. 먼저 현실주의는 평화주의도 아니고 정의로운 전쟁을 주장하지 않는다. 전쟁은 전쟁일 뿐이며, 여기에 도덕이나 윤리를 개입시키지 않는 입장이다. 즉 도덕과 무관한(nonmoral) 입장이다. 즉 한 사회 안에서 지켜져야 할 도덕이 국가 사이에는 적용되지 않는다는 것이다. 국가와 국가는 서로에게 자연 상태(state of nature)로 놓여 있기 때문이다.[71] 포션(Nicholas Fotion)은 현실주의자를 진정한 현실주의자(full-body realists)와 무력한 현실주의자(inability realists)로 나눈다. 진정한 현실주의자는 이 자연 상태를 정글과 같은 것으로 이해하고, 자국의 이익만을 돌아보는 것이 중요하다고 생각한다. 그리고 무력한 현실주의자들은 전쟁에 있어서 이해관계가 너무나

---

71) Nicholas Fotion, 「전쟁에 대한 세 가지 접근법 : 평화주의, 현실주의, 정의전쟁론」,앤드류 볼즈 엮음, 김한식, 박균열 옮김, 『국제정치에 윤리가 적용될 수 있는가』(서울: 철학과 현실사, 2004) p.63.

첨예해서 어떠한 국가도 전쟁을 개시하거나 싸우는 것의 옳고 그름에 대한 판단을 할 수 없다는 것이다. 이러한 입장에 선다면 전쟁에서 도덕이나 윤리나 책임을 묻는 것이 무의미하다. 전쟁은 이기는 것이 목적이므로 수단과 방법을 가리지 않는다. 말 그대로 현실적인 주장이다. 이러한 입장에 서면 윤리적으로 고려할 여지가 없게 된다.

그러므로 여기서는 정의로운 전쟁과 평화주의 입장만을 다루고자 한다. 먼저 전쟁과 평화에 대해 역사적으로 이어져온 두 가지 관점이 있다. 하나는 도덕적 관점이고 다른 하나는 전략적 관점이다.[72] 도덕적 관점은 인간의 본성 내지는 인간 행동을 강조하는 것으로, 기독교 평화주의자들이나 정의로운 전쟁론자들, 영구 평화론자들에 뿌리를 두고 있다. 여기서 다루는 니버와 요더 역시 이 관점에 서 있다. 이들은 인간 문제에 대해 깊이 천착하고, 정의의 가치나 폭력의 억제를 강조한다. 전략적 관점은 대표적으로 마키아벨리(Niccolo Machiavelli), 클라우제비츠의 관점이라고 볼 수 있다. 이들은 지도자, 국가들, 동맹관계 등을 다룬다. 이 둘의 관점을 종합해서 보면, 전쟁과 평화의 문제가 보다 명료하게 드러날 수 있을 것이다. 이러한 관점은 전쟁과 평화에 대한 실행가능성을 보여 준다. 도덕적 관점은 인간의 본성에 있는 악을 제거하거나, 아니면 다른 제도로 규제하는 것으로 드러나고, 전략적 관점은 국가 간의 관계를 어떻게 할 것인가 하는 문제로 귀결된다고 할 수 있다.

이제 니버와 요더 두 입장을 통해 각자가 주장하는 정의로운 전쟁과 평화주의가 현실성 있는 논의인지 살펴보려고 한다. 그 작업을 위해 먼저 이들이 기반하고 있는 인간에 대한 이해를 살펴보고, 그 주장의 현실성을 검토해 보자.

---

72) Sissela Bok, op. cit, p.54.

## 2. 니버의 정의로운 전쟁과 현실성

### 1) 정의로운 전쟁을 지지하는 이유

정의로운 전쟁(just war)이란 무엇인가? 그것은 정당화될 수 있는 전쟁을 말한다. 아렌트는 "폭력은 정당화될 수 있지만, 결코 정당성을 가질 수 없다"[73]고 하였다. 이는 폭력은 억지로 옳은 것이라고 정당화할 수는 있지만, 그럼에도 정당성은 얻기가 어렵다는 말이다. 즉 폭력[74]은 그 자체로 정당성을 가질 수 없는 한계를 가진다. 그래서 정의로운 전쟁을 지지하는 입장 역시 궁극적으로는 평화를 말한다. 전쟁이 정당화될 수는 있지만, 정당성은 없기 때문에 정의로운 전쟁이라고 정당화시키는 작업은 그만큼 어렵다.

전쟁의 기원에 대해서는 많은 연구가 있지만, 여기서는 전쟁의 원인에 대해 탁월한 주장을 내놓은 케네스 월츠(Kenneth Waltz)의 견해를 살펴보기로 하겠다. 그는 전쟁의 원인을 세 가지로 본다.[75] 첫째, 전쟁이란 인간의 이기심, 또는 본성 안에 잘못 통제된 공격성이나 어리석음에서 비롯된다. 이런 견해를 대표하는 학자는 아우구스티누스, 니버, 스피노자(Spinoza), 프로이트(S. Freud) 등이다. 이들은 모두 인간의 본성에 내재된 죄악이나 본성이 전쟁의 원인이라고 본다. 둘째, 국가의 내부 구조 때문

---

73) Hannah Arendt, On Violence, 김정한 옮김, 『폭력의 세기』(서울: 이후, 2008), p.85.
74) 폭력과 전쟁은 어떻게 다른가? 폭력은 전쟁보다 광의의 개념이다. 전쟁은 집단과 집단간에 폭력성이 가장 첨예하게 나타났을 때 사용된다. 폭력은 힘을 사용하여 타자에게 해를 가하는 모든 행위를 말한다. 또한 전쟁은 테러와도 구분된다. 볼즈(Andrew Valls)는 테러를 "정치적 목적을 위해 비국가행위자(nonstate actors)에 의해서 사람 또는 재산에 대하여 행하는 폭력행위"라고 정의한다.(『국제 정치에 윤리가 적용될 수 있는가』, 김한식, 박균열 옮김, op. cit, p. 142참조)
75) Kenneth Waltz, Man, The State and War, 정성훈 옮김, 『인간 국가 전쟁』(서울: 아카넷, 2007). 월츠는 이 책에서 전쟁의 원인을 신현실주의(neorealism)입장에서 다루고 있다. 이 입장은 국제정치에서 힘과 국가 이익을 핵심 변수로 강조하고, 국제 관계의 구조적 속성을 중시하는 특징을 지닌다.

이라고 보는 견해이다. 즉 전쟁의 원인이 국가 내부의 결함에 있다는 것이다. 예를 들어 독재국가라든가, 또는 잘못된 목표를 잡아서 국가를 전체주의로 몰고 가든지, 또는 파시즘과 같은 경우이다. 대표적인 인물은 마르크스(Karl Marx)와 칸트인데, 이들은 국가 개혁이 세계 평화를 위해 필수불가결 조건이라고 하였다. 셋째, 국가 간에 조정 역할을 할 수 있는 초국가 정부가 없기 때문에 전쟁이 일어난다고 보는 견해이다. 여기에는 홉스, 칸트, 루소와 같은 인물이 해당한다. 월츠는 이 세 가지 중에 어떤 한 가지 이유만으로는 전쟁의 원인을 설명할 수는 없고, 세 가지가 복합적으로 작용하여 전쟁이 일어난다고 본다.

이러한 입장을 고려하면서 먼저 니버가 보는 전쟁의 원인이 무엇인지 살펴보자. 그는 전쟁의 원인이 인간의 본성 안에 있음을 분명히 한다. 따라서 그는 윤리학의 출발점을 인간 이해 곧 인간론[76]에서 시작한다. 그는 1941년『인간의 본성과 운명』(The Nature and Destiny of Man) I권을 출판한다. 여기서 그는 인간의 본성이 무엇인지를 잘 보여 주었고, 1943년에 II권을 내놓았는데, 인간의 운명을 주제로 역사철학을 탐구한다. 이 저서는 2차 세계대전이 진행되는 동안 출판되었다. 따라서 전쟁이 가져온 인간의 비극적 모습 속에서, 그 원인에 대해 깊은 반성과 통찰을 보여 주었다. 20세기 들어 서구는 1, 2차 세계 대전을 거치면서 인간 안에 존재하는 악의 모습을 보았다. 그럼에도 서구의 철학이나 사상계에는 인간의 이성을

---

[76] 기독교에서 인간에 대한 견해는 세 가지로 분류할 수 있다. 첫째, 정통적 기독교로 인간은 죄인이라는 측면을 일방적으로 강조함으로써 신의 형상이라는 측면을 소홀히 한다. 인간을 죄인이라는 관점에서만 보면 인간은 아무것도 할 수 없는 존재가 된다. 니버가 말한 대로 전통적 기독교는 인간의 현실적 도덕 성취의 '약간 더하고'(a little more) '약간 덜한'(a little less) 상대적 차이를 무시해 버리게 된다. 둘째, 진보적 기독교는 인간이 신의 형상을 닮았다는 적극적 창조의 측면만을 강조한다. 죄인이라는 부정적 평가를 벗어나 유토피아를 건설할 수 있다고 본다. 이는 인간의 부정적인 면을 간과한 결과이다. 셋째, 신정통주의적 기독교는 인간의 죄성을 인정하여 인간이 이룬 모든 성취 안에 있는 죄의 모습을 발견한다. 인간이 피조물로서의 유한성과 제한성을 가진 존재임을 인정함으로써 진보주의적 기독교의 함정인 유토피아주의를 극복한다. 니버는 이런 신정통주의에 기반을 두고 있는데, 이런 이해는 바로 기독교 현실주의의 신학적 기반이기도 하다. 고범서,『개인윤리와 사회윤리』(서울: 한국신학연구소, 1984), pp.251-254참조.

낙관하는 낙관주의적인 이상주의가 존재했다. 니버는 낙관주의가 아닌 인간 본성의 깊은 탐구를 통해 인간의 죄성을 깊이 천착한다. 이 책이 처음 나왔을 때 〈Time〉지가 '재발견된 죄'(Sin Rediscovered)[77]라는 제목으로 서평을 실은 것만 보아도 이 책이 무엇을 향하고 있는지 이해할 수 있다. 니버는 죄의 분석[78]으로부터 기독교 사회윤리를 전개한다. 인간에 대해 예리하게 탐구한 이후 니버는 개인윤리에서 벗어나 사회윤리로 나아간다. 그의 관심은 타락한 인간이 사는 사회를 어떻게 할 것인가에 집중하게 된다. 이를 계기로 그의 관심은 정의의 문제로 넘어가게 되는데, 이는 정의의 실현이 인간의 죄를 넘어서게 하는 길이라고 보았기 때문이다.

니버는 인간을 세 가지를 모두 가진 존재로 본다. 그것은 하나님의 형상을 닮은 인간, 피조물로서의 인간, 그리고 죄인으로서의 인간이다. 그는 이 세 가지를 바로 이해할 때 인간의 본질이 드러나게 된다고 보았다. 그 스스로 『인간의 본성과 운명』 I권 6장에서 하나님의 형상으로서의 인간과 피조물로서의 인간을 함께 다루고 있다. '신의 형상'(imago dei)이라는 용어는 기독교에서 사용될 때에는 다층적이고 다의적이다. 가장 널리 받아들여지는 것은 세계에 대하여 '신을 대리하는 자로서의 인간'이라는 개념이다. 다른 경우 하나님의 형상을 하나님과 인간의 관계적 개념으로 파악하여, 인간은 하나님과의 관계 속에서만 살아야 하는 존재로 창조되었다고 본다.[79] 그가 하나님의 형상으로서의 인간이 성경에 기반한 것이라고 본 것은 인간의 모습에서 하나님의 모습을 발견할 수 있다는 긍정적인 면

---

77) 고범서, 『라인홀드 니버의 생애와 사상』(서울: 대화문화 아카데미, 2007), p.304에서 재인용.
78) 죄의 분석은 필연적으로 인간의 불완전성을 인정하게 된다. 인간의 역사는 자기긍정의 역사라는 바탕 위에서 펼쳐진 것이다. 이성의 힘으로 모든 것을 할 수 있다는 이상주의적인 생각은 잘못된 것이다. 인간의 폭력성이 드러나는 전쟁이라는 광기 앞에서 인간을 긍정하기보다는 인간이 불완전하고 불합리하다는 것을 인정하는 것이 중요하다. 따라서 죄의 분석은 인간의 불완전성을 인정하게 하는 과정이다. 니버의 사회 윤리가 현실적이 된 원인도 죄의 분석이나, 당시 전쟁과 깊은 관련이 있다.
79) 김균진, 『기독교조직신학』II(서울: 연세대출판부, 1989), p.65.

을 지적한 것이다. 이러한 인간 이해의 출발은 아우구스티누스에서 비롯되었다. 아우구스티누스는 신플라톤주의의 영향으로 육체와 영혼을 분리하고, 영혼을 더 우월한 것으로 평가한다.

> 왜냐하면 인간은 육체 속이 아니라 마음속에 하나님의 형상이 형성되었기 때문이다. 인간 그 자신의 유사성 안에서 하나님의 형상을 찾아보자는 것이며, 그 자신의 모습에서 하나님을 찾아보자는 것이다. 또는 다시 인간의 영혼 속에서, 즉 인간의 이성적이거나 또는 지성적인 영혼 속에서 우리는 불멸성 속에서 영원히 죽지 않고 뿌리박고 있는 창조주의 형상을 발견해야만 한다.[80]

아우구스티누스는 인간이 자연의 산물이라는 자연주의적 인간관을 거부하고, 하나님의 형상을 받은 초월적 존재임을 말하고 있다. 그는 인간의 이성 또는 지성을 하나님의 형상으로 보았는데, 이후 많은 신학자들도 이런 경향을 벗어나지 않았다. 아우구스티누스는 하나님의 형상을 영혼의 이성적 기능으로 해석하였고, 니버가 이를 계승하였다. 하나님의 형상으로서의 인간이라는 것은 인간에 대한 긍정적인 이해이다. 그러나 피조물로서의 인간이란 유한적인 존재요, 의존적이요, 불완전하기에 부정적인 이해이다.[81] 긍정적인 의미에서 하나님의 형상을 닮은 인간과 부정적인 의미에서 피조물인 인간이란 인간의 이중적인 모습을 잘 보여 준다. 이 양자의 긴장이 인간으로 하여금 가장 고귀한 사랑을 실천할 수 있게 하며, 동시에 가장 잔악한 모습을 보여 주기도 한다. 이러한 인간 이해는 인간의 양면성을 잘 드러내고 있으며, 니버는 이러한 인간론을 통해 사랑을 실천

---

80) *The Nature and Destiny of Man* I, p.154.
81) ibid, p.167.

할 수 있다는 완전주의적인 생각보다는 차선책으로 정의를 실현하는 쪽으로 그의 사회윤리를 전환한다. 이는 나중에 예수의 윤리가 완전주의적 윤리임을 밝힘으로써, 예수의 윤리가 이 땅에서는 실현될 수 없는 것임을 입증하는 근거가 된다.

니버는 죄인으로서의 인간이라는 성경적 견해를 비판적으로 수용한다. 성경은 죄를 종교적이고 도덕적인 것에 의해 정의한다. 죄의 종교적인 영역은 하나님에 대한 인간의 반역으로 나타나고, 죄의 도덕적인 면은 부정의(injustice)이다.[82] 또한 인간은 유한하면서도 유한하지 않은 체한다. 이것이 곧 인간의 교만이다. 인간의 모습을 가장 잘 드러내는 것이 교만이다. 교만은 인간을 죄로 향하게 하는데, 그 양태는 모든 면에서 나타나게 된다. 이 교만은 개인적인 차원에서 뿐만 아니라 집단이나 국가적인 차원에서도 나타난다. 니버는 교만의 죄를 네 유형으로 구분[83]한다. 첫째는 권력의 교만, 둘째는 지적 교만, 셋째는 도덕적 교만이다. 그리고 넷째는 영적인 교만이다. 권력의 교만은 자신이 인생의 주인 또는 운명의 주인이라고 믿는 것이다. 지적 교만은 인간의 유한한 지식을 궁극적 지식으로 믿는 것이다. 도덕적 교만은 자신만이 판단의 기준이라고 믿는 것이다. 넷째 영적인 교만은 도덕적 교만이 낳은 것으로 자신을 신격화하는 종교적 죄를 범하는 것이다. 그는 이러한 교만이 인간을 죄인으로 만든다고 하고, 이것이 인간 현존의 본질이라 본다. 그는 인간의 본질에 대한 부정적인 면을 지적한 후에 악의 문제를 다루었다.

악의 기원은 인간에게 있어서는 반역의 행위에 기인한다. 현존재(existence)의 일치를 위협하는 악의 책임은 인류에게 있지만, 그러나 이 책임은 인

---
82) ibid, p.179.
83) ibid, p.188.

간이 유혹받았다는 것으로 약간 완화되었다. 타락 이야기에서 악의 원리의 상징인 사탄은 인간의 반역이 세상에서 악의 자원도 아니고 제일 원인도 아니라는 관념을 정당화한다. 세계는 인간의 죄로 혼란을 만들어 내기 전에도 완벽한 조화의 세계는 아니었다. 히브리 신화의 관념에서 사탄은 하나님에게 반역하였지만 그러나 궁극적으로는 하나님의 지배 아래 있는 존재이기에 한편으로는 악이 질서의 부재 이상의 그 무엇이면서 다른 한편으로는 질서에 의존할 수밖에 없는 역설적인 사실을 말하고 있다. 오직 완전한 세상에서만 무질서가 존재할 수 있다. 즉 무질서 세력은 그들 자신이 완전하고 질서가 있어야만 효과를 발휘할 수 있다. 단지 고도로 잘 결합된 민족만이 세상의 평화를 위협할 수 있다. 따라서 사탄은 신에 의해 통제되는 세상에서만 가능하며 신성의 세력이 그 안에 있을 때에만 효력을 나타낼 수 있다. 다시 말해 악은 선의 부재가 아니라 선의 타락이다. 그렇지만 악은 선에 붙어 기생한다.[84]

이처럼 악의 분석을 통해서, 선이 있어야 악이 있고, 사탄 역시 하나님이 허락한 것이라고 한다. 인간이 비록 사탄의 유혹에 넘어가서 죄를 짓게 되었지만, 그 죄의 책임은 전적으로 인간에게 귀착되지는 않는다. 실상 타락 이야기는 비관주의와 낙관주의의 혼합이다. 악의 유혹이 더 많을수록 선의 승리는 더욱 확고하다. 악은 하나님의 질서 안에 있기 때문이다. 육체는 악하고 영혼은 선하다는 관념은 고대 그리스 철학뿐 아니라 기독교에도 깊이 뿌리내리고 있다. 바울(Paul)은 육체를 악한 것으로 보는 경향이 있는데, 이 역시 고대 그리스 철학의 영향으로 보인다. 악의 유혹에 쉽게 넘어가는 인간의 육체는 결국 죄에 빠지게 된다.

그럼 죄는 무엇인가? 죄는 하나님에 대한 반역[85]이다. 인간이 하나님

---
84) *An Interpretation of Christian Ethics*, p.73.
85) ibid, p.84.

이 되려고 하는 시도가 죄이다. 인간은 자신의 유한성과 불완전성을 극복하기 위해서 하나님에게 반역하였다. 창세기 3장 5절에서 그것을 분명히 밝히고 있다.

"너희가 그것을 먹는 날에는 너희 눈이 밝아져 하나님과 같이 되어 선악을 알 줄 하나님이 아심이니라"

이 말은 사탄이 여자에게 유혹하며 한 말이다. 인간이 사탄의 유혹에 넘어간 근본 원인은 바로 '하나님과 같이 될 수' 있다는 말이었다. 이는 인간의 유한성이 곧 인간의 한계이기에 무한한 신과 같이 되고자 하는 욕망이 결국 하나님에게 반역하게 만들었던 것이다. 이처럼 죄의 근본은 하나님과 같은 무한하고 완전한 존재가 되고자 하는 욕망이다. 이러한 인간의 반역은 결국 인간으로 하여금 타락하게 하였다. 타락한 인간은 예수의 완전주의적 윤리를 실천할 수 있는 능력을 상실하게 되었다.

니버가 인간을 타락한 죄인이라고 보는 것은 마르틴 루터(Martin Luther)의 "의인이면서 동시에 죄인"(simul justus ad peccator)이라는 사상에 깊은 영향을 받았다[86]고 할 수 있다. 인간이 세우려고 하는 유토피아적이고 완전한 세상을 세울 수 없게 하는 요소가 바로 인간이 죄인이기 때문이다. 동시에 감상주의적이고 낭만적인 유토피아주의를 극복하고 현실에 입각한 윤리를 제공할 수 있게 하는 중요한 요인도 바로 인간의 죄인 됨이다. 이러한 규정은 인간의 한계를 분명하게 할 뿐 아니라 근거 없는 낙관주의를 넘어서게 한다. 즉 인간이 죄인이면서 피조물인 것은 결국 인간을 불완전한 존재로 인식하는 것이고, 이러한 인식은 인간에 대한 과

---

[86] 이장형, 『라인홀드 니버의 사회윤리 구성과 인간이해』(서울: 선학사, 2002). pp.94-95.

도한 낙관주의적 견해를 갖지 않게 한다. 인간에 대한 이러한 이해는 니버의 사회윤리 전반에 걸쳐 중요한 의미를 가진다. 그는 전쟁의 원인이 인간의 본성 안에 존재하는 악 때문이므로 이 세상에서는 평화주의가 불가능하다고 본다. 인간 본성이 악한데 어떻게 평화주의가 가능할 수 있겠느냐는 것이다.

이러한 인간에 대한 견해를 바탕으로 니버는 기독교 현실주의(Christian realism)[87]를 주장하면서, 먼저 이상주의(idealism)와 현실주의(realism)를 구분하였다.

> 정치적, 도덕적 이론에서 현실주의란 사회적, 정치적 상황에 있어서 기성 규범에 저항하는 모든 요인들을 고려하려는 경향, 특히 자기 이익이나 권력의 요인을 고려하려는 경향을 의미한다. (…) 이상주의는 그 지지자들이 존중하는 바에 의하면 개인의 경우든 집단의 경우든 자기 이익보다는 도덕적인 규범이나 이념에 충성을 바치는 특징이 있다.[88]

현실주의는 자기 이익이나 권력의 요인을 고려하는 데 반해 이상주의는 당위적인 측면에만 관심을 가진다. 따라서 현실주의는 상황을 고려함으로써 어떤 일관된 이념이나 이상을 주장하지 않는다. 니버의 입장에서 서구의 최초의 현실주의자는 아우구스티누스이다.[89] 그는 신의 도성에서 하나님 나라와 지상의 나라를 대비함으로써 인간이 가진 이중적 삶의 모습

---

[87] 기독교현실주의의 어원을 살펴보면, 니버의 이 용어는 1930년대 미국의 중요한 신학운동에서 유래하는데, 메킨토쉬(D. C. Macintosh)와 마샬(Walter Marshall)은 'religious realism' 또는 'realistic theology'라고 했다. 여기에 영향을 받은 니버가 점차로 기독교 현실주의라는 용어로 발전시켰다. Robin W. Lovin, *Reinhold Niebuhr and christian realism*(N.Y: Cambridge university press, 1995), pp.3-4.
[88] Reinhold Niebuhr, *Christian realism and political problems*(N.Y: Charles Scribner's Sons, 1953), p.119.
[89] ibid, p. 120.

을 보여 주었다. 죄인으로서의 인간이 사는 지상의 나라는 늘 불안하고 전쟁의 위협에 있다. 인간은 죄로 인해 예수의 명령인 사랑을 세상에 실천할 수 없다. 스스로 죄인임을 깨닫고 정의를 위하여 세상 정치를 용인해야 하지만, 그것을 뛰어넘는 하나님 나라의 도래를 바라보며 이 땅에서 순례자의 삶을 사는 것이 참된 정의와 평화를 위한 삶이다. 즉 현실에 대한 바른 이해는 인간의 한계를 인정하는 것이다. 니버에게 현실주의는 사회윤리를 세우는 가장 중요한 틀(frame)이다. 그의 사회윤리는 현실주의라는 틀을 통해 세운 체계이다. 그와 반대되는 이상주의는 낙관론적이고 완전주의적인 모습을 띤다.

    니버가 살던 20세기 초 미국에는 사회에 대한 낙관주의 견해가 팽배하였다. 당시 미국은 산업화가 급속히 진행되어, 이른바 자유방임적 자본주의가 형성되어 가고 있던 시기였다. 민주주의와 자유방임적 자본주의가 막 부흥하던 시기인지라 교회 지도자들은 이 둘이 모든 정치적이고 경제적인 문제들을 해결해 줄 것으로 믿고 또한 기대를 걸고 있었다. 그 중에 라우쉔부쉬(Walter Rauschenbush)는 기독교와 과학이 19세기보다 복잡한 산업사회의 삶을 사는 자신들의 사회를 부흥하게 할 것이라고 확신하였다. 미국 사회뿐 아니라 교회에도 이러한 낙관주의가 팽배하였다. 그 당시 자유주의 교회는 사랑의 법을 주장하면서, 사회에서 일어나는 모든 갈등과 문제들을 사랑으로 해결할 수 있다고 보았다.

    교회는 인간이 사랑의 법 아래 살아야만 하고 국가도 개인처럼 그 법에 순종해야 한다고 선언하였다. 그러나 국가도 개인들도 그렇게 하지 못했고, 국가는 개인보다 더 못했다. 그러나 교회는 그것을 계속 주장했고, 불행하게도 교회는 그 자신도 지키지 못하는 법을 주장했다. 가끔씩 시도는 했지만, 시도

할수록 더 절망에 빠지게 되었다. 법의 실현은 즉각적으로 이루어진 것이 아니라 기독교인이 끊임없이 희망해야만 하는 것이다. 도덕적 의지를 가지고 하는 호소와 도덕적 의지로 호소하려는 노력은 종교적으로 피상적인 것만큼 정치적으로 비이상적이다. 만일 자유주의 교회가 덜 도덕적 이상주의적이고 정치문제에 접근하는 것이 더 종교적 현실주의적이었다면 덜 어리석고 무모하지는 않았을 것이다.[90]

니버는 자유주의적인 가치와 낙관주의적 견해를 가졌던 당시의 교회 모습을 정확히 비판하고 있다. 그는 이런 낙관주의가 예수의 사랑의 법을 제대로 실행하지 못하게 함으로써, 도리어 사랑의 법을 이룰 수 없는 것으로 만들어 버린다고 주장한다. 이러한 낙관주의적이고 이상주의적인 이상이 도리어 예수의 교훈을 지킬 수 없는 것으로 만들어 현실성이 전혀 없는 이상으로만 남겨둔다고 비판한 것이다. 이에 대한 대안으로 니버는 기독교 현실주의에 기초한 사회윤리를 체계화한다. 니버는 낙관론을 버리고 오직 현실적으로 존재하는 인간의 본성을 죄인으로 보고, 예수의 이상을 실천할 수 없다고 결론 내리게 된다. 그의 이론이 현실주의인 것은 바로 여기에서 기인한다. 따라서 니버의 현실주의를 이해하기 위해서는 인간론에 대한 바른 이해가 필요하다.

## 2) 정의로운 전쟁의 가능성

니버는 기독교 현실주의의 입장에서 정의로운 전쟁을 다룬다. 그런데 전쟁을 다루기 전에 전쟁을 수행하는 주체로서 국가를 먼저 살펴볼 필요

---

90) Reinhold Niebuhr, *An Interpretation of Christian Ethics*(N.Y: Hopper & Brothers Publishers, 1935), pp.178-179.

가 있다. 대부분의 전쟁은 국가와 국가 사이에 일어난다. 따라서 국가가 어떤 입장을 가지고 전쟁을 수행하는가에 따라 정의로운 전쟁이 될 수 있고, 정의롭지 못한 전쟁이 될 수도 있다. 니버는 1927년 『문명은 종교를 필요로 하는가?』(Does Civilization Need Religion?)에서 현대 산업사회의 복잡성과 거기서 파생하는 많은 비윤리적인 문제들에 대해 언급하고 있다. 특히 제6장에서 그는 모든 인간 집단 가운데 가장 비윤리적인 집단이 국가[91]라고 말한다. 국가가 비윤리적일 수밖에 없는 이유는 '집단 이기주의'(collective egoism) 때문이다. 그는 집단 이기주의라는 개념을 제시하면서 사람들이 이것의 강력함을 알지 못한 탓에, 국가의 정의가 이루어지지 못하고 갈등과 비도덕만 있게 된다고 보았다.[92] 집단은 집단 이기주의를 가지고 있으므로, 집단 간의 정의로운 관계 수립은 도덕적이고 합리적인 설득과 조정으로는 불가능하며, 힘 또는 강제력을 사용해야 한다고 하였다. 개인으로서는 예수의 가르침처럼 왼 뺨을 치면 오른 뺨을 대 줄 수도 있지만, 이익과 이익이 대립하는 집단이나 국가 간의 갈등에서는 그런 것이 성립할 수 없고, 이런 집단이나 국가 간에는 사랑이 아닌 정의가 기독교인의 행동의 주요 목표가 되어야 한다고 말한다. 국가는 인간 집단 가운데 가장 강력한 사회적 구속력을 가진 이기적인 집단이다. 이런 국가가 종교적 이상을 실현할 수는 없다. 많은 이해관계 속에 있는 국가는 집단적 이기주의로 인해 선을 향한 경향보다는 자연주의적 욕망이나 이기심에 따라 갈 수밖에 없다.

니버는 1932년 『도덕적 인간과 비도덕적 사회』(Moral Man and Immoral Society)에서 인간의 이기심을 완화시키거나 억제시켜서 높은 이

---

91) Reinhold Niebuhr, *Does Civilization Need Religion?*(N.Y: Macmillian Co, 1927), p.130.
92) *Moral Man and Immoral Society*, p.12.

상을 향해 나아가게 하는 것이 종교라고 보았다. 그는 윤리를 이성적 윤리(rational ethic)와 종교적 윤리(religious ethic)로 구분한다.

이성적 윤리는 정의를 목표로 하고, 종교적 윤리는 사랑을 이상으로 삼는다. 이성적 윤리는 다른 사람들의 요구를 자신의 그것과 동일한 것으로 보려고 한다. 종교적 윤리는, (비록 유일한 것은 아니지만 특별히 기독교 윤리가) 상대적인 요구들에 대해 주의 깊게 계산하지 않고 이웃의 요구가 충족되어야 한다고 주장한다. 이런 사랑에 대한 강조는 절대자에 대한 종교적 감정의 또 다른 열매이다. 한편으로 종교는 자비심을 절대화하여 그것을 도덕 생활의 규범과 이상으로 만든다. 다른 한편으로는 그것에 이웃의 생명을 위한 초월적이고 절대적인 가치를 부여하여 이웃에 대한 동정심을 고무시킨다.[93]

이성적 윤리가 추구하는 정의만으로 인간이 도덕적인 존재가 되는 것은 아니다. 종교는 인간으로 하여금 사랑을 알게 하고 사랑해야만 하는 이유를 부여해 준다. 즉 동기를 부여해 주는 것이 종교적 윤리의 특징이다. 인간으로 하여금 이웃을 사랑하게 하는 힘이 있지만, 개인이나 소공동체를 벗어나 크고 복잡한 문제에 직면하면 사랑의 정신이나 자비심은 점차 그 힘을 상실하게 된다. 니버는 종교적 윤리가 발현되는 것은 인간의 순수한 양심에서 비롯된 것[94]이라고 보기에, 이들의 이상적 사랑의 실현은 소종파에서나 가능한 것으로 본다. 이러한 이상적 사랑을 실현한 예는 바로 재세례파와 같은 모습이다. 그러나 니버의 관심은 소종파에 있지 않고, 사회나 국가와 같은 좀더 거대하고 복잡한 조직이 어떻게 하면 종교적 윤리를 실현할 수 있을 것인가에 대해 초점이 맞추어져 있다.

---
93) ibid, p.57.
94) ibid, p.81.

국가 정부에 대한 기독교의 태도는 두 가지이다. 하나는 하나님의 명령이자 하나님께 위임받은 것이 정부라고 이해하는 것이고, 다른 하나는 국가의 지배자나 권력자들은 하나님의 심판과 진노의 대상이 된다는 것이다.[95] 정부가 두 가지 모습을 모두 가지고 있기 때문에, 정부가 행하는 권력이 도덕적일 수도 있고 비도덕적일 수 있다는 것을 말한다. 정부가 없어서 무질서해지는 것도 옳지 않고, 또 독재 정부가 폭정을 행하는 것도 옳지 않다. 그가 『도덕적 인간과 비도덕적 사회』에서도 주장했듯이, 개인의 비이기성은 국가의 이기성으로 전환된다. 국가가 정의로울 수 있으려면, 이기성을 극복해야 하는데, 사람들을 억압하고 강제하는 강제력(coercion)을 최소화하고, 합리적이고 도덕적인 요소들에 잘 부합하는 강제력을 사용하도록 권고함으로써 이룰 수 있다고 주장한다.[96] 즉 강제력이 사회적 목적에 기여한다면 그 사회는 강제력을 정당화 할 것이고, 그렇게 되면, 폭력의 사용도 정당화된다.[97] 니버는 국가가 행하는 강제력의 정당성 여부에 따라 국가가 사용하는 폭력의 정당화가 이루어진다고 보았다.

이렇게 개인은 도덕적일 수 있지만, 사회나 국가처럼 규모가 커지면서 비도덕적으로 변하는 이유는 첫째로 한 국가가 다른 국가와 직접적인 관계를 맺지 않고 있기 때문이며, 둘째로 개인보다 공동체가 동정심을 갖기가 어렵기 때문이라고 한다.[98] 한 국가는 다른 국가의 사정과 형편에 관심을 두지도 않을 뿐 아니라 둘 수도 없다. 어떤 집단이나 국가는 자신의 이익만을 추구하게 되는데, 개인이 충분히 가질 수 있는 동정심이나 자비심을 국가 간에는 경험하기 어렵기 때문이다. 니버는 이를 정부가 국가의 의지를 대변하여 대중의 감정과 경제적 지배 계급의 이기심 추구에 의해 좌

---

95) *The Nature and Destiny of Man* Ⅱ, p.269.
96) *Moral Man and Immoral Society*, p.234.
97) ibid, p.234.
98) ibid, p.85.

우되기 때문이라고 하였다.[99] 이러한 국가의 이기심은 종교적 윤리를 상실할 뿐 아니라, 이성적 지성도 상실하여 오직 이기적인 이익만을 추구하는 집단으로 변모시킨다. 이러한 국가는 국민에게 애국심을 호소하게 되는데, 실상 애국심으로 나타나는 국가에 대한 충성은 모든 이타적 행위를 할 수 있는 원천을 상실하게 한다.

이러한 모습을 우리는 역사에서 너무나 쉽게 볼 수 있다. 히틀러 치하의 독일이나 유신 시대의 한국, 그리고 북한에서도 쉽게 볼 수 있는 모습이다. 거의 모든 나라의 지도자들은 이러한 애국심을 부추겨 국가를 이기적 집단으로 변모시키고, 국가의 이익이라는 미명 아래 국민들을 불행에 빠트리거나 이성을 마비시킨다. 니버는 이러한 점을 지적하고 있다. 이러한 변화는 결국 개인의 비이기성이 국가의 이기성으로 전환된 것이라고 볼 수 있다. 그래서 니버는 이런 이유 때문에 "개인들의 사회적 동정심의 확산만으로는 인류의 사회문제를 해결해 보려는 희망은 결국 헛된 망상"[100]이라고 하였다. 이러한 그의 견해는 철저하게 이상주의적 태도에 대해 비판하고 있음을 알 수 있다. 이러한 이상주의에 대한 반대는 그로 하여금 현실의 문제를 끈질기게 다루게 한다.

이제 문제는 비도덕적인 국가가 어떻게 정의를 실현할 수 있는가이다. 세상은 집단과 집단의 이익이 서로 충돌하는 곳이다. 이런 세상에서 정의를 실현할 방법은 정치적 방법이나 정치적 정책에 의존하지 않으면 안 되며, 그 정치적 방법은 정치적 권력(political power)에 의해서 가능하다고 말한다. 이 정치적 권력은 다른 말로 강제력이다. 집단과 집단 간의 다툼이나 윤리적인 문제를 다루면서 정의를 이루기 위해서는 강제력이 뒷받침된 권력을 가지고 정책을 수행해야 한다. 이 강제력이 필요한 이유는 이

---
99) ibid, p.88.
100) ibid, p.91.

것이 없으면 서로 충돌하는 이익을 조정하기 어렵고, 또한 기득권층의 강력한 저항을 받을 수 있기 때문이다. 그는 "이성은 사회적 상황에 있어서는 항상 어느 정도로는 이해관계의 하인이기 때문에 사회적 부정의는 교육가와 사회과학자가 믿고 있는 것처럼 도덕적이고 합리적인 설득에만 의존해서는 해결될 수 없다. 충돌은 불가피하고 이러한 충돌에 있어서는 힘은 힘에 의해서 도전받지 않으면 안 된다"[101]고 하여, 사회나 국가에 정의를 실현하기 위해서는 힘(power)이 필요하다는 점을 확실하게 부각시키고 있다. 이해가 복잡하게 얽힌 문제들에 대해 쉽게 합의하기는 어렵다는 것을 인정하기 때문에, 그는 그러한 갈등과 이해관계를 정치권력으로 해결하고자 한다. 그는 집단과 집단, 국가와 국가 간의 정의의 실현은 정치적 방법들에 의존해야 한다고 하였다.

국가가 정의로운 전쟁을 행할 수 있으려면, 그 국가는 정의에 충실한 제도나 체계를 갖추고 있어야 한다. 만일 국가가 정의를 이룰 수 있는 제도나 체계를 갖추게 되면, 그 국가는 정의로운 전쟁을 할 수 있다. 니버가 국가에 힘이 필요하다고 한 것은 정의로운 국가를 만들기 위해서 또는 국가 간의 분쟁을 정의롭게 조정하기 위해서는 정당한 힘이 필요하다고 보기 때문이다. 그런 국가가 그 정당한 힘을 사용하여 전쟁을 한다면, 그 전쟁은 정의로운 전쟁으로 정당화 될 수 있다는 것이다. 그러나 그는 국가가 이기적일 수 있기에 제도나 힘에 의해 정의를 추구할 수 있게 만들어야 한다고 말한다. 국가에 선과 악을 물을 수 있는 것은 아니다. 아렌트가 말한 것과 같이, 정치는 진리의 영역이 아니므로 국가에 대해 옳고 그름을 물을 수는 없다. 다만 국가가 정당한 방식으로 권력을 가지고, 제도를 통해 정의를 실현할 수는 있다. 그러기 위해서 힘이 필요하고, 부정의와 싸우는 것도 피

---
[101] ibid, p. X V.

할 수 없다고 본 것이다.

    그렇다면 오늘 날의 관점에서 니버의 국가관이 여전히 유효한가를 물을 수 있다. 그 답은 필자는 여전히 유효할 수밖에 없다고 생각한다. 국가 행위의 정당화는 국가가 행하는 강제력이 얼마나 합리적이고 도덕적으로 옳게 사용되느냐에 달려 있다고 보기 때문이다. 이는 니버의 현실성의 모습을 잘 보여 준다. 그는 이상주의적인 모습을 극복하고, 현실적인 태도로 국가의 강제력을 적절히 사용함으로써 국가의 이기성을 어느 정도 막을 수 있다는 것을 보여 주었다. 이는 현대에 권력을 삼분하여 행정부, 입법부, 사법부로 나누어 서로 견제와 균형을 통해 강제력을 올바로 행사하려는 것과 같은 의도이다. 권력 기관에 대한 상호 견제와 권력 분배는 강제력을 가장 정당하게 사용할 수 있게 하는 제도이다. 따라서 그의 관점은 오늘날에도 유효하다.

    지금처럼 핵전쟁에 직면한 시기에는 이러한 강제력이 합리적이고 도덕적으로 관리되는 것이 중요하다. 한 번의 오판으로 인류가 멸망할 수도 있기 때문이다. 니버의 기독교 사회윤리는 개인의 관점이 아닌 사회 구조와 제도의 변화를 통해 이기적일 수밖에 없는 국가를 원래의 모습으로 돌리려는 노력이라고 할 수 있다. 따라서 정의로운 전쟁의 가능성은 국가가 가진 힘인 강제력을 얼마나 합리적이고 도덕적으로 사용할 수 있는가에 달려 있다고 니버는 보았다. 결국 이러한 힘을 사용하여 이기적인 것을 추구하는 국가를 제도적으로 잘 통제할 수 있는가 없는가가 관건이라고 할 수 있다.

## 3. 요더의 평화주의와 현실성

### 1) 평화주의의 배경

요더는 평생 일관되게 평화주의를 주장하였다. 그가 평화주의를 주장하게 된 이유가 무엇인지 알아보자. 그 전에 먼저 요더의 평화주의에 영향을 주었던 것들을 살펴보는 것이 중요하다. 요더를 깊이 연구한 카터(Craig A. Carter)는 요더의 평화윤리의 이론 체계를 세우는 데 큰 영향을 끼친 사상을 재세례파의 비전(Anabaptist vision), 칼 바르트(Karl Barth)의 신학사상, 그리고 성경적 현실주의(Biblical Realism)로 보았다.[102] 이 세 가지가 요더의 평화윤리의 이론적 체계를 세우는데 깊은 영향을 주었다. 이 절에서는 요더에게 영향을 준 사상들을 살펴봄으로써 그의 평화윤리가 어떻게 형성되었는지 이해할 필요가 있다.

먼저 요더에게 신학적 윤리적으로 깊은 영향을 준 것은 재세례파의 비전이다. 이 신학 전통의 특징은 믿음과 행위가 구별될 수 없다고 보는 점이다. 재세례파는 신앙과 삶의 일치를 주장하고, 국가와의 관계에서도 비타협적인 태도를 취함으로써 스스로 소종파로 나아갔다. 이들은 기독교인이 예수의 말씀과 명령을 실천하지 않는다면, 예수를 그리스도로 믿는 것이 무의미하다고 보아 무엇보다도 신앙과 행위의 일치를 강조한다. 재세례파의 세 가지 중심 비전을 벤더(Harold Bender)는 첫째 예수 그리스도의 모범과 가르침을 따라서 삶의 완전한 변화를 가져오는 제자도이고, 둘째 상호관계와 책무를 실행하기 위해 자발적으로 모인 공동체로서의 교회이며, 셋째 비저항과 사랑의 윤리라고 하였다.

---

[102] Craig A. Carter, *The Politics of the Cross*(Grand Rapids, Mich: Brazos press, 2001) p.33.

이 세 가지를 주장한 벤더(Harold Bender)는 요더를 말할 때 떼어놓을 수 없는 인물이다. 요더가 고센 대학(Goshen College)을 다닐 때 교수였던 벤더에 의해 재세례파의 사상을 깊이 흡수하였다. 또 요더에게 영향을 준 인물은 허쉬버거(Guy Hershberger)가 있다. 허쉬버거 역시 고센 대학 교수였는데, 요더는 허시버거로부터 비폭력 평화주의에 대해 영향을 받았다. 요더가 대학에 들어간 그 당시 고센 대학은 재세례파의 중심학교였다. 요더는 여기서 벤더, 허쉬버거를 비롯한 많은 재세례파 학자들에게 깊은 신학적 영향을 받게 된다. 신학과 윤리의 일치를 말하는 이들의 사상은 기독교인의 삶에서의 도덕성은 세상과는 구별되어야 한다는 점을 요더의 윤리를 이해하기 위해서는 염두에 두어야 한다. 요더는 이런 재세례파의 신학적, 윤리적 유산 아래 자라나서 평생 재세례파의 영향권 아래 있으면서, 평화주의에 대한 확고한 신념을 가지고 이론을 전개하였다. 따라서 요더를 이해하기 위해서는 재세례파에 대한 이해가 반드시 필요하다.[103]

　재세례파가 따르는 것은 구약이 아니라 신약 특히 예수의 삶과 말씀이다. 그 가운데 가장 중요한 것이 산상수훈이다. 이들은 급진적 주장으로 인해서 게토화되고, 소종파로 모일 수밖에 없다. 이들은 그런 교회 공동체를 지향하고, 또한 예수의 사랑의 정신을 삶에서 실천하는 것이 가장 중요한 일이요, 자신들의 사명이라고 생각하였다.

　두 번째로 요더의 윤리사상에 깊은 신학적인 영향을 준 인물은 칼 바르트이다. 고센 대학을 졸업한 요더는 1950년부터 57년까지 스위스 바젤 대학의 바르트 문하에서 박사과정을 밟았다. 요더는 바젤에서 두 명의 아주 중요한 학문적 멘토를 만나게 되는데, 한 명은 바르트이고 다른 한 명

---

103) Harold Bender, *"The Anabaptist Vision" in The Recovery of the The Anabaptist Vision*, ed. Guy Hershberger(Scottdale, Pa: Herald Press, 1957). Earl Zimmerman, *A Praxis of Peace: The "Politics of Jesus" According to John Howard Yoder*, Doctoral Dissertaion(Washington, D.C.: The Catholic University of America), pp.28-29에서 재인용.

은 오스카 쿨만(Oscar Cullmann)이다. 그는 바르트에게서는 기독론 중심의 조직신학을 체계적으로 배우고 쿨만에게서는 신약학을 심도 있게 배운다. 요더의 주요 저서인 『예수의 정치학』은 누가복음을 재해석한 것으로, 쿨만의 깊은 영향을 받은 것이다. 이렇게 조직신학과 신약을 위대한 두 신학자에게 배우게 됨으로써 학문 세계가 점점 체계화되어 가게 된다. 이러한 신학적 배경이 그의 윤리이론을 성경에 바탕을 두게 만들었고, 탄탄한 성경적 이해와 기독론을 바탕으로 하는 평화윤리를 펼치는 토대가 되었음은 주지의 사실이다.

요더가 바르트로부터 배운 가장 근본적인 신학적 기초는 첫째로 고등 기독론(High Christology)의 강조이다.[104] 바르트에게 있어서 하나님의 지식의 유일한 기초는 예수 안에서의 하나님의 자기 계시이다. 바르트는 자연법으로부터 기독교 도덕을 추론하려는 신학적 시도를 철저하게 거부한다. 왜냐하면, 그러한 시도는 예수 그리스도 안에서의 하나님의 특별 계시의 중요성을 약화시키기 때문이다.[105] 그는 예수 안에서 하나님의 계시를 강조하고 19세기 유럽 신학의 철학적 경향을 비판하는 것에 동의한다. 이러한 기독론 중심의 바르트 신학의 강조는 그 자신의 기독론 중심의 신학과 윤리의 건설을 위한 신학적 지지로 공헌하였다.[106] 둘째로 교회와 세상의 관계이다. 바르트의 기독교 공동체와 시민 공동체 사이의 구별을 확장하여 요더 역시 사회 윤리를 정초하기 위해 세계와 교회를 구별하였다. 바르트에 따르면, 현대 유럽 교회는 스스로 기독교 국가가 아니라는 것을 발견하였다. 교회와 세상 사이의 구별이 바르트 사상에서 중심이라고 한 것은 바로 이 점 때문이다. 교회와 세계를 구별하는 이유 가운데 하

---
104) Craig A. Carter, op. cit. p.65.
105) 정원범, 『신학적 윤리와 현실』(서울: 쿰란출판사, 2004), p.61.
106) Won Ha Sin, *The Models of Social Transformation: A Critical Analysis of The Theological Ethics of John Howard Yoder and Richard J.Mouw*(Boston: Boston University, 1997), pp.26-27.

나는 기독교 윤리가 기독교인을 위한 것이라는 사실이다.[107] 교회는 세상과 구별된 기관이다. 기독교 윤리가 기독교인을 위한 것임을 인식함으로써 요더는 과감하게 기독교인의 삶의 규범인 예수 그리스도를 닮아야 한다고 주장하게 된다. 요더에게 기독교 윤리는 세상 사람들을 위한 것이 아니라, 기독교인을 향한 것이다.

세 번째로 요더의 사회윤리에 깊은 영향을 준 것은 성경적 현실주의이다. 그는 성경이 현실에 적용 가능하다고 보았다. 1950년대 유럽은 칼 바르트의 영향을 받고 있었고 특히 성경적 현실주의의 영향을 많이 받고 있었다. 유럽에 있었던 요더 역시 이러한 분위기를 경험하였고, 나중에 유럽의 이러한 분위기를 '성경적 신학운동'(the Biblical Theology Movement)이라고 하였다. 요더는 기독교 신학의 자원으로, 그리고 학문적인 이론의 적용 없이도 영감을 인정한 성경의 권위에 따라 충실하게 표현하고자 한 칼 바르트의 성경을 대하는 태도인 성경적 현실주의를 보았다.[108] 또한 성경적 현실주의는 니버의 기독교 현실주의와 대비되는 용어인데, 1950년대 미국에서 성경신학운동이 번창하던 시기에 사용된 것으로, 이 단어의 의미는 두 가지로 구분할 수 있다. 하나는 넓은 의미로 그것은 성경적 세계관으로, 성경을 통해 진정 영원한 것을 볼 수 있도록 발견하고 그것을 드러내 주는 성경적 세계관이라고 정의한다. 또 좁은 의미도 있는데, 그것은 방법론적인 전제로, 성경이 일관성 있는 증언을 포함하고 있음을 독자들에게 인식시키는 것이 방법론적 전제라고 본다. 요더는 좁은 의미의 성경주의를 인정한다. 그는 성경을 각각의 텍스트가 적절한 맥락 가운데서 본래적인 의미를 입증할 수 있는 가장 최고의 결정적인 도구라고 가정한다.[109] 성경적

---

107) Craig A. Carter, op. cit. p.81.
108) ibid, p.32.
109) ibid, p.63.

현실주의는 기독교인에게 실제적인 삶의 규범이 바로 성경임을 보여 주고 있다. 성경적 현실주의는 성경에 있는 대로, 특별히 예수 그리스도의 말씀을 그대로 실천할 수 있는 규범임을 증명하려는 운동이었다.[110] 요더는 예수 그리스도의 사상을 실현하는 것이 가능하다고 믿었다. 그러한 믿음을 가능케 한 기반이 성경적 현실주의였다. 미국의 기독교 윤리학자면서 신 중심적인 기독교 윤리를 주장한 거스탑슨(James M. Gustafson)은 성경적 현실주의를 다음과 같이 말한다.

> **성경이 도덕의 계시이며 성경이 가진 신비스러운 신적 권위 때문에 성경은 철학적 비판에서 제외된다. 그래서 그들은 '성경의 윤리를 주장하여' 이것을 '성경적 현실주의'라고 말한다. 하나님은 스스로 자기 자신과 그의 명령과 그가 원하시는 삶의 방법을 만드셨다. 성경 속에 기록된 역사적 사건 속에 그의 뜻이 계시되어 있기 때문에, 기독교인은 그 계시된 길을 따르는 자가 되어야 한다.**[111]

거스탑슨은 성경적 현실주의를 개신교가 주장하는 성경의 중심성을 강조하는 것으로 이해한다. 즉 성경적 현실주의는 성경이라는 텍스트가 말하는 바를 실제 삶에서 실천 가능한 것이라고 보는 것이다. 거스탑슨은 성경적 현실주의를 말하면서, 역사주의[112]라고 규정한다. 역사주의는 예수에 나타난 하나님의 역사적 계시를 중시하기에 성경적 현실주의를 주장하

---

110) 요더의 대표작인 『예수의 정치학』은 누가복음의 해석을 통해 예수 그리스도의 말씀이 윤리적 규범성과 적실성을 지닌 것임을 설득력 있게 보여 주고 있다.
111) James M. Gustafson, *Protestant and Roman Catholic Ethics*, 김희섭 옮김, 『신교와 구교의 윤리』(서울: 대한기독교출판사, 1984), p.71.
112) 역사주의는 모든 지식은 역사적으로 제약되어 있고 알려진 것은 내외적으로 역사에 관련되어 있으므로 기독교 윤리의 과업은 기독교 윤리의 기본적 입장의 정당성에 대한 주장에 대해서 또한 그 주장의 도덕적 원리와 가치에 대해서 역사적 제한성을 고려해야 된다는 것이다. 거스탑슨은 이러한 입장을 개신교는 받아들이고 있다고 말한다. ibid, pp.72-73.

게 된다. 요더는 성경이 현실에서 기독교인에게 적실성을 가진다고 본다. 만일 성경이 현실에서 적실성이 없다면, 그의 주장은 현실성을 갖지 못하게 된다. 그 이유는 그의 평화주의가 성경, 특히 예수의 교훈에 기초를 두기 때문이다. 따라서 성경적 현실주의를 인정하지 않으면 현실에 적용할 수 없게 된다.

## 2) 평화주의의 가능성

요더는 니버의 기독교 현실주의에 반대하여 예수의 실제적인 삶과 가르침으로부터 기독교 윤리가 시작되어야 한다고 주장한다. 즉 예수의 가르침이 현실에 적실성을 갖는다는 것인데, 그것은 곧 실천 가능한 것이라는 의미이다. 니버의 견해와는 정반대의 입장이다. 미국의 기독교 윤리학자인 하우어워스(Stanley Hauerwas)는 "요더의 평화주의 윤리는 단순히 평화주의를 기독교 윤리의 중심적인 문제들로 놓고 논의하기를 거부한다. 요더는 한 발 더 나아가 복음을 비폭력의 도덕적 프로그램으로 바꾸려는 시도"[113]라고 요더의 실천적인 면을 높이 평가하였고, 스스로도 요더의 영향을 받아 평화주의자로 전환하였다. 요더는 하우어워스의 말대로 단순한 평화주의를 말하는 데 그치지 않고, 기독교인들이 실천할 수 있고 해야만 하는 사회윤리로 체계화하는 데 평생 노력하였다. 그의 관심은 평화주의에 대한 확신과 그 평화주의를 현실에 적용해서 많은 그리스도인들이 따르도록 하는 데 있었다.

요더에게 평화주의가 실천 가능함을 보여 준 모범은 바로 예수 그리스도이다. 그래서 그의 사회윤리 중심은 기독론적이다. 앞에 요더의 사회윤리

---

113) Stanley Hauerwas, "The Nonresistant Church: The Theological Ethics of John Howard Yoder", *Vision and Virtue*(Univ of Notre Dome Press, 1986), p.200.

에 영향을 준 것들 가운데 바르트의 기독론 중심이 있었는데, 요더는 그의 사회윤리를 기독론 중심으로 전개하였다. 요더에게 바르트의 가장 강력한 영향은 기독론이다.[114] 요더에게 예수는 윤리의 출발점인 동시에 완성이다. 그렇다면 요더가 이해하고 있는 예수는 어떤 모습인가?

> 그리스도는 사랑(agape)이다. 자기 내어 줌, 무저항적인 사랑이다. 십자가에서 이 무저항은, 자기 방어의 정치적 수단을 사용하기를 거절함으로써 죄인의 손에 무죄한 자가 불평하지 않고 용서하면서 죽음으로 궁극적인 계시를 발견하게 된다. 이 죽음은 하나님이 악을 어떻게 다루시는가를 보여 준다. 즉 여기 기독교 평화주의나 비저항주의의 유일하고 정당한 출발점이다.[115]

요더에게 예수 그리스도는 사랑 즉 자신의 모든 것을 내어 주는 사랑으로 이해된다. 그 증거가 십자가이며, 동시에 그것은 비폭력의 가장 강력한 상징이기도 하다. 예수가 스스로 십자가에서 폭력을 사용하거나 저항할 수 있었음에도 불구하고, 무저항으로 십자가의 고통을 당한 것 자체가 강력한 메시지이다. 십자가에는 두 가지 의미가 있다. 하나는 예수가 기독교인에게 삶의 모범을 보였다는 것이다. 십자가를 통해 무저항, 비폭력의 길을 제시한 것이다. 또 하나는 십자가는 예수가 인간을 사랑한다는 증거라는 것이다. 예수의 십자가의 죽음은 우리의 죄를 위한 것이기 때문에, 예수를 그리스도라고 고백한 기독교인은 십자가의 길을 따라야 한다. 바로 이 지점에서 기독교 평화주의는 시작한다. 요더의 평화주의의 시작은 십자가이다. 예수께서 십자가에 달리신 이유는 하나님의 뜻에 온전히 복종하

---

114) Won Ha Sin, op. cit, p.26
115) John Howard Yoder, *The Original Revolution: Essay on Christian Pacifism*(Scottdale, Pa: Herald Press, 1971), p.59.

기 위함이었다. 그럼 예수의 십자가가 보여 주는 메시지는 무엇인가? 그것은 "예수와 우리를 위한 최우선의 의제는 도덕성이나 근심이 아니라 부정의와 불의이다. 필요한 것은 위안이나 수용이 아니라 사람들이 사랑 안에서 함께 살아가는 새로운 질서를 위한 것"[116]이다. 요더에게 십자가는 새로운 질서를 위한 대안으로 나타난다.

그래서 요더는 십자가를 정치적인 의미로 이끌어간다. 그는 "십자가는 정치적인 것이며, 이 사회를 다스리는 권력과의 충돌에서 생겨난, 법적으로 충분히 예상되는 결과였다"[117]고 말한다. 예수의 십자가는 사람들이 서로 사랑 안에서 하나로 될 수 있는 새로운 질서를 주기 위한 것이다. 요더는 예수의 삶 자체가 개인을 향한 것이 아니라 사회적이면서 동시에 정치적인 것이라고 한다. 여기서 '정치적'이라는 의미는 예수의 십자가가 단순히 개인의 구원의 차원에 머무는 것이 아니라, 사회 변혁을 위한 정치적 행위와 규범으로 이해되어야 한다는 것이다. 이로써 요더에게 십자가의 윤리는 개인윤리에서 사회윤리로 나아가게 된다.

요더가 십자가의 정치성을 부각시키는 이유는 십자가를 개인 구원의 길로만 한정하는 것을 피하고, 십자가의 길을 따를 수 있는 윤리 규범을 정초하려는 노력이다. 따라서 그에게 십자가는 새로운 질서이며 확장이다. 그는 "어떤 이유를 갖다 대더라도 예수가 십자가로 상징되는 새로운 윤리로 우리를 부르셨다는 사실, 즉 그는 근본부터 철저히 다른 새로운 삶의 질서를 지닌 새 공동체를 창조함으로써 기존 사회를 위협한 사람이었고, 그가 진 십자가로 대변되는 새로운 삶의 방식과 윤리로 우리를 초대하신 분이라는 사실을 부인할 수 없다"[118]고 한다. 요더는 예수의 십자가가 한

---
116) The Original Revolution, p.18.
117) John Howard Yoder, *The Politics of Jesus*, 2ed(Grand Rapids, Mich: Eerdman Publishing Co, 1994), 신원하, 권연경 옮김, 『예수의 정치학』(서울: IVP, 2007) p.230.
118) 『예수의 정치학』 pp. 101-102.

개인의 구원의 차원이 아니라, 기독교인들에게 새로운 삶의 방식과 윤리를 보여 주고 있다는 점을 강조한다. 예수의 십자가는 기독교인들에게 결단을 요구한다. 그래서 십자가의 윤리는 기독교인에게 새로운 질서와 새로운 윤리에 동참할 것을 요구한다. 예수는 십자가에서 모든 폭력을 거부하고 죽음으로써 기독교인들에게 평화주의의 길을 보였다. 그래서 십자가의 윤리는 평화의 윤리이다.

요더가 니버와 다른 점은 "기독교 윤리는 기독교인을 위한 것"[119]이라는 점을 강조한다는 것이다. 니버는 기독교인만을 위한 윤리를 제시하지 않지만, 요더는 먼저 기독교인을 위한 윤리를 제시한다. 그 다음 기독교 원칙들이 사회질서에 상관성이 있는가를 묻는다. 만일 '예'라고 대답한다면 기독교 도덕 표준들은 힘으로든 설득으로든 사회 모든 것에 강요될 수밖에 없다고 본다. 이런 점이 신약 성경의 교회와 세상의 관계에서 초기 재세례파와 퀘이커 교도들을 새롭게 보게 한다.[120] 기독교 윤리가 기독교인을 위한 것이라는 요더의 말은, 그것이 기독교인에 의해 현실에서 실천될 수 있음을 의미한다.

이처럼 요더는 기독교 윤리가 세상에서 실천될 수 있다는 점을 강조하면서, 기독교인은 예수의 윤리적 명령에 복종해야 한다고 한다. 그가 말하는 복종(subordination)은 무엇인가? 복종은 정부가 요구하는 것을 거절하면서도 그 정부의 주권 아래 머물러 정부가 부과하는 처벌을 수용하는 것이다. 즉 황제숭배를 요구하면, 그것을 거부하여 황제가 자신을 죽이게 허용하는 그리스도인들이 하는 행위가 복종이다.[121] 요더의 십자가 윤리는 필연적으로 복종을 요구한다. 예수의 말씀이 규범이라면, 기독교인은 당연

---

119) John Howard Yoder, *The Christian Witness to the State*(Wipf and Stock Publishers, 1998), p.28.
120) ibid, p.29.
121) ibid, p.358.

히 복종해야 하기 때문이다. 요더가 복종의 윤리를 주장하는 이유는 평화 윤리를 이론적 규범에 그치지 않고, 실천적 규범으로 발전시키려는 의도가 있기 때문이다. 요더가 보기에 예수는 자기를 죽음으로 몰아넣은 악의 권세들에 대항하지 않고 자신을 복종시켰다. 오히려 예수는 그것에 복종하여 십자가를 짐으로써 역설적으로 그 권세를 깨트린 것이다.[122] 이는 무저항과 깊은 관련이 있다. 무저항은 무력으로 저항하지 않고, 다만 그 부당한 명령을 거부하는 것이다. 복종이 바로 그런 의미이다. 복종은 실상 무저항 또는 비폭력과 유사하지만, 한 발 더 나아간 것이다. 비폭력을 대표하는 간디나 마틴 루터 킹(M. L. King) 목사의 모습에서 우리는 권세에 대한 저항을 발견한다. 그러나 복종은 저항이 아니라 자신의 목숨을 바쳐서라도 신앙을 지키려고 하는 것이다.

요더는 이 복종을 '혁명적 복종'(Revolutionary Subordination)이라고 말한다. 섬기는 자로서의 예수의 모범과 가르침에 따라, 군림하는 대신 자발적 섬김의 태도를 취한다는 의미에서 '혁명적 복종'이라 부른다.[123] 예수는 십자가에서 죽기까지 하나님의 뜻에 순종하였고, 초대교회는 그 복종을 본받았으며, 초대 교회를 모범으로 삼는 모든 기독교인은 이 복종의 삶에 동참해야 한다. 예수는 하나님께 복종함으로써 세상을 지배하는 것은 칼이 아니라 사랑이라는 사실을 분명하게 보이셨다. 예수는 무력에 비폭력으로 대항함으로써 스스로 죽음의 길을 갔다. 그러나 그 죽음의 길은 궁극적인 승리의 길이다. 여기에 혁명적 복종의 역설이 있다. 혁명적 복종은 세상에 대해 무력한 것이 아니라, 예수처럼 복종함으로써 세상을 이기는 새로운 길을 가는 것이다. 예수는 스스로 무저항과 비폭력으로 세상을 이긴 것이다. 그것이 바로 십자가요, 그 십자가를 기독교인이 따라야 한다

---

122) 신원하, 『전쟁과 정치』(서울: 기독교서회, 2003), p.28.
123) 『예수의 정치학』 p.319.

고 요더는 주장한다.

그런 의미에서 예수의 복종의 윤리는 세상에 엄청난 파장을 일으키는 윤리요, 세상의 생각을 뒤집는 윤리이다. 결국 복종의 윤리는 기독교인들에게 새로운 삶의 방식을 요구한다. 즉 예수를 믿는 기독교인들에게 이 새로운 삶의 방식을 받아들여 세상에 예수의 증인으로 살게 하는 실천적이고 급진적이고 정치적인 윤리이다. 이것이 바로 요더의 기독론 중심의 평화주의이다.

요더 이외에도 평화주의를 주장하는 기독교인들은 모두 예수의 윤리에 기반을 두고 있다. 성경학자로 평화주의에 대한 제3의 길을 제시한 월터 윙크(Walter Wink)는 마태복음 5장 39절의 말씀을 기존의 해석과는 전혀 다르게 새롭게 해석했다. "나는 너희에게 이르노니 악한 자를 대적하지 말라"에서 'antistenai'라는 그리스 단어를 성경은 '악한 자를 대적하지 말라'고 번역하였으나, 그는 그것이 anti(-에 맞서서)와 histemi(폭력적인 반란, 무장 봉기를 뜻함)로 이루진 단어이므로, 제대로 번역하면 '악에 대하여 똑같은 식으로 맞받아치지 말라' 또는 '폭력에 대해 폭력을 사용하지 말라'는 뜻으로 보라[124]고 한다. 예수의 본 의도는 악에 항복하라는 것이 아니라 악에 비폭력으로 맞서라는 것이다. 이 비폭력은 단순한 수동적인 의미가 아니라 적극적이고 전투적이기까지 한 비폭력이다. 따라서 이러한 예수의 사랑을 실천하기 위해 그 분의 말씀에 복종할 수 있다는 것이다.

지금까지의 논의를 통해, 요더의 평화주의를 가능케 하는 것은 비폭력 평화주의이다. 이 비폭력 평화주의는 단순히 무저항의 소극적인 것이 아니라, 비폭력 저항임을 알 수 있었다. 이것을 예수는 이미 십자가의 사건으로 보였으므로 예수의 제자인 기독교인들은 그 길을 갈 수 있고, 가

---

124) Walter Wink, op. cit, p.103.

야만 한다고 주장한다. 그 길을 가는 것은 단순한 개인적 결단에 의한 것만이 아니라, 사회를 변혁시켜, 하나님의 나라가 오게 하려는 제자의 길을 가는 것이다. 이는 요더가 개인적인 윤리를 사회적인 윤리로 발전시켰다고 평가되는 부분이다.

## 4. 현실성을 중심으로 본 니버와 요더에 대한 평가

이제까지의 논의를 정리해 보면, 니버는 사회윤리의 체계를 세우는데 출발점을 인간 본성에 대한 탐구로 삼았다. 그는 인간의 죄성 때문에 세상에 전쟁이나 다툼이 일어난다고 보았다. 그는 세상을 악에 물든 것으로 보고, 냉정한 현실주의적 관점을 취했다. 그가 개인윤리에서 사회윤리로 넘어가는 것은 바로 죄성을 가진 인간이 예수의 윤리를 실천하기 위해서는 사회의 구조 또는 정의의 체계를 이루는 것이 중요하다고 보았기 때문이다. 따라서 그는 교회에 대해서 말하지 않고, 국가에 대해 말하고 있으며, 국가가 정의를 행할 수 있는 제도나 힘을 주어야만 하고, 그 국가가 정의를 실현하기 위해 하는 전쟁은 정당성을 가질 수 있다고 보았다.

반면에 요더의 입장은 철저하게 예수의 윤리에 근거한다. 그는 인간의 본성에 대해 묻지 않지만, 그 기본적인 바탕은 하나님의 형상으로서의 인간의 모습이다. 그래서 기독교인은 모범인 예수를 따를 수 있는 가능성이 있다. 즉 예수를 영접하면 인간성이 변할 수 있고, 예수의 삶을 따를 수 있는 가능성을 가지고 있는 존재로 보기 때문이다.

니버와 요더의 차이점을 세 가지로 분류해 볼 수 있다. 첫째, 인간을 어떻게 볼 것인가 하는 문제이다. 니버는 죄인으로서의 인간, 유한한 인간으로 보고, 죄성으로 인해 예수의 완전주의적인 윤리를 수행할 수 없다고 본다. 반면에 요더는 하나님의 형상으로서의 인간으로 긍정적인 면을 본다. 누구나 기독교인이 된다면, 인간성이 근본적으로 변하기 때문에, 예수의 가르침에 따를 수 있다고 본다. 따라서 완전주의 윤리도 가능하다고 본다.

둘째는 성경을 어떻게 보느냐이다. 니버는 성경을 기독교 현실주의 입장에서 본다. 니버는 신약성경에 나오는 예수의 말씀을 '불가능한 윤리적 이상'으로 해석한다. 니버는 『기독교 윤리의 해석』(An Interpretation of Christian Ethics) 제4장에서 '불가능한 윤리적 이상의 당위성'이라는 제목으로 예수의 윤리가 불가능한 윤리적 이상임을 밝히고 있다. 니버는 결국 현실 세계에서 악으로 드러나게 되는 전쟁, 갈등, 다툼의 모습은 당연한 것으로 보고, 인간의 힘으로는 이 사슬을 끊을 수 없다고 생각하였다. 유한하고 불완전한 인간에게 예수의 완전한 아가페 사랑은 실천 불가능하다. 니버가 이를 불가능한(impossible) 윤리적 이상이라고 했을 때, 그 '불가능한'이란 '역사적 현실 속에서는 실현할 수 없다'는 의미이다. 결국 예수의 말씀이 현실 세계에 적실성이 없다는 주장이다. 따라서 예수의 평화주의는 실현 불가능한 윤리적 이상이 될 뿐이며, 또한 성경대로 살자는 성경적 현실주의 역시 니버에게 이상주의에 불과할 뿐이다. 반면에 요더는 성경적 현실주의를 주장함으로써 성경은 따르라고 주신 것이지, 그저 완전한 모습만을 바라보고 있으라고 한 것은 아니라고 한다. 요더가 보기에 예수의 교훈은 철저한 평화주의이다.

셋째는 윤리를 실천하는 주체의 문제이다. 니버는 국가 단위에서 실천해야 의미가 있다고 하여 사회윤리를 주장하고 정책이나 권력에 깊은 관심을 갖는다. 반면에 요더는 국가에 대한 관심은 없고 오직 교회공동체에게만 말한다. 다시 말해서 니버의 윤리학이 현실 세계에 사는 모든 사람을 대상으로 한다면, 요더의 윤리학은 예수를 그리스도로 고백하는 교회 공동체를 대상으로 하는 윤리학이라고 할 수 있다.

이러한 차이를 보이는 이유는 성경을 어떻게 해석하고, 어떤 관점에서 보느냐의 차이이다. 문제는 이들이 주장하는 정의로운 전쟁이나 평화주의가 실행가능한가에 있다. 서로의 입장에서 비판해 보자.

독일의 신학자 겸 기독교 윤리학자인 트뢸취는 예수의 윤리를 사랑의 보편주의(love universalism)와 사랑의 완전주의(love perfectionism)로 구분하였다.[125] '악에게 저항하지 말라' 또는 '너의 원수를 사랑하라'는 명령은 누구에게나 해당되는 보편적인 말이면서 동시에 아가페 사랑의 성취를 보여 주는 완전주의적인 모습이라고 보았다. 니버는 트뢸취의 말을 인용하면서, 예수의 이러한 윤리는 죄악 가운데 있는 세상에서는 성취가 불가능하다고 말한다.[126]

이러한 이해는 현실 세계에서 실현이 불가능하다는 점을 바탕에 깔고 있다. 그런데 평화주의자는 인간의 본성이 사랑의 법과 인간의 죄성 사이에 모순을 가진다고 생각하지 않는다.[127] 즉 인간이 죄 된 존재라는 것을 거부하고, 예수의 완전주의적인 이상을 실천할 수 있는 존재로 본다. 니버는 평화주의자의 입장이 기독교 신앙의 핵심은 죄인과 의로운 사람 사이의 갈등이 아니라 죄인들 사이의 갈등[128]이라는 점을 고려하지 않은 결과로 보았다. 이러한 생각이 니버의 일관된 입장이다.

따라서 니버가 보기에 평화주의는 기본적인 전제가 잘못되어 있다. 기

---

125) Reinhold Niebuhr, *"Why the Christian Church is not Pacifist"*, Richard B. Miller, Editor, *War in the Twentieth Century*(Louisville: Westminster/John Knox Press, 1992), p.32.
126) ibid, p.32.
127) ibid, p.35.
128) ibid, p.40.

독교인으로서 예수의 아가페 사랑을 실천하는 평화주의가 일견 타당해 보이지만, 죄인으로서의 인간을 도외시한 채, 당위적인 차원에서만 평화주의를 주장하고 있기 때문에 평화주의자들의 견해는 잘못되었다. 개인이나 국가 사이의 다툼이나 갈등은 늘 폭력적 방법을 수반하게 된다. 이러한 상황에서 예수가 사랑을 말했다고, 그것을 현실에 적용하려는 시도는 어리석은 일이다. 하나님과의 관계 속에서 믿음으로 나온 예수의 완전주의적인 윤리를 죄인이 살아가는 세상 속에서 지키려고 하는 것은 무모한 것이며 순진한 생각이다.

우리가 사는 세상이 악한 것은 결국 인간의 타락 때문이다. 즉 인간의 죄성이 이기심으로 드러나고, 이런 이기심으로 인해 사회적 갈등이 생기게 된다. 이 갈등을 해결하기 위해서는 강제력을 수반할 수밖에 없는데, 문제는 이 강제력의 사용이 비도덕적이기 때문에 정의가 실현되지 않는다고 니버는 보는 것이다. 그는 기독교 이상주의자들에 대해 "역사 속에서 모든 상대적 구별을 무시하고 독재 정치의 평화를 하나님 나라의 평화에 가깝거나 한 것처럼 독재 정치의 평화를 찬양한다"[129]고 비판한다. 그리고 이를 이단적이라고 말한다. 니버는 이러한 평화주의자 또는 이상주의자로 불린 그 당시 기독교 자유주의자들의 평화주의는 인간의 비극적 역사와 예수의 윤리를 정확히 이해하지 못한 데서 기인한다고 본다.

그렇다고 니버가 평화주의를 아주 배격하는 것은 아니다. 그 역시 평화주의의 중요성을 알고 있었고, 초기에는 평화주의자였다. 그는 평화주의를 두 유형으로 구별하고, 메노나이트와 같은 소종파 완전주의의 유형에 대해서는 존중한다. 이런 평화주의자들은 정치적 분쟁을 해결하기 위한 전략으로 평화주의를 주장하는 것이 아니기 때문이다. 그 역시 이런 소종파가

---

[129] ibid, p.37.

주장하는 평화주의는 의미가 있다고 본다.

그러나 다른 유형의 평화주의는 무늬만 평화주의를 지향하는 자들이다. 이들은 십자가를 사회 전략으로, 또는 정치적이고 국제적인 갈등을 극복하기 위한 방법으로 간주한다. 그는 이런 평화주의에 대해서는 반대한다. 이러한 평화주의는 기독교 신앙의 기독론과 인간론을 전복시키는 것일 뿐 아니라 어디서든지 언명된 사랑의 명령을 희석시키는 것이다. 니버는 이것이 산상수훈에서 명확하게 선포된 비저항(non-resistance)의 윤리를 비폭력 저항(non-violent resistance)의 윤리로 바꾸어 놓았다고 보았다.[130]

지금까지의 비교를 토대로 이 둘의 현실성을 살펴보자. 첫째, 개인적인 면에서 정의로운 전쟁이나 평화주의 모두 다른 사람들에게 권하거나 따르라고 말할 수 있다. 현실에서 정의로운 전쟁에 많은 사람들이 지배받고 있다. 군대 복무를 하는 것이 그런 의무이다. 내 나라는 내가 지킨다는 의식이 정의로운 전쟁을 인정하고, 긍정하게 한다. 반대로 평화주의 역시 설득력이 있다. 따라서 개인에게 권할 수 있는가의 질문에는 두 가지 입장이 모두 가능하다.

둘째, 정의로운 전쟁이나 평화주의가 국가 차원에서 실행가능성이 있는가를 살펴보자. 먼저 현대에 정의로운 전쟁은 앞에서 제시한 '전쟁에 개입할 수 있는 법'(jus ad bellum, 전쟁의 정당성)과 '전쟁 중의 법'(jus in bello, 전쟁에서의 정당성)의 조건을 충족시킬 수 있는가를 보겠다. 전쟁의 정당성은 전쟁을 시작할 수 있는 조건이다. 전제조건은 첫째 정당한 원인, 둘째 합법적인 권위, 셋째 공식적인 선언, 넷째 평화적인 의도, 다섯째 최후의 수단, 여섯째 성공의 희망, 일곱째 목적을 추구하는 비례이다. 먼

---

130) Gorden Harland, *Thought of Reinhold Niebuhr*(Louisville: Westminster John Knox Press, 1996), p.218.

저 첫째 정당한 원인은 오늘날에는 자기 방어만을 유일한 명분으로 받아들인다.[131] 전쟁을 할 수 있는 정당한 원인이란 결국 부당한 행위를 받거나, 침략을 받았을 경우이다. 둘째와 셋째의 경우 국가가 행하고 공식적으로 선전포고하는 것은 하나의 과정일 뿐이다. 넷째의 평화적인 의도는 전쟁을 할 때 정의를 위한 전쟁이요, 평화를 이루려는 전쟁이어야 한다는 것이다. 다섯째의 최후의 수단은 다른 방법이 없을 때 최후에 무력에 호소할 수 있다는 것이다.

전쟁을 하는 중에 정당성은 첫째로 비전투원은 싸움에서 제외되어야 하고, 둘째로 죄수는 인도적으로 다루어야 한다. 그리고 셋째로 국제적인 조약과 관례는 존중해야 한다는 것이다. 여기서 제일 중요한 것은 전투원과 비전투원의 구별이다. 정의로운 전쟁의 시작에서 앞의 일곱 가지 조건을 갖추고, 다시 전쟁을 하면서 세 가지 원칙을 지키면서 하는 전쟁이 있을까? 아마 불가능할 것이다. 전쟁은 원인과 양상이 너무나 다양하기 때문이다. 특히 지금처럼 무기가 발달하고, 핵을 가진 상황에서 전쟁을 하면서 정의로운 전쟁의 조건에 맞추는 것 자체가 불가능하다.

현대에 와서 정의로운 전쟁이 가능하다고 보고, 그 전쟁을 지지하는 미국의 정치철학자이며 윤리학자인 왈쩌는 전쟁의 정당성을 두 가지로 제시하였다. 하나는 전쟁이 최후의 수단이어야 한다는 것과 다른 하나는 추구하는 전쟁의 목표가 전쟁에서 군인과 민간인이 입게 될 희생보다 커서는 안 된다는 것이다.[132] 왈쩌는 전쟁은 정의롭거나 부정의하다고 평가할 수 있다고 본다. 이러한 입장에 대해 현실주의자나 평화주의자 모두 반발한다. "현실주의자들은 정의로운 전쟁론이 전쟁의 동기를 정의의 실현에 둠으로써 적을 부정의한 사악한 세력으로 폄하하고 적의를 가중시켜서 전쟁

---
131) Douglas P. Lackey, op. cit. p.86.
132) Michael Walzer, op. cit. p.41.

의 참화를 더욱 부채질하게 된다"[133]고 한다. 현실주의자들은 전쟁에는 정의나 부정의와 같은 도덕적 판단을 적용할 수 없다고 한다. 이것은 전쟁에 정의를 개입시키면 도덕적 판단으로 변해 선과 악의 전쟁으로 변모할 수 있고, 오히려 피해를 더 확대하거나, 더 잔혹하게 할 수 있다는 현실주의 입장에서 정의로운 전쟁론에 대한 비판이다. 그러나 반대로 현실주의자처럼 도덕과 무관한 것이라고 한다면, 세계는 오히려 약육강식의 정글과 같은 곳이 되고, 강한 자가 선이 될 수밖에 없어서, 더 큰 피해를 줄 수 있다는 비판을 피할 수 없을 것이다. 따라서 정의의 개념을 개입시킴으로써 전쟁을 제한하거나, 폭력을 감소시키는 것이 바람직하다고 할 수 있겠다. 현실주의자들과는 달리 평화주의자는 좋은 전쟁이나 나쁜 전쟁은 존재하지 않는다고 말한다. 즉 모든 전쟁은 악하다는 것이다. 이 역시 모든 전쟁은 악이라고 주장함으로써 현실주의와 정반대에 서 있다. 그러나 모든 전쟁이 악하다고 할 수 있는 증거도 없다. 오히려 좋은 전쟁도 가능하다. 정의로운 전쟁은 이처럼 도덕과 무관하다고 하는 현실주의적 관점과 모든 전쟁은 부정의하다고 말하는 평화주의 사이에 존재하고 있다.

    니버의 입장에서 보면, 국가는 이기적이기 때문에 잘못 사용된 강제력으로 독재 정부나 군국주의적이 되어 다른 나라를 침략하거나 전쟁을 일으켰을 때, 정당한 강제력을 사용하는 나라가 그것에 대응하여 전쟁을 하는 것은 정의로운 전쟁이라고 할 수 있다. 그는 평화주의를 주장하는 자들에 대해서 이미 폭력에 관여되어 있다는 것을 알지 못하고 있다고 비판했다. 즉 폭력이 이미 정치구조 또는 국가 안에서 이루어지고 있다는 것을 알지 못한다는 것이다. 이는 국가가 이미 정의롭지 못할 가능성이 있음을 말하고, 정의를 세우기 위해서는 먼저 사회나 국가가 정의롭게 되어야 한다

---

[133] 박정순, 「마이클 왈쩌의 정의전쟁론」, 철학연구회 편, 『정의로운 전쟁은 가능한가』(서울: 철학과 현실사, 2006), p.127.

는 것이다. 그런 다음에 그 정부가 하는 전쟁은 정의로운 전쟁이 될 수 있다. 그런 점에서 정의로운 전쟁은 현실성이 있다.

평화주의가 현실성을 가지려면 현실에서 적용 가능성이 있어야 하는데, 그 기준은 국가와 국가가 전쟁을 하려고 하는 갈등의 원인을 해소할 수 있는가이다. 앞에 제2장에서도 칸트나 갈퉁이 평화주의를 주장하면서 중요하게 본 것은 갈등을 어떻게 해소할 것인가 하는 문제였다. 칸트는 갈등의 해소 없이 평화는 불가능하다고 했고, 갈퉁은 평화를 '비폭력적이고 창조적 갈등의 변형'이라고 하여, 두 사람 모두 평화의 전제 조건으로 삼았다. 따라서 갈등의 해소 방안이 나온다면, 요더의 평화주의는 현실성이 있다.

요더는 비폭력에 호소힘으로써 갈등을 해소할 수 있다고 보았다. 그러나 이는 교회공동체 내에서는 가능하지만, 국가와 국가 간의 첨예한 갈등 상황에서 무력에 호소하는 상대국에 대해 비폭력을 주장하는 것은 현실성이 없다. 만일 평화주의가 현실성을 얻으려면, 먼저 자신이 평화주의를 선언해야 하고, 거기에 상대방이 호응하는 경우가 가장 바람직하다. 그러나 사람들이 주저하는 것은 내가 평화주의를 선언했을 때, 상대방이 호응하지 않으면, 그대로 당할 수밖에 없다는 두려움이 있기 때문이다. 이는 국가 간에도 동일하게 적용될 수 있다. 예를 들어 1950년 이후 미국과 소련이 서로 상대방을 이기기 위해 군비경쟁에 열을 올리고 있을 때를 가정해 보자. 만일 미국이 모든 무기를 버리고 평화주의를 주장했다고 하자. 그런 미국에 대해 소련이 호응하지 않고, 오히려 공격을 했다면 어떻게 되었을까? 아마도 현실주의자들은 평화주의자들을 이상주의라고 비판할 것이고, 정의로운 전쟁을 주장하는 입장 역시 그러할 것이다. 평화주의가 어려운 것은 바로 상대방이 어떤 태도를 취할 것인지를 확신할 수 없기 때문이다. 게다가 평화주의는 국가 간에 발생한 갈등을 해소할 방안이 없다.

요더의 현실성의 기초는 예수의 교훈이다. 단지 예수의 교훈이기에 따르라고 한다면, 기독교인들에게는 가능할 수 있겠으나, 다른 사람들에게는 현실성을 갖기 어렵다. 예수를 믿지 않는 자에게 예수의 교훈을 따르라고 할 수는 없기 때문이다. 그리고 그 목적 자체도 다른 평화주의처럼 평화를 얻기 위한 목적이 아니라, 예수의 제자로 살면서 겪게 되는 폭력을 피하지 말고 도리어 당함으로써 승리하는 역설적인 평화이기에 신앙이 아니고서는 따를 수 없다. 따라서 요더가 말하는 평화주의는 보편성을 얻기가 어렵고 결국 현실성이 없다. 결국 니버의 입장이 보다 현실성이 있고, 요더의 입장은 현실성이 없다는 결론을 내릴 수 있다.

# 제4장
## 폭력을 중심으로 본 정의로운 전쟁과 평화주의

이 장에서는 폭력[134]을 중심으로 정의로운 전쟁과 평화주의에 대한 논의를 전개하고자 한다. 폭력이라는 말에는 언제나 '폭력은 나쁜 것'이라는 가치판단이 개입되어 있는 듯하다. 우리는 늘 폭력은 나쁜 것, 하면 안 되는 것으로 이해하기 때문이다. 이러한 부정적인 함의를 가진 폭력이라는 말을 이 장에서는 가치중립적인 용어로 사용하고자 한다. 즉 폭력이라는 말의 사전적 의미는 첫째로 거칠고 사나운 힘, 둘째로 육체적 손상을 가져오거나 정신적, 심리적 압박을 주는 물리적인 힘[135]으로 정의한다. 이 정의에는 부정적인 함의가 강하게 나타난다. 이렇게 부정적인 함의를 가진 폭력이라는 단어를 니버는 가치중립적인 용어로 사용하는 반면에 요더는 부정적인 의미로 사용한다. 이러한 폭력에 대한 용어를 잘 이해하고, 본

---

134) 폭력(violence)은 라틴어 'violentia'에서 유래되며, 그 의미는 1) 크거나 과도한 힘 2) 억압 혹은 강제이다. 장욱, 『폭력에 대한 철학적 성찰』(서울: 철학과 현실사, 2006), p.8.
135) 유목상 감수, 『교학 한국어사전』(서울: 교학사, 2008).

문에 들어가야 니버와 요더가 사용하는 폭력이라는 용어를 혼동하지 않을 수 있다.

이 장에서는 폭력을 중심으로 폭력의 사용의 정당성 문제를 살펴보고자 한다. 실상 부정적인 의미에서 폭력의 가장 잔인하고 집단적인 것이 전쟁이기에, 과연 전쟁이 정당할 수 있는가 하는 문제를 묻는 것이다. 폭력에 대해서 인정하는 입장도 있고 절대로 반대하는 입장도 있다. 윤리학자인 싱어(Peter Singer)는 "결과론자들은 폭력이야말로 중요한 목적을 이루기 위한 수단인가 아닌가를 물어야 하고, 또 폭력적인 수단을 통해 변화를 추구하는 것이 가져올 장기적인 결과에 대해서도 물어야 한다"[136]고 하였다. 즉 폭력을 목적이 아닌 수단으로 사용하는 것이 정당화될 수 있는가 하는 것이다. 정의로운 전쟁이 폭력의 사용을 인정한다면, 평화주의는 폭력의 사용에 반대하는 입장이다. 정의로운 전쟁을 주장하는 사람들은 폭력이라는 수단으로 목적으로 이루는 것이 정당한가 물어야 하고, 평화주의자들은 폭력의 차이를 구별하지 않으면, 도리어 폭력을 조장하게 될 수도 있다는 점을 간과해서는 안 된다.

## 1. 폭력의 의미와 정당성

폭력은 다른 사람에게 강제적 힘을 행사하는 것뿐만 아니라, 다양한 방식으로 나타날 수 있다. 인류는 수많은 폭력을 경험하고 살아간다. 종교로 인한 폭력, 다른 문화의 오해로 인한 폭력, 타자에 대한 두려움에 의한 폭력 등 다양한 형태의 폭력 속에서 신음한다. 이런 폭력은 일상화되고, 인

---

136) Peter Singer, *Practical Ethics*, 황경식, 김성동 옮김, 『실천 윤리학』(서울: 철학과 현실사, 1997), p. 362.

간 삶의 미세한 부분까지 파고든다. 문명 간의 충돌을 주장했던 새뮤얼 헌팅턴(Samuel P. Huntington)은 충돌의 이유를 "문명마다 철학적 전제, 밑바탕에 깔린 가치관, 사회관계, 관습, 삶을 바라보는 총체적인 전망이 크게 다르기 때문"[137]이라고 한다. 즉 문명권 서로가 다른 형태의 문명을 창조하여 발전시켰지만, 문명 간에 서로를 이해할 수 있는 틀이나 눈이 부재하기 때문에 충돌은 피할 수 없다는 것이다. 실제로 미국에서 일어난 9·11 테러는 문명 간의 오해와 충돌이 빚은 비극적인 사건이라고 할 수 있다. 상대방에 대한 이해 부족과 소통의 부재는 결국 폭력이나 테러 또는 전쟁으로 귀결된다. 오늘날 세계는 종교의 발흥을 경험하고 있다. 이성이 발달하면 종교가 사라질 것이라고 예언했던 마르크스의 예언이 무색하게 세계는 종교의 부흥을 경험하고 있다. 이를 바탕으로 각 문명권이 발전하고, 나른 문명권과 구별되지만, 서로에 대한 이해의 부족이 인류에게 가장 큰 위협 가운데 하나라고 헌팅턴은 본 것이다. 최근에는 종교 간의 충돌에 대한 염려도 크다. 그래서 한스 큉(Hans Küng)은 "종교의 대화 없이 종교의 평화 없고 종교의 평화 없이 세계의 평화는 없다"[138]고 하였다. 실제로 모든 종교가 평화를 주장한다. 기독교도 평화를 주장하고, 불교도 자비와 불살생을 주장하며, 이슬람 역시 스스로 평화의 종교라고 말한다. 종교는 평화를 주장하지만, 이 종교가 국가와 연결될 때, 종교는 국가의 이익을 위해 복무하게 된다.[139] 종교가 국가와 결합하여 폭력적인 모습으로 변화한 것을 기독교에서도 볼 수 있다. 소종파의 평화주의를 지향하던 기독교가 4세기 로마의 종교로 국교화되면서 그러했고, 이후 기독교는 두 갈래로 갈라지게

---

137) Samuel P. Huntington, *The Clash of Civilizations and The Remaking of World Order*, 이희재 옮김, 『문명의 충돌』(서울: 김영사, 2001), p. 28.
138) Hans Küng, Project Weltethos, 안명옥 옮김, 『세계윤리구상』(왜관: 분도출판사, 1992). 이 책은 종교 간의 대화를 통해 전지구적인 윤리를 세우려는 계획을 보여 준다.
139) 이에 대해 한국에 전래된 불살생의 불교가 어떻게 호국 불교가 되어 살생의 종교로 변질되었는가를 잘 보여 주는 책이 있다. 김용옥, 『나는 불교를 이렇게 본다』(서울: 통나무, 1999).

되었다. 현실주의적인 시각을 가진 주류는 정의로운 전쟁을 지지하는 길을 따르고, 소수이기는 하지만 비주류는 평화주의의 길을 선택했다.

실제로 폭력은 전쟁보다 광의의 개념이고, 앞에서 지적한 것처럼 힘을 사용하여 타자에게 해를 끼치는 모든 행동이다. 폭력의 양상을 나누어 보면 첫째, 개인 간의 싸움 내지는 다툼이 있고 둘째, 국가가 개인에게 행하는 폭력이 있을 수 있다. 이는 공권력이 행하는 폭력이다. 이 공권력이 행하는 폭력을 다시 두 가지로 나누어 볼 수 있다. 하나는 구조적인 폭력(Structural violence)이고, 다른 하나는 제도적인 폭력(Institutional violence)이다.[140] 구조적인 폭력은 사회적 부정의(social injustice)라고 불리기도 한다. 예를 들어 오랜 세월 이어온 관습이나 법이 여기에 해당된다. 이것은 어떤 공동체 또는 국가에서 기회, 교육, 수입의 불평등과 같은 것에 의해 이루어진 것이다. 이는 그 자체로 물리적 힘을 주장하지는 않지만, 유형 무형으로 가해지는 폭력으로, 조용한 폭력(quiet violence)이라고 할 수 있다. 제도적 폭력은 경찰이나 군대 같은 합법적인 제도 내에서 폭력을 행사하는 것을 말한다. 이러한 폭력은 국민의 사회적 합의에 의해서 이루어진다. 이러한 폭력의 구분은 폭력이 단순히 개인의 차원이 아닌 복잡한 구조를 가지고 있으며, 정당화될 수 있는 폭력도 있음을 보여 준다. 예를 들어 한 개인이 길을 가다가 폭행을 당했을 때, 국가는 경찰을 통해 가해자를 구속하여 합당한 벌을 줌으로써 피해자가 개인적으로 복수하지 못하게 한다. 이는 폭력을 감소시키기 위한 하나의 대안으로 볼 수 있다. 이처럼 폭력을 감소시키기 위해서 행하는 국가의 폭력적 개입이 정당화된다고 보면, 국가 간에 생기는 갈등의 문제도, 앞에서 말한 정의로운 전쟁이라고 할 수 있는 기준이 충족되면 정당화될 수도 있을 것이다. 셋째는

---

140) Jenny Teichman, *Pacifism and the Just War*(Oxford: Basil Blackwell, 1986), pp.26-28.

국가가 다른 국가에 대해 행하는 폭력이 있다. 이것은 침략 내지는 전쟁이다. 이 장에서 다루려고 하는 것은 바로 이것이다. 즉 국가 간의 폭력이다. 전쟁만큼 파괴적이고 비인간적인 폭력은 없다. 아렌트는 20세기를 '폭력의 세기'로 규정할 만큼, 20세기는 가장 강력한 폭력을 경험하였다. 두 차례 세계 대전을 통해 인간 이성의 신뢰를 의심해야 할 만큼 두려움을 겪었고, 과학의 발달로 인해 무기가 더욱 정교해지고, 더 많은 인명을 살상할 수 있게 됨으로써 전쟁 양상이 완전히 바뀌었다. 고전적인 전쟁에서 구별했던 정의로운 전쟁의 정당성을 다시 묻지 않을 수 없게 된 것이다.

이 장에서는 정의로운 전쟁을 주장하는 니버에게 있어서 폭력은 무엇이고, 전쟁과 어떻게 연결되는지를 묻고, 그 정당성이 어디에 있는지 탐구하고자 한다. 또한 오늘날과 같은 핵상황에서도 정의로운 전쟁의 관념이 정당성이 있는지를 물을 것이다. 그리고 요더의 평화주의를 통해, 평화주의가 반드시 옳은지를 살펴보고, 평화주의 역시 더 큰 폭력일 수 있음을 물음으로써 평화주의에 대해 새롭게 생각해 보고자 한다. 그리고 정의로운 전쟁이나 평화주의 모두 폭력의 감소 또는 소멸을 주장하는데, 그 주장이 과연 타당한지 살펴볼 것이다.

## 2. 니버의 입장에서 본 폭력과 정의로운 전쟁

### 1) 폭력에 대한 니버의 입장

폭력에 대한 니버의 문제의식을 살펴보기 전에 먼저 그가 사용하는 용어를 검토해 보아야 한다. 그는 힘이라는 용어를 세 가지 사용한다.

'power'(권력 또는 힘), 'force', 'coercion'(강제력)이 그것이다. 'force'는 군사력이나 경제력 또는 자연의 물리적 힘을 의미하고, 'power'는 그러한 모든 힘들을 포함할 뿐만 아니라 이성 또는 정신의 힘도 포함한다. 'coercion'은 정치적 힘, 즉 정치적 정책이나 제도 또는 사회적 구조의 힘이 행사하는 강제성을 의미한다. 그는 'power'나 'force'를 엄밀히 구분하지 않는다.[141] 또한 그는 폭력(violence)에 대해 이렇게 말한다.

> 일단 우리가 그것이 도덕적으로 위험하다는 것을 알고 있지만 윤리적으로 정당화되는 것을 인정한다면, 우리는 폭력과 비폭력적 강제력(nonviolence coercion)을 구별할 수 있는 절대적인 선을 확립할 수 없다.[142]

니버는 집단이나 국가 간에 관계를 유지하기 위해서는 폭력이나 강제력을 피할 수는 없다고 보았다. 특히 그는 폭력에 대해 선이나 악이라는 가치판단을 하지 않는다. 그것은 상황에 따라, 사건에 따라 달라진다고 보기 때문이다. 그는 폭력이나 혁명을 비도덕적이라고 가정하는 태도에 두 가지 잘못이 있음을 지적한다.

첫째 잘못은 폭력을 악의지의 자연적이고 불가피한 표현으로, 비폭력을 선의지의 당연한 표현으로 간주함으로써 폭력은 본질적으로 악의 범주에 속하고 비폭력은 본질적으로 선의 범주에 속한다고 믿는 것이다. 이러한 예로 니버가 비폭력을 주장했던 간디의 영국 면화 배격운동이 영국 맨체스터 지방의 어린이들이 영양실조에 걸리는 원인이 되었다고 지적한 점은 생각해 볼 필요가 있다. 물론 관련은 있었겠지만, 아주 중요한 요소라고 말하기는 어렵다. 그 당시 영국은 세계에서 가장 부강한 나라 중 하나

---

141) 고범서, 『사회윤리학』(서울: 나남, 1993), pp.324-325.
142) *Moral Man and Immoral Society*, p.172.

였고, 많은 식민지를 거느리고 있었던 반면에. 인도는 영국의 식민지로서 많은 것을 빼앗기고 있었다. 그런 상황이라면, 영국은 맨체스터 어린이들이 영양실조에 걸리지 않게 조치를 취할 수 있었을 것이다. 니버의 이런 비유는 과장이라고 볼 수 있다. 다만 니버가 이 예를 들고 있는 것은 비폭력을 사용하기 위한 행동이 다른 사람에게는 큰 해가 될 수도 있음을 보여 주는 사례로 이해할 수 있을 것이다. 이처럼 복잡한 집단 간의 관계에는 포함된 요소가 많기에 개인 관계의 윤리를 무비판적으로 집단에 적용해서는 안 된다.

둘째 잘못은 폭력을 본래적 관계 속에서 비윤리적인 것으로 간주하는 것은 본래직 도덕 가치들과 함께 전통화된 도구적 가치들을 무비판적으로 동일시하는 것이다.[143] 즉 도덕 의지나 진실을 말하는 것은 개인적인 관계에서는 정당화되지만, 사회적으로 승인된 목적을 달성하는 데 적합한지 여부를 척도로 판정하기는 어렵다. 그 결과 전통화되어 내려온 도구적 가치는 본질적 가치로 인정될 수 있다. 타인의 생명과 이익을 존중하는 것은 선이고 같은 공동체의 생명과 이익을 침해하는 것은 악의 범주에 속하기 때문에 금지된다. 니버는 이러한 가정들이 개인적인 관계에서는 정당화될 수 있지만, 사회적으로는 어렵다고 보았다.

그는 폭력은 악이고, 비폭력은 선이라는 윤리적 가치 판단이 반드시 옳은 것은 아니라고 주장했다. 어떤 경우에는 폭력이 선이 될 수 있고, 비폭력이 악이 될 수도 있다. 이러한 견해는 정의로운 전쟁을 지지하는 것이 반드시 악을 행하는 것도 아니요, 평화주의를 주장하는 것이 반드시 선은 아니라는 의미이다. 그가 문제 삼는 것은 개인의 문제가 아닌 사회나 국가 차원의 문제이다. 국가 간의 문제는 개인윤리적 차원이 아닌 사회윤리적

---

143) ibid, pp.171-173.

차원에서 다루어야 한다. 이러한 사회윤리적 차원에서는 현실주의적인 접근이 가장 타당하다는 것이다. 또한 그가 모든 전쟁을 찬성하는 것도 아니다. 다만 정의를 군사적으로 세우기 위한 정의로운 전쟁은 할 수 있다는 것이다. 그런 전쟁의 목적은 평화이며, 진정한 평화는 정의를 통해 이루어진다. 따라서 정의롭지 못한 집단이나 국가에 대해서는 정의를 실현하기 위해서 전쟁도 할 수 있으며, 그런 전쟁은 평화를 이루기 위한 방법이요 수단이 된다.

니버의 사회윤리의 핵심은 인간의 죄성에 기초한 이기심을 극복하는 방안을 찾는 것이다. 인간의 이기심을 극복하기 위해서 정책이나 제도를 중시하게 되는데, 이런 과정이 정의를 실현하는 일이다. 그의 사회윤리의 목표는 정의를 실현하는 일이며, 그 정의를 실현하는 과정에서 폭력의 사용은 용인되어야만 한다. 그가 사회윤리를 전개하면서 자세히 보면, 교회에 대해서는 별 말을 하지 않는다. 이것이 그의 사회윤리의 약점이라고 지적하기도 한다. 니버는 기독교인이 국가나 세상에 대해서는 어떻게 해야 하는가에 대해 많은 말을 하지만, 교회에서 어떻게 해야 하는지에 대해서는 많은 말을 하지 않는다. 사실상 그는 교회론을 갖고 있지 않다고 해도 별반 틀리지 않다. 미국의 기독교 윤리학자인 리처드 헤이스(Richard Hays)는 니버에게는 교회론이 없다고 말하면서, 그 이유가 개별 기독교인을 교회의 구성원이 아니라 민주적 사회 질서의 시민으로 취급하기 때문이라고 했다.[144] 이것은 니버를 이해하는 데 아주 중요하다. 그의 관심은 교회가 아니라, 세상이고 국가였다. 그 이유는 그가 살고 있던 시대의 미국은 기독교 국가로서의 문화적 유산이 여전히 지속되었기 때문이다.[145] 다시 말하면 그가 활동하던 미국은 기독교가 국교는 아니지만, 거의 국가 종교로

---

144) Richard Hays, 유승원 옮김, 『신약의 윤리적 비전』(서울: IVP, 2007), p.350.
145) ibid, p.350.

인정받았다. 그 당시 미국은 세계 제국이 되어가는 과정에 있었고, 미국은 기독교의 영향권 아래 있었다. 따라서 그는 자연스럽게 교회가 곧 국가인 동시에 기독교인이 곧 국가의 시민이라고 이해했다. 그의 기독교 사회윤리에 교회가 빠져 있는 것이 바로 이 때문이다.

니버는 폭력은 피해야 하지만, 때로는 정의를 이루기 위해서는 폭력이 필요하다고 보았다.

> 정치의 본질은 힘(power)의 균형을 통한 정의의 실현이다. 힘의 균형은 갈등이 아니라 그 아래 놓여 있는 반대되는 힘들(forces) 사이의 긴장을 말한다. 긴장이 있는 곳에는 잠재적 갈등이 있고, 갈등이 있는 곳에는 잠재적인 폭력(violence)이 있다. 그러므로 정치 질서에서의 책임 있는 관계는 무조건적인 폭력 거부를 불가능하게 한다. 정의를 파괴하려는 자들로부터 정의를 지켜야 하는 위기는 항상 존재한다.[146]

여기서 힘(power)이 지향하는 것은 정의의 실현이다. 그런데 힘으로 정의를 실현하는 데에 갈등을 일으키는 것은 정치력이나 물리적인 힘(forces)들 사이의 긴장이다. 이러한 힘에 의해 생긴 갈등을 해결하기 위해서는 폭력이 필요하다. 왜냐하면 힘(forces)은 정의를 파괴하고, 그 파괴를 막기 위해서 폭력이 불가피하기 때문이다. 니버에게 중요한 것은 정의의 실현이므로 정의를 어떻게 실현할 것인가 하는 것이 중요한 문제이지, 폭력의 사용 여부는 중요하지 않다. 그렇다고 그가 정의를 위해서는 어떤 폭력도 다 가능하다고 주장한 것은 아니다. 그가 말하는 폭력은 제한적이며 합리적이고 도덕적인 강제력의 사용을 위한 것이다. 이러한 시각은 국가적인

---

146) *An Interpretation of Christian Ethics*, p.189.

차원에서 문제를 바라보기 때문에 가능하다. 폭력의 옳고 그름은 윤리적인 문제가 아니라 정의를 실현할 수 있는가 없는가의 문제이다.

니버는 교회가 정치를 순전히 도덕적인 입장에서 접근하는 것을 경계한다. 특히 예수의 교훈을 따르자는 주장은 순진한 생각이라고 여겼다. 그는 폭력에 가치판단을 부여하지 않는다. 폭력은 목적이 아니라 정의를 실현하기 위한 수단 가운데 하나일 뿐이기 때문이다. 그가 이렇게 주장하는 이유는 "사회는 영구적인 전쟁상태에 놓여 있기 때문"[147]이다. 즉 사람들이 사는 사회나 국가는 늘 갈등과 문제들을 안고 있기에 전쟁상태와 같다는 것이다. 그래서 평화는 힘이 없으면 불가능하다고 한다.

> 그러나 평화는 힘(force)에 의해 얻어지기 때문에 항상 불안정하고 부정의하다. 힘 있는 계급들이 한 나라를 조직하는 것처럼, 힘 있는 나라들이 나라들의 조야한 조직을 만든다. 어느 경우이건 평화는 일시적이고 잠정적일 뿐이다. 평화는 상충하는 이해관계의 조정에 의해서 부분적으로 성취되기도 하지만, 그것이 이성적이고 도덕적인 권리의 조정으로 성취되지는 않는다. 이러한 평화는 너무 약해서 강대국에게 도전할 수 없다고 느끼는 나라들이 그들에게 도전할 만하다고 느끼면 더 이상 유지될 수 없다.[148]

국가 간의 평화는 철저하게 힘에 의한 관계이며, 그들 사이에서 이루어지는 평화 역시 힘에 의한 잠정적인 것이다. 그 힘에는 분명 폭력이나 전쟁이 포함된다. 이러한 이해는 현실주의적인 이해이지만, 그 안에는 미국이라는 특수성이 있는 듯 보인다. 미국이 유지하는 평화 역시 힘에 의한 평화이며, 그 힘을 상실할 때에는 평화가 사라진다고 보고 있다. 따라서 그가 이

---

147) *Moral Man and Immoral Society*, p.19.
148) ibid, p.19.

해하는 폭력은 갈등을 해결하기 위한 또는 정의를 이루기 위한 힘의 사용이라고 이해할 수 있다. 그에게 폭력은 정의를 실현하기 위한 수단 가운데 하나이며, 폭력이라는 말에는 부정적인 함의가 없음을 알 수 있다.

## 2) 평화주의의 문제점

기독교인에게 예수를 어떻게 보느냐는 문제는 중요하다. 그 보는 관점에 따라 예수를 따르는 방식이 다를 수 있기 때문이다. 평화주의자는 예수가 평화주의를 명령하신 분이라 믿고, 그 길을 따른다. 그럼 니버는 어떻게 보는가? 먼저 니버는 예수의 윤리가 무엇인가를 정의한다.

> 예수의 윤리는 모든 인간의 삶의 즉각적인 도덕적 문제, 즉 서로 다른 주장으로 인해 빚어지는 갈등들을 중재하는 일을 다루려고 하지 않는다. 그의 윤리는 정치와 경제와의 관련성에 대해 언급한 적도 없고, 심지어 가장 밀접한 사회관계 사이에서 존재하는 힘의 균형의 필요성조차 언급한 바가 없다. 예수의 사랑 윤리의 완전주의와 절대주의는 본능적이고 이기적 충동들에 대해서뿐 아니라 상대방의 이기주의로부터 자기를 방어하기 위한 이기주의의 당위성조차도 인정하지 않고 있다. 그의 윤리는 신중한 개인 윤리가 도덕적 이념과 주어진 상황의 사건들 사이에서 이끌어 낸 정치적 또는 사회적 윤리와, 수평적이거나 또는 대각선적인 차원에서 연결 지을 수 없다. 그의 윤리는 자비하신 신의 뜻과 인간의 뜻 사이의 수직적 차원에만 관심을 가질 뿐이다.[149]

예수는 세상의 도덕적인 관심이나 사람들 사이에서 발생하는 윤리적

---

149) *An Interpretation of Christian Ethics*, p.39.

인 책임이나 권한과 같은 문제에 관심을 두지 않았을 뿐 아니라 사회윤리나 정치, 경제적인 문제들에 대해서도 관심이 없었다는 것이다. 예수가 관심을 가진 것은 오직 하나님과 어떤 관계를 가질 것인가 하는 문제에 초점을 맞추었다고 말한다. 이러한 니버의 시각은 예수가 하나님과의 영적인 문제에만 관심을 집중했다고 보는 것이다. 즉 예수의 윤리는 나날의 삶에서 겪는 윤리적인 문제가 아니라 하나님의 뜻을 실행하는 것에 집중했다는 것이다. 이렇게 보면 예수의 명령은 현실의 문제가 아닌 절대적이고 완전한 교훈이라는 의미가 된다.

이렇게 이해하면 예수의 말씀이나 교훈이 왜 완전주의적인지 이해할 수 있다. 예수 윤리의 사랑절대주의는 보편적이면서 동시에 완전주의적이다. 예를 들어 마태복음 5-7장에 나타나는 산상수훈을 보면 잘 알 수 있다. 예수는 원수까지도 사랑하라고 할 뿐 아니라 왼뺨을 때리면 오른 뺨을 대주라고 말씀하신다. 그리고 "너희가 너희를 사랑하는 자를 사랑하면 무슨 상이 있으리요 세리도 이와 같이 아니하느냐?"(5:46)고 하시면서 기독교인에게 완전한 사랑, 희생적인 사랑을 요구하고 있다. 이와 같은 요구를 니버는 '불가능의 가능성'으로 이미 설명했지만, 이러한 예수의 윤리는 그의 말씀을 따르고자 하는 이들에게 평화주의 길을 걷게 하는 근거가 되었다고 할 수 있다. 이러한 보편주의적이고 완전주의적인 사랑의 요구를 가지고 평화주의자들은 평화를 주장한다.

사실 스토아학파(Stoic) 역시 보편주의를 주장하였다. 니버는 예수의 윤리적 보편주의와 스토아학파의 보편주의를 비교하면서 그 차이를 "모든 것을 초월해서 생명이 존중되어야 하는 이유는 모든 생명이 모두 신성한 원리를 가지는데, 이 원리가 바로 이성이라고 스토아학파는 이해하는 데 반해, 예수의 윤리는 모든 사람에게 신성한 요소가 있어서 사랑받아야 하는 것이 아니라 하나님께서 모든 사람을 똑같이 사랑하기 때문"[150]이라고 하였다. 이처럼 예수의 윤리는 하나님의 명령과 사랑으로 인해 이루어진 것이기에, 그의 사랑을 체험한 기독교인은 그의 명령과 윤리를 실천해야 하는 것이다.

문제는 이러한 완전주의적인 명령에 있는 것이 아니라 그 명령을 수행할 수 있는 능력이 인간에게 없다는 데 있다. 그가 보기에 예수의 교훈을 실천하려는 것은 자신이 어떤 존재인지를 망각한 결과이며, 그 말씀을 실천한다고 해도, 예수가 삶의 많은 문제들을 염두에 두고 말씀하신 것이 아니기에 이루어질 수 없다. 전쟁과 평화의 문제만 보더라도 니버 역시 많은 고민을 했음을 알 수 있다. 원전주의자의 평화주의적인 태도는 율법적이기는 하지만, 현실에 적실성이 없다. 그는 평화주의를 주장하는 자들에게 예수의 윤리를 제도로 이해하려고 해서는 안 된다며 다음과 같이 말한다.

> 예수의 종교적이고 도덕적인 사상을 실제적인 사회도덕이나 정치도덕적인 제도로 이해하고 설명하려는 시도는 예수의 도덕적 통찰력의 날카로움을 무디게 하는 결과를 가져오게 된다. 가령 자유주의 기독교가 무저항적인 교리를 단순히 폭력을 금하는 명령으로만 들을 때, 모든 저항과 투쟁, 압제 속에도 죄악적인 요소가 있음을 예리하게 지적할 수 있는 차원을 더 이상 제시할 수 없게 된다. 따라서 자기주장에서 비롯된 죄악으로 가득찬 모든 사람들 가운데 회개하는 마음보다는 도덕적 만족감만을 증진시키게 된다. 이것이 바로 폭력적인 형태의 압제를 최소화할 수 있는 경제적인 힘을 가지고 자신의 폭력성은 망각한 채 모든 폭력의 형태를 비기독교적이라고 정죄하는 사회 기관들을 지지하는 자유주의 교회가 자랑하는 기독교 평화주의(Christian Pacifism)

---
150) ibid, p.49.

의 원동력이다.[151]

　　예수의 윤리를 한 사회나 국가의 제도나 체계로 이해하여 평화주의를 실천하게 된다면, 그것은 개인에게 예수의 윤리를 실천하고 있다는 만족이나 도덕적 우월감을 줄 수는 있지만, 현실에서 자행되는 폭력이나 악에 대해서 눈을 감거나 방조하는 결과를 초래한다는 것이다. 니버는 평화주의가 가지는 문제에 대해 예리하게 지적한다. 오직 비폭력만을 주장함으로써, 다른 다양한 방식에서 나오는 장점들을 상실하고, 성공할 수도 없는 헛된 평화주의에 매달리는 것은 결국 악을 더 키우거나, 또는 폭력을 최소화할 수 있는 방안을 포기하는 주장이다. 이러한 평화주의에 대한 비판은 예수의 윤리는 세상에서는 실천할 수 없는 이상이라고 보는 시각을 분명히 하는 것이다. 그럼에도 그는 이상을 무가치한 것으로 버리지 않는다.
　　니버가 비판하는 기독교 평화주의는 20세기 주류로서 두 차례의 세계대전 사이에 미국을 지배하던 개신교 사상이다. 이들은 근본주의적인 관점과 가톨릭적인 관점 그리고 분파주의의 관점을 모두 비판한다. 이들은 기독교의 규범을 이성적인 인간의 도덕적 통찰에서 찾는다.[152] 이들은 세상에 곧 평화가 올 것이라고 낙관하였다. 니버는 이런 기독교 평화주의를 비판적인 시각으로 본다.
　　니버가 이러한 시각을 가지게 된 것은 1, 2차 세계 대전을 경험한 결과이다. 그는 1차 세계대전 동안에 전쟁의 참상과 아픔을 보면서, 20년대와 30년대 초반까지 가지고 있던 평화주의적인 태도를 바꾸게 된다. 2차 세계대전이 일어난 후에 그는 현실 정치에 관심을 가지고 루즈벨트 진영에

---

151) ibid, p. 48.
152) John Howard Yoder, *Christian Attitudes to War, Peace, and Revolution*, Theodore J. Koontz and Alexis-Baker, ed.(Grand Rapids: Brazos Press, 2009), pp. 273-274.

참여하기도 하였다. 그 당시 미국의 사회당을 비롯한 많은 지식인들이 유럽 전쟁에 불개입을 주장하기도 하고, 또 그들 가운데 평화주의를 주장하는 경향이 농후하였다. 그러나 그는 1차 세계대전과 2차 세계대전을 통하여 국제사회가 직면한 갈등을 해결할 수 없음을 보고 적극적인 현실 참여를 주장하였다.

> 요컨대 국제적 마찰에 대한 공정한 판단은 불가능하다. 모든 판단은 이해관계에 물들었고 공정성을 위한 모든 요구는 불공정하고 특수한 이해관계를 증진시키고 부패시키는 것으로 더럽혀서 결국에는 실패하고 만다. 따라서 국제 상황은 인간의 유한성과 그것을 초월하려는 모든 노력과 함께 사악한 부정직의 결과에 대한 비극적 계시의 완벽한 한 폭의 그림이다.[153]

그는 국제관계에서 정의를 기대할 수 없으며, 국가와 국가는 오직 이해관계에 따라 움직이는 부정직하고 부도덕한 집단이라고 규정한다. 이러한 규정은 예수의 아가페 사랑의 윤리가 왜 집단이나 국가에 적용될 수 없는지 분명히 해 준다. 국가 간의 관계는 사랑이 아닌 철저한 국익에 의해 유지되기에, 평화주의자들이 주장하는 것은 결국 현실을 도외시한 한낱 헛된 구호가 된다고 본다.

니버가 활동하던 당시 평화주의를 주장하던 자유주의 기독교[154]에 대해서 『기독교 교회는 왜 평화주의자가 아닌가?』(Why the Christian

---

153) *An Interpretation of Christian Ethics*, p.130.
154) 당시 자유주의 교회가 주장한 평화주의는 다음 네 가지이다. 첫째는 절대주의자(absolutist)로, 이는 예수의 말씀에 단순하게 복종하는 것이다. 둘째는 특별한 소명(a special vocation)으로, 평화주의를 주장하는 것이다. 이들은 모든 사람에게 예수의 말씀을 적용할 수 있는 것이 아니라 소명 받은 자에게만 할 수 있다고 말한다. 셋째는 효과적인 비폭력주의(effective nonviolence)이다. 간디처럼 세상 사람들을 깨우기 위해 효과적으로 비폭력을 사용하는 것이다. 넷째는 자유주의적 평화주의(liberal pacifism)이다. 이는 앞에 셋을 섞어 놓은 것이다.(*Christian Attitudes to War, Peace, and Revolution*, pp. 293-294 참조.)

Church is not Pacifist)라는 논문에서 미국 기독교가 평화주의에 기초한 중립적 입장을 버리고 나치즘을 타도하는 전쟁에 참전할 것을 촉구한다. 그는 먼저 기독교와 평화주의 관계를 보면서 현대 기독교 평화주의는 기독교 완전주의(perfectionism)의 단순한 변형[155]이라고 하였다. 그는 "중세의 금욕주의적 완전주의와 개신교 분파적 완전주의(Menno Simons의 재세례파)는 정치적 선택으로는 실현하지 못하고 개인적 삶에서 완전한 사랑을 실현하려고 한다"[156]고 말하여, 평화주의가 개인윤리 차원에서 이루어지는 것이지 사회윤리 차원에서 이루어지는 것이 아님을 말했다. 개인윤리에서 행할 수 있는 것이 있고, 사회윤리에서 행할 수 있는 것이 있는데, 평화주의자들은 개인의 그것을 사회로 확장하는 오류를 범했다. 따라서 평화주의를 주장하는 것은 예수의 윤리를 오해하는 것이다. 그는 평화주의를 주장하는 자들은 불완전한 세상에서는 타당성을 가질 수 없다고 본다.[157] 그가 평화주의를 비판하는 근거는 불완전한 세상에서 예수의 완전주의를 이루려는 부질없는 시도라는 데 있다. 그는 재세례파의 완전주의에 대해서 이렇게 말한다.

> 유럽 대륙의 재세례파와 영국의 크롬웰 시대의 퀘이커(Quaker)는 급진적 분리주의의 연성(soft) 유토피아주의를 대표한다. 재세례파의 완전주의의 죄는 완전한 사랑에 의해 점차적으로 제거될 수 있다는 믿음에는 퀘이커주의보다 덜 기울어져 있다. 그것은 각 개인의 기독교적 삶을 위해 사랑의 완전성을 추구하려고 하고 신에게 역사의 완성을 위한 모든 문제를 남겨두는 것을 내용으로 한다.[158]

---

155) Reinhold Niebuhr, *"Why the Christian Church is not Pacifist"*, pp.29-30.
156) ibid, p.30.
157) *An Interpretation of Christian Ethics*, pp.195-196.
158) Reinhold Niebuhr, *Faith and History*(N.Y: Charles Scribners Sons, 1949) p.207.

니버가 본 재세례파의 완전주의는 연성 유토피아주의로 각자 개인의 삶에서는 완전주의를 추구하되 역사의 완성은 신에게 맡기는 것이다. 이러한 완전주의는 개인윤리적인 면에서는 가능하지만, 사회나 역사 속에서는 인간의 힘이 아닌 신의 개입만 바라게 된다. 그 결과 기독교는 개인윤리적인 차원으로 축소되고, 현실의 역사 속에서 기독교인으로서의 역할을 포기하게 된다. 그렇게 되면 세상의 정의는 오직 신의 손에 맡겨지고, 자신의 개인적 윤리나 영성의 삶에 제한될 수밖에 없게 된다. 그의 입장에서 이것이 평화주의의 약점이다.

실상 이런 비판은 하우어워스도 하고 있다. 그는 평화주의에 대한 일반의 부정적인 면을 "어떤 형태로든지 모든 폭력의 사용을 금지하는 평화주의는 인간이 본질적으로 선하고, 사랑의 본성이 있으며, 보편적인 형제애를 가졌다는 막연한 감상주의에 기초하는 것"[159]이라고 말한다. 이는 현실에 적실성이 없다는 주장이나 마찬가지이다. 막연한 감상주의에 기초했다고 한 것은 현실에서 부딪치는 복잡한 문제들을 무시하고, 예수의 교훈을 따르느냐 따르지 않느냐하는 너무 간단한 도식으로 이해했다는 말이다. 실상 문제는 평화주의를 말하는 예수의 교훈이 현실성이 있느냐 없느냐의 문제, 또는 평화주의가 예수의 교훈이냐와 같은 문제이다. 그런데 이런 문제는 따지지도 않은 채 오직 성경을 문자대로 믿는 성경적 현실주의 입장에서 말하고 있을 뿐이다.

'과연 예수의 교훈이 평화주의인가?' 또는 '예수는 자신의 교훈을 현실에서 그대로 따르라고 한 것인가?'에 대한 답은 신학적이고 해석학적인 논변이 따른다. 다만 여기서는 요더와 같이 평화주의를 주장하지 않는 신학자와 윤리학자도 있다는 점만을 말해둔다. 그 대표적인 윤리학자 가운데

---
[159] Stanley Hauerwas, op. cit. p.199.

폴 램지(Paul Ramsey)가 있다. 그는 감리교 출신이면서도 가톨릭적 전통을 가지고 있는데, 예수의 아가페 사랑을 가장 중요한 것이라고 말한다. 그는 아가페를 약한 자를 보호하는 것으로 해석하고, 그 약한 자를 보호하기 위해서는 폭력도 가하다고 한다.[160] 이처럼 같은 예수의 아가페를 가지고도 다른 결론을 도출해 낼 수 있음을 알 수 있다. 램지는 보다 현실적인 각도에서 평화주의를 비판한다.

> 평화주의는 거대한 전쟁 억지가 지금도 진행 중임을 가르쳐준다. 사람들에게 무죄한 자의 피 흘림과 어떤 사람의 피 사이에 구별이 없다는 것을 가르쳐준다. 그리고 이런 방식으로 평화주의는 그의 신조에 따라 행동하지 않는 다수의 사람들을 부패시킨다. 그들은 많은 것들이 나쁜 것이 아니라고 확신한다. 따라서 '부도덕함'을 피할 방법이 없기 때문에, 그들은 그것에 제한이 없다고 한다. 다시 말해서 평화주의는 사람들에게 전쟁에서의 죽이는 것과 살인 사이에, 목적을 제외하고는, 중요한 도덕적 차이점이 없다고 믿게 한다. 병사가 단지 '살인면허를 가진 살인자들'이고 살인자는 단지 살인 면허가 없는 사람들이라는 것을 누구든지 정말로 진지하게 믿게 한다는 것이 놀랍다.[161]

램지의 요지는 평화주의자들이 모든 폭력은 악이며, 비도덕적인 것이라고 말함으로, 정당한 폭력까지도 악으로 몰아서, 정당성을 상실하게 한다는 것이다. 그가 보기에 군인이 전쟁에서 적을 죽이는 것과 평상시 강도가 사람을 죽이는 것은 분명히 다른 차원임에도, 평화주의자들은 이를 동일한 살인이라고 믿게 한다고 한다. 그는 살인이라고 해도 다 같은 살인이

---

160) Paul Ramsey, *Basic Christian Ethics*(N.Y: Charles Scribner's Sons, 1950), p.184.
161) Paul Ramsey, *The Just War*(Boston: Boston University Press of America, 1983), p.146.

라고 규정하지 않는다. 분명 정당방위나 정의로운 전쟁에서 군인들끼리 저지르는 살인은 단순한 살인과는 다른 것이고, 도덕적으로 정당화될 수 있다는 주장이다. 그러나 평화주의는 '모든 살인은 악하다' 또는 '모든 살인은 도덕적으로 그르다'고 함으로 폭력의 차이를 무시하는 오류를 범하게 된다. 이런 입장에서 평화주의의 문제는 분명히 드러난다.

니버나 램지의 관점에서 평화주의를 보면 몇 가지 난점이 도출된다. 첫째, 평화주의는 개인적인 차원의 것을 사회적인 차원으로 확대함으로써 감당할 수 없는 이론적 한계에 직면하였다. 둘째, 평화주의는 폭력이라는 말에 부정적인 가치판단을 대입시킴으로써 윤리적, 도덕적 판별을 불가능하게 한다. 즉 '모든 폭력은 악하다'는 주장은 결국 '모든 살인은 악하다'는 결론을 도출함으로 정당방위의 경우에도 도덕적인 악으로 규정하는 오류를 범하게 된다. 셋째, 예수의 교훈이 반드시 평화주의만을 주장했다고는 보기 어렵다는 점이다. 예수의 교훈을 해석하는 입장에 따라 얼마든지 다르게 평가할 수 있다. 평화주의 역시 예수의 교훈 가운데 하나일 수 있다. 그러나 평화주의자들은 니버의 현실주의적 사회 윤리를 콘스탄티누스주의(Constantinianism) 이후로 계속된 '신학의 합리화'[162]라고 평가한다. 이런 평가는 콘스탄티누스 이후로 모든 주류 기독교 사회윤리가 예수의 교훈을 왜곡한 것으로 보는 관점이다. 이처럼 관점에 따라 예수의 교훈이 다를 수 있다.

니버의 사회윤리를 오늘의 현실에 적용해보면, 확실히 적실성은 있다. 남과 북이 대치중이고 중국과 러시아, 일본, 미국이 첨예하게 서로의 이익과 위치에 따라 대치하고 있는 현실에서 기독교인이 택할 수 있는 최선의 현실적인 선택은 그의 정의로운 전쟁론의 입장이다. 앞에서 살펴본 바와

---

[162] Stanley Hauerwas, William H. Willimon, Resident Aliens, 김기철 옮김, 『하나님의 나그네 된 백성』(서울: 복있는 사람, 2008), p.115.

같이 본래의 정의로운 전쟁은 방어적이고, 엄격하게 무력을 제한하는 제한적인 전쟁의 성격이 강하다. 이러한 성격이 현대에 오면서 정의로운 전쟁을 적극적으로 해석하여 적이 나를 공격할지도 모르기 때문에 미리 공격하는 것도 정당화된다고 주장하기도 한다. 부시 정부가 이라크를 공격하여 전쟁을 일으킨 것이 비근한 예이다. 이렇듯 정의로운 전쟁을 인정하는 경우에도 정의로운 전쟁이라는 이름을 남용하여 쉽게 부정의한 전쟁을 일으키기도 한다. 미국의 부시 정부가 수행한 이라크 전쟁(Iraq war)이나 아프카니스탄 전쟁(Afghanistan war)이 과연 정의로운 전쟁의 범주에 들어갈 수 있는가 하는 문제는 논의가 필요하지만, 평가는 엇갈리고 있다.[163] 이렇듯 남용 가능성이 크기에 정의로운 전쟁의 정당성은 의심받아 왔다.

사람들이 폭력을 용인하기 두려워하는 이유 가운데 하나는 '감각둔화 효과'(hardening effect) 때문이다. 이는 어떤 이유에서든지 폭력을 행사한 경우에는 또 다른 폭력을 범하는 것에 대해 저항을 약화시킨다는 것이다.[164] 이는 정당하게 폭력이나 살인을 하게 되면, 다음에는 그만큼 폭력이나 살인에 대해 저항하는 힘이 무디어져서, 이것이 반복되면, 폭력이 일상화될 수 있다는 것을 말한다. 정의로운 전쟁이라는 것을 인정하더라도, 전쟁을 위해 준비하는 과정에서, 그리고 전쟁 중에 폭력과 살인을 경험하게 되면, 감각둔화 효과에 빠질 수 있다. 오늘 우리나라에 만연한 가부장제도, 약자나 이방인에 대한 타자화를 통한 부당한 대우, 군사 문화적 위

---

163) 이라크 전쟁을 찬성하는의 입장의 논문은 양진석, 「이라크 전쟁의 윤리적 평가」(『정의로운 전쟁은 가능한가』)에서 보인다. 정의로운 전쟁의 충족 조건을 만족시키면, 이라크의 지원을 받는 테러집단의 위협이 현존한 상태이므로 최후의 수단으로 전쟁을 했다는 것이다. 이와는 반대로 이라크 전쟁이 정당하지 못하다고 주장하는 논문은 Anthony J. Coates, 「걸프전쟁은 정당했는가?」(『국제정치에 윤리가 적용될 수 있는가』)에 실려 있다. 이 논문에서는 주로 전략적 폭격이나 타격으로 인해 민간인의 피해가 막대하므로, 쿠웨이트에 대한 원조의 일환으로 진행된 전쟁이 이라크 민간인이 겪는 고통보다 더 큰 가치가 있는지 진단해야 한다고 주장한다. 또한 이 전쟁이 다른 전쟁보다 더 정당할 수도 있지만, 전쟁의 실행 과정에서 정당성을 상실했기 때문에 이 전쟁은 정의로운 전쟁이 아니라고 보았다.
164) Peter Singer, *Practical Ethics*, op. cit, p.363.

계 질서는 모두 이러한 폭력의 일상화[165]라고 보아도 무방할 것이다. 이러한 폭력의 일상화를 심화시키는 것은 군사 문화적 성격을 가지는 우리 사회 문화에 감각둔화 효과가 작용하고 있는 결과로 보인다. 평화주의자들이 대부분 정의로운 전쟁을 비판하는 이유 가운데 하나는 이런 감각 둔화로 인한 폭력의 일상화이다. 가정폭력, 성폭력, 군대폭력, 문화폭력, 학원폭력 등 우리 주위에 만연한 폭력의 근원에는 폭력이나 전쟁을 긍정하는 태도가 있다고 보는 것이다.

폭력에 대한 이러한 부정적인 평가 때문에 평화주의가 옳은 것처럼 보인다. 그러나 그는 폭력이라는 말에 가치판단을 내리지 않고 중립적으로 사용함으로써 폭력의 사용이 반드시 악이나 그른 것이라고 평가하지 않는다. 그는 국가나 집단 간의 이익추구로 인한 갈등이나 분쟁을 조정하고, 악에 대항해 정의를 이루기 위해서는 폭력의 사용을 인정하고 있으며, 이런 관점에서 평화주의가 더 큰 악을 허용하거나, 또는 폭력을 불러 올 수 있다는 것을 잘 보여주었다. 이런 점에서 그에게 폭력의 사용은 정의를 위해 허용되는 것이 당연하다.

## 3. 요더의 입장에서 본 폭력과 평화주의

요더는 폭력이라는 말을 상당히 부정적인 함의로 사용한다. 그에게 폭력은 부당한 것일 뿐 아니라 악이다. 그의 입장에서 폭력의 문제 역시 중요하다. 폭력은 평화주의와 반대되는 개념일 뿐 아니라, 예수의 가르침에 정면으로 위배되는 것으로 보이기 때문이다. 이 절에서는 요더가 폭력에 맞

---
165) 한국 사회에 내재하는 일상적 파시즘에 대해 잘 밝히고 있는 책으로는 임지현 외, 『우리안의 파시즘』(서울: 삼인, 2000)참조.

서 평화주의를 주장하는 이유와 그 폭력의 가장 집단적인 형태인 전쟁을 어떻게 바라보는가를 살펴보고자 한다.

### 1) 폭력에 대한 요더의 입장

요더는 『예수의 정치학』(The Politics of Jesus)에서 누가복음을 신학적, 윤리적으로 치밀하게 분석함으로써 예수의 윤리가 비폭력 평화주의를 지향하고 있음을 잘 보여주었다. 미국의 기독교 사회윤리학자인 워거만(J. Philip Wagaman)은 요더의 이 책을 분석하면서 기본적인 관점을 여덟 가지로 지적하고 있다.[166] 첫째, 예수는 진정으로 폭력의 방식을 포기하였다. 둘째, 예수가 폭력을 포기한 그 길은 정치적으로 적실성이 있다. 셋째, 예수의 정치적 적실성은 사실 그의 십자가에서 죽은 사건 때문이다. 넷째, 부활을 통해 하나님은 예수의 메시아적 지위를 확실하게 하였고, 예수의 길이 우리의 길이여야만 한다. 다섯째, 예수가 모범을 보인 것처럼, 더욱 '효과적인' 것을 따르지 않고, 우리는 하나님의 뜻에 복종함으로 세상 풍조를 따르지 않아야 한다. 여섯째, 그것은 역사의 과정속에서 다스리는 기독교인으로써 우리의 책임이 아니라 곧 하나님의 장소이다. 일곱째, 만일 삶과 죽음 그리고 예수의 부활을 증명함으로써 우리가 하나님의 뜻에 충실하다면, 정치적으로 적실성을 가질 수 있다. 여덟째, 하나님의 정의와 의로움의 승리는 하나님 자신의 시대가 도래할 것을 믿어야 한다. 워거만이 지적한대로 요더의 관심은 예수의 삶에 있고, 그 예수의 삶의 핵심은 평화주의이다. 예수가 평화주의를 주장하는 핵심은 아가페적 사랑이다.

이처럼 요더의 평화주의는 성경에 기반하면서 동시에 예수의 윤리적

---

166) J. Philip Wagaman, *Christian perspectives on Politics*(Louisville: Westminster/John Knox Press, 2000), p.66.

명령을 충실히 따르고자 하는 데서 출발한다. 그에게 평화주의는 예수의 윤리의 실천이다. 그렇다면 그에게 예수는 어떤 분인가? 그리고 예수의 명령을 따르는 제자들은 어떤 자들인가? "실제로 예수는 하나님의 명령에 근거한 선지자요, 제사장이요, 왕이었으며, 인간적, 사회적, 그러니까 정치적 관계의 새로운 가능성을 몸에 지닌 분이다. 세례는 이 새로운 통치의 시작이었고 십자가는 그 통치의 절정이었으며, 제자들은 이런 통치를 함께 하도록 부르심을 받은 자들이었다"[167]고 한다. 이 말에는 예수가 어떤 분이고, 그 분을 따르는 제자는 무엇을 해야 하는가를 밝혀주고 있다. 예수는 하나님 대신에 오신 분이요, 그 분이 십자가를 통해 새로운 질서를 세상에 제시한 분이라고 말한다. 그리고 제자들은 '통치를 예수와 함께 하도록' 부름 받은 자들이다. 즉 예수의 교훈을 지키고 세상에 전파할 사명을 가진 자로 정의한다. 따라서 제자는 예수의 교훈을 철저히 지키려고 하였다. 제자들이 지켜야 할 예수의 교훈은 무엇인가?

예수는 따르는 신자들에게 범죄자를 다루는 방식을 주셨다. 곧 그들을 용서함으로. 예수는 신자들에게 폭력을 다루는 방식을 주셨다. 곧 고난을 겪음으로. 예수는 신자들에게 돈을 다루는 방식을 주셨다. 곧 그것을 나눔으로. 예수는 신자들에게 지도력의 문제를 다루는 방식을 주셨다. 곧 가장 낮은 자라고 할지라도 모든 신자들의 은사에 의지함으로. 예수는 신자들에게 타락한 사회를 다루는 방식을 주셨다. 곧 옛 질서를 분쇄하는 것이 아닌 새로운 질서를 세움으로. 예수는 진정한 인간(human person)이 된다는 것이 어떤 의미인지에 대한 급진적이고 새로운 비전이 구체화되는 여러 관계들 곧 남자와 여자, 어른과 아이, 주인과 종 사이에 새로운 방식의 관계를 주셨다. 예수는 신자들

---

[167] 『예수의 정치학』, p.101.

에게 국가와 '적성국가'에 대한 새로운 태도를 주셨다.[168]

요더가 말하는 새로운 질서는 기존의 방식을 뒤엎는 것이다. 예수의 윤리적 교훈은 폭력을 사용하지 않고, 자신을 미워하는 자를 사랑하고, 자신을 미워하는 자를 용서하는 것이다. 이러한 실천은 기독교인으로서는 의무이다. 기독교인이 된다는 것은 예수의 말씀대로 살겠다는 개인적 결단이기 때문이다. 예수는 기독교인들에게 폭력을 사용하지 말 것과 원수까지도 사랑하라고 가르쳤다. 그는 예수의 평화주의에 대해 이렇게 말한다.

> 예수는 개인적인 경우에 부당한 폭력뿐만 아니라 가장 옳다고 하는 이유를 가진 폭력의 사용도 거절하셨다. 그의 가르침은 폭력의 부적절한 사용의 배제에 민감하라고 하거나 또는 조심하라고 단순히 부른 것이라고 더 이상 잘못 해석해서는 안 된다. 예수가 정말로 폭력의 적절한 사용을 시도하였다는 것이다. 예수가 검을 사용하는 자는 검으로 망할 것이라고 한 것은 정당방위를 위한 검의 사용에 관해서 말한 것이다.[169]

요더가 보는 예수는 철저하게 폭력의 사용을 금하였다. 정당한 이유가 있다고 할지라도 폭력을 사용하지 말 것을 주장하는 예수의 의도는 무엇인가? 폭력은 해결책이 될 수 없다는 생각을 했기 때문이다. 폭력은 또 다른 폭력을 부를 뿐, 문제의 해결책은 아니라는 것이다. 예수의 평화주의는 폭력을 사용하지 않고 목적을 달성하려는 것이 아니다. 이 부분이 요더의 핵심적인 주장이다. 그는 말하기를 "문제의 핵심은 정당한 방법을 통한 목적 달성이 불가능할 때 우리의 정당한 목적을 기꺼이 포기하고자 하는 태

---

168) *The Original Revolution*, p.29.
169) ibid, pp.137-138.

도 자체가 어린 양의 승리에 찬 고난에 동참하는 것이 된다는 것"[170]이다. 즉 정의로운 전쟁을 주장하는 자들은 하나의 대안 또는 문제 해결의 한 방식으로 이해하지만, 예수의 평화주의는 다르다. 요더는 비폭력만이 예수의 사랑을 실천할 수 있고, 십자가의 길을 가는 유일한 방식이라고 이해한다. 그가 보는 예수의 평화주의의 궁극적인 목적은 평화 그 자체이다. 비폭력을 통해 폭력을 이기려고 하거나, 자신의 뜻을 성취하려는 의도조차 버리는 것이 예수의 비폭력이다. 여기에는 다른 이유나 목적이 개입되지 않는다. 그런 것이 있다고 하더라도 어떤 명분으로도 비폭력을 포기하지 않는다. 폭력으로 인해 자신이 죽어도, 비폭력을 유지하는 것이 진정한 평화주의이다. 예수 역시 십자가에서 그렇게 죽으셨기 때문이다. 예수가 십자가에서 죽으신 사건은 평화주의로 일관함으로, 그 자체 세상의 죄를 이기신 것으로 해석되기 때문이다. 즉 예수는 무력하게 십자가에서 죽으신 것 그 자체로 목적을 이룬 것이다. 따라서 예수의 제자들 역시 예수처럼 십자가의 고난, 곧 폭력이 난무하는 현실 속에서 비폭력 평화주의를 실천하는 것이 목적이다. 세상이 기독교인을 따를 것인가의 여부는 부차적인 문제이다. 기독교인은 세상에 다른 가치관을 가지고, 평화주의를 실천하며 살아하는 새로운 대안 공동체로서의 모습을 보여 주는 것으로 족한 것이다.

이 점이 다른 평화주의자들과는 다르다. 일반적인 평화주의는 살생의 금지나 생명의 신성함 또는 비폭력적 해결방식으로 평화를 이루고자 한다. 그러나 예수의 평화주의는 다르다. 비폭력 자체가 목적이 된다. 그것이 궁극적 선이며, 십자가의 길이라고 이해한다. 그가 보는 예수의 평화주의의 궁극적인 목적은 평화 그 자체이다. 이것이 그의 평화주의의 요체이다.

평화주의를 주장하는 요더의 일차적 대상은 교회이고, 교회는 예수의

---

[170] 『예수의 정치학』, p.407.

가르침을 지킴으로써 세상과 구별된 공동체임을 보이는 것이 일차적인 과제이다. 이 과제를 이루면서 늘 국가와의 관계가 문제가 된다. 국가적인 입장에서 보면, 평화주의를 주장하는 자들은 국가의 보호를 받아 전쟁 없이 살면서 스스로 평화주의를 주장하여 국가의 안위나 평화를 깨는 모순을 범한다고 여겨질 수 있다. 그럼에도 평화주의자들은 국가에 대해 부정적이다. 그는 교회가 국가의 지지를 받기보다는 박해를 받던 시대의 순결을 회복해야 한다고 한다. 교회가 타락하게 된 것은 결국 하나님의 왕국과 지상의 왕국이 혼합된 콘스탄티누스 시대부터 시작되었다고 주장한다.[171] 그런데 교회는 이중적인 왕국에 동시에 존재한다. 즉 하나님의 왕국과 지상의 왕국 두 곳에 다 속해 있다. 그 속에 사는 기독교인을 토마스 머튼은 이렇게 분류한다.

> 그리스도께서는 전쟁을 축복하지도 금하지도 않으셨다. 예수께서는 단지 전쟁이 당신 왕국의 바깥이 있는 세상 - 즉, 그리스도의 신비와 성령 바깥에 존재하는 세상 - 에 속하므로 진정으로 그리스도 안에서 살기로 한 사람에게는 전쟁이라는 것이 큰 의미를 지니지 못한다고 하신 것이다. 왜냐하면 그리스도인은 '이 세상 속에' 살고 있긴 하지만 '이 세상에 속한' 사람은 아니기 때문이다.[172]

기독교인은 항상 교회와 국가 모두에 속하지만, 실제로는 교회의 지배를 받는 존재라고 본다. 머튼은 예수가 전쟁에 대해 말하지 않았다고 해서 전쟁과 평화를 종말론적으로 보고 있다. 종말론적이란 신약에서 말하는 전쟁은 영적인 전쟁을 의미하고, 그 대미는 계시록에 나타나는 마지막 전

---
171) R. H. Bainton, op, cit, p.154.
172) Thomas Merton, op, cit, p.76.

쟁으로 인해 도래할 하나님 나라에 대한 소망을 가지고 있다는 의미이다. 이러한 머튼의 태도는 이 땅에서 사는 동안 기독교인들이 국가가 아닌 교회의 일원이라는 점을 잊지 말아야 한다는 것을 강조한 것이다.

요더 역시 교회는 세상의 악과 불의의 바다 한가운데 살면서 하나님이 역사를 섭리하시고 인도하신다는 것을 믿고 폭력을 사용하지 않아야 한다고 주장한다. 이것이 아가페 사랑을 실천하는 일이요, 악을 악으로 갚지 않는 일이다. 그러나 이러한 태도는 자칫하면 하나님의 개입만을 바라면서 현재의 악에 대해 저항하지 않는 모습으로 보일 수도 있다. 히틀러 시대에 교회가 침묵함으로써 스스로 히틀러를 이롭게 한 것처럼, 교회가 하나님의 간섭만을 바라고 있기에, 현실 세계가 너무 악하지 않은가? 평화는 중요하지만, 평화를 유지하기 위한 힘과 정의도 중요하다. 그에게 교회는 평화주의를 실현하는 장이요, 평화주의를 통해 세상을 변혁하는 곳이며, 예수의 윤리를 실천하고, 그 윤리를 통해 세상을 바꾸는 전진기지이다.

## 2) 정의로운 전쟁의 문제점

요더의 사회윤리는 기본적으로 기독론적이다. 이는 그의 사회윤리 구조가 예수를 중심으로 이루어졌다는 것을 말한다. 철저하게 예수에 초점을 맞추었기 때문에 그의 평화윤리 역시 기독론적일 수밖에 없다. 그런데 세상의 사회윤리는 기독교적이지 않다. 인간의 이성으로만 이루려고 하는 윤리적 체계가 때로는 급진적이어서 기존의 윤리적 체계를 무시하기도 한다. 그 대표적인 예로 마키아벨리를 들 수 있다. 현실주의자인 마키아벨리는 권력을 얻기 위해 무자비한 책략을 용인하고 전통적인 도덕을 무시했다. 그에게 정의로운 전쟁이나 평화주의는 전혀 쓸모없는 논쟁이다. 중요한 것은 목표를 이루는 것이므로 목표 달성을 위해서는 무엇이든지 해야 한다고 주장한다. 그는 싸움에는 두 가지 방법이 있는데 하나는 법에 의지하는 것이고, 다른 하나는 힘에 의지하는 것이라고 하였다. 그는 전자는 인간에게 합당한 방법이고 후자는 짐승에게 합당한 것이라고 한다. 그러나 전자로는 많은 경우 불충분하기 때문에, 후자에 의지해야 하며, 군주는 이 두 가지 방법을 다 사용할 줄 알아야 한다고 주장한다.[173] 마키아벨리는 냉혹한 권력의 속성을 현실적으로 이해하고, 그 현실에서 승리하는 방법을 말하고 있다. 그에게 전쟁은 수단 가운데 하나일 뿐이다. 중요한 것은 승리이고, 목적은 권력이다. 권력을 위한 최고의 수단은 정의로운 전쟁이 아니라 이기는 전쟁이다. 이러한 현실주의적 사고가 현실을 지배하고 있다. 힘이 없으면 당해야 하는 냉엄한 국제 사회에서 현실에서 마키아벨리의 주장이 설득력이 더 있다.

이러한 입장에서 보면, 요더의 주장은 현실을 무시한 이상을 주장하는 것이다. 그가 평화주의 입장에서 폭력의 중심인 정의로운 전쟁을 반대하는 이유는 무엇일까? 전쟁에는 선이 없다는 것이 그의 전제이기 때문이다. 윤리적으로 선이 없는 전쟁은 당연히 반대해야 한다. 선이 불가능한 전쟁을 어떻게 지지할 수 있겠는가? 이런 시각은 폭력은 악이라는 부정적인 전제를 가지고 전쟁을 보는 것이다. 그 다음으로 정의로운 전쟁을 비판하는 이유는 신학적이다. 그는 먼저 기독교가 변질된 4세기에 이루어진 콘스탄티누스주의(Constantinianism)에 대해서 말한다. 요더는 기독교의 공인 이후 변질되었다고 보았다. 그 대표적인 모습이 평화주의를 버리고 정의로운 전쟁론으로 나아간 것이다. 그의 신학과 윤리학을 잘 정리한 카터는 요더의 사회윤리를 설명하면서, 기독교가 왜곡되어 변한 모습을 보다 자세

---

[173] N. Machiavelli, 강정인, 김경희 옮김, 『군주론』(서울: 까치글방, 2008) p.118.

히 논한다. 그는 콘스탄티누스주의가 기독교에 미친 8가지 왜곡된 모습을 다음과 같이 말한다.[174]

첫째, 그리스도의 주권(Lordship)이다. 즉 콘스탄티누스주의는 그리스도의 주권을 인정하지 않고 그 자리에 인간적인 왕, 황제, 또는 다른 지배자를 앉혔다. 이는 콘스탄티누스가 방패에 십자가를 그려 넣음으로써 기독교는 예수의 종교가 아닌 제국을 위해 존재하는 종교로 변모시켰다는 것을 쉽게 알 수 있다. 둘째, 두 시대(The Two Ages)이다. 콘스탄티누스주의 시대에 교회는 기본적으로 구시대 속에서 살고 있었지만, 새로운 시대는 미래에 완전히 밀어 넣은 구시대와 융합되거나 또는 형이상학적 이원론과 같은 것에 의해 이상의 영역으로 추방당한다. 셋째, 권력들(The Powers)이다. 그리스도의 승리는 권력을 넘어서는 것임을 구조적으로 부인하는 것은 콘스탄티누스주의자의 잘못이다. 여기에 두 가지 방식이 있다. 하나는 그러한 승리가 필요하다고 의식하지 못한다면 콘스탄티누스주의의 잘못이라는 것으로 이해할 수 있다. 이는 신학적 잘못이다. 다른 하나는 그것이 권력의 승인이면서 현실주의 이름으로 타협하기 위한 전략적 결정일 수 있다. 이는 신학적이고 동시에 도덕적인 잘못이다. 교회의 목적은 권력에 직면해서 그들을 넘어서는 그리스도의 승리를 바라보는 증인이어야 한다. 넷째, 하나님의 나라(The Kingdom of God)이다. 콘스탄티누스주의가 가장 신성모독인 것은 하나님의 나라의 칭호를 인간이 만든 건축물로 참칭한 것이다. 콘스탄티누스주의는 하나님 나라에 대한 소망보다는 현재 존재하는 국가에 초점을 두며, 현실주의라는 이름으로 하나님의 나라의 현재적 힘을 부인한다. 다섯째, 교회(The Church)이다. 콘스탄티누스주의는 교회가 더 이상 성도들의 몸이 아닌 다른 삶의 방식을 가진다

---

174) Craig A. Carter, op. cit, pp.157-164.

고 한다. 요더는 이렇게 말한다.

콘스탄티누스 이전에는 사람들이 매일의 삶에서 경험하는 것을 사실로 알았고 거기에는 믿음 있는 기독교 공동체가 있었지만 그러나 사람들은 하나님이 역사를 다스리신다는 '신앙을 가지고' 있었다. 콘스탄티누스 이후에는 많은 명목상의 그리스도인 대중들과 함께 사람들이 믿는 자의 공동체가 있음을 보지도 않고 믿었지만 그러나 사람들은 하나님이 역사의 통제 안에 있다는 사실을 알았다.[175]

초대교회가 지녔던 믿음과 성도의 삶이 사라지고, 교회는 문화의 일부분으로 전락했으며, 고작 종교적 서비스를 제공하는 곳으로 변모하였다. 여섯째, 세상(The World)이다. 콘스탄티누스주의의 근본적인 실패는 교회와 세상 사이를 구별하지 않은 것이다. 세상이 교회 속에 오게 되고 교회는 세속적이 되었다. 문제는 교회에 의해 세상이 움직이는 것이 아니라 증인됨의 상실로 인해 편안한 공존을 하는 것이다.[176] 콘스탄티누스주의는 모든 시민들에게 교회의 구성원이 될 것을 요구하지만, 기독교인이 되는가 아닌가는 상관이 없다는 것이다. 일곱째, 역사의 의미(The Meaning of History)이다. 요더는 그리스도의 주권이 역사를 한정한다고 하였다. 그는 콘스탄티누스주의의 인과론을 비판하는데, 보편 속에 원인과 결과의 밀접한 체계를 전제로 하고 있어서 예언과 계산은 실행할 수 있는 것으로 본다. 짐브레만(Zimbleman)은 이를 세 가지로 비판한다. 첫째는 콘스탄티누스주의가 인간 자아의 죄, 이성, 지적인 가능성의 결과를 과소평가하였

---
175) *The Priestly Kingdom:Social Ethics as Gospel*, p.137.
176) 요더의 저서 *The Royal Priesthood*(Scottdale, Pa: Herald Press, 1998)에서 제목의 Royal은 봉사하는 공동체의 힘을 증언한 것이고, Priesthood라는 용어는 교회가 그 자체를 위해 존재하는 것이 아니라 화해의 담지자로 존재한다는 것을 증언한다. 이를 통해 요더는 교회의 목적이 무엇인지 분명히 밝히고 있다.

다는 것이고, 둘째는 콘스탄티누스주의가 신의 섭리를 더 이상 신앙의 문제가 아니라 지배자의 통제에 있는 것으로 보았다는 것이며, 셋째는 콘스탄티누스주의는 인간의 힘과 유죄의 다른 중요한 공식화에 반대하는 방식을 간과함으로써 개인과 집단에게 책임을 지웠다는 주장이다. 여덟째, 국가(The State)이다. 콘스탄티누스주의에서 국가는 역사의 의미의 담지자가 되고 교회의 종말론적인 모임에 참여한다. 요더는 대부분의 미국인들이 역사에서 기대하는 구원은 나라(America)로부터 기인하는 것이지 교회로부터 기인하는 것은 아니라고 하였다. 이는 현실적으로 구원은 미래에 있는 것이 아니라 현재의 국가가 주는 것이 더 중요하다고 여긴 것이다.

요더는 이와 같은 8가지의 콘스탄티누스의 잘못으로 인해 기독교가 엄청난 변화를 겪게 되었고, 그 결과 교회는 교회다움을 잃었다고 본다. 따라서 이제 교회는 콘스탄티누스주의의 왜곡에서 벗어나 원래의 기독교로 돌아가야 한다고 말한다. 우리가 다시 붙잡을 규범은 예수 그리스도이고, 이 예수를 따르는 삶을 사는 것이 바로 우리 기독교인의 사명이라고 보는 것이다. 이런 의미에서 그에게 국가는 대립 항이다. 국가와 교회는 함께 갈 수 없다. 함께 하면 교회는 왜곡된다. 이런 왜곡과 도전으로부터 교회가 벗어나는 길은 소종파의 교회가 되는 것이다. 요더는 콘스탄티누스주의를 기독교로 하여금 정의롭지 않은 전쟁을 정당화시켜서 폭력을 사용하게 하는 이론적 근거로 본다. 이후에 전개되는 기독교의 모습은 모두 여기에서 발원한 것으로 보면 된다.

요더가 보는 기독교의 모습은 변질의 모습이다. 콘스탄티누스주의로 무장한 교회는 평화주의를 버리고 국가의 이익에 복무하는 조직으로 변했다. 예수의 말씀을 실천하지도 않으면서, 도리어 예수의 이름으로 전쟁과 폭력을 일삼는 종교로 바뀌었다. 그에게 폭력은 정당화되지 않으며, 정의로운 전쟁이란 없다. 그에게 모든 폭력은 악이고, 예수의 교훈에 비추어 잘못된 것이다.

## 4. 폭력을 중심으로 본 니버와 요더에 대한 평가

앞에서 논의한 바와 같이 니버와 요더의 폭력에 대한 입장은 확연하게 구분된다. 우선 니버는 폭력을 중립적으로 사용하는 데 반해 요더는 폭력을 부정적인 의미로 사용한다. 니버는 기독교 현실주의에 기반하는 반면에 요더는 철저하게 예수의 가르침에 바탕을 둔 성경적 현실주의에 기반한다. 니버가 간과하고 있는 것은 어떻게 폭력이 정당화될 수 있는가, 그리고 예수의 윤리가 불가능의 가능성으로만 우리에게 주어진 것인가라는 점이다. 반대로 요더의 평화주의는 현실적이지는 않지만, 들어야 하는 당위인 것만은 분명하다. 요더의 장점은 기독교인들에게 성경을 실천하는 것이 중요한 것임을 보여주었다. 그리고 교회가 가져야 할 자세와 태도에 대해서도 분명하게 보여준다. 요더의 관심은 세상이 아니라 철저하게 교회에 있다. 역사적으로 재세례파는 한계를 가지고 있지만, 요더는 교회공동체가 먼저 평화주의적인 삶을 살아간다면, 분명 세상도 거기에 따를 것이라고 생각한다.

먼저 평화주의가 비판받는 이유를 보자. 첫째는 현실에 적용 불가능하다는 것이다. 이는 현실에 존재하는 악의 심각성에 대한 고려가 부족하다는 비판이다. 악이 실재하는 현실에서 요더는 평화주의가 현실에 적실성이 있다고 말하지만, 현실주의자들이 보기에는 지극히 비현실적인 주장이다. 그의 주장은 결국 국가나 사회와 같은 곳이 아니라 소종파에서나 실천 가능하다는 것이다. 둘째는 평화주의가 비판받는 것은 평화주의를 주장함으로써 더 큰 악에 대해 저항할 수 없게 된다는 것이다. 즉 나는 평화주의를 주장하지만, 히틀러와 같은 악인의 행동을 그저 바라볼 수밖에 없으므로 결국 그를 이롭게 한다는 주장[177]이다. 이 또한 심각한 문제를 안고 있다. 폭력에 비폭력으로 대응했을 때, 상대방이 자신의 잘못을 알고 반성하면 비폭력이 의미가 있지만, 전혀 도덕적인 반성이나 성찰 없이 폭력으로 대항한다면, 비폭력은 도리어 악을 조장하게 되고, 스스로 악에 도움을 주는 행동이 되어버릴 여지가 많다. 그러나 요더의 입장은 비폭력을 통해 무엇인가를 얻으려는 것이 아니라, 그 자체가 목적이기 때문에 다른 평화주의와 다르다. 그는 설령 비폭력 대응으로 자신이 죽는다고 해도 괜찮다는 입장이다. 그것이 곧 예수의 십자가의 길을 따라가는 것이기 때문이다.

문제는 자신은 죽는다고 할지라도 다른 무고한 사람이 희생되는 것을 자신의 신념 때문에 어떤 행위도 하지 않고 바라보는 이는 정당화되고 윤리적인 행동이라고 할 수 있을까? 평화주의의 딜레마는 자신에게는 적용할 수 있지만, 그것을 다른 무고한 자들의 희생에 대해서도 동일하게 자신의 신념을 적용한다면 문제가 있다는 데 있다. 도덕적으로 죽어가는 자를 구하는 것은 당연한 의무이다. 이 도덕적인 당연한 의무를 평화주의는 거절함으로써 폭력을 더 조장할 수 있다는 비판이다.

그렇다면 평화주의가 얼마나 타당성이 있는가? 먼저 평화주의를 비판하는 앤스콤의 말을 살펴보자.

> 오늘날의 비폭력주의자는 죄 없는 사람의 피와 다른 모든 사람의 피를 전혀 구별하지 말라고 가르친다. 비폭력주의자는 이렇게 해서 이에 따라 행동하

---

[177] 칼 바르트도 히틀러에 대항하는 전쟁은 '정의로운 전쟁'이라고 했다. 즉 하나님은 그 전쟁을 단순히 허락한 것만이 아니고 그 전쟁을 일으키도록 명하셨다고까지 말하였다. 이러한 전쟁은 고통스럽기는 하지만 합목적적인 수술과도 같다는 것이다. 맹용길, 『전쟁과 평화』(서울: 쿰란출판사, 1994), pp.82-83 참조.

지 않으려는 막대한 수의 사람들을 타락시켰다. 이들은 실제로는 사악하지 않은 많은 일들이 사악하다고 확신하게 된 것이다. 그리하여 '사악함'을 피할 길이 없어서 이들은 사악한 행위에 한도를 정하지 않는다. 비폭력주의자들은 모든 전쟁은 극한적일 수밖에 없다고, 일단 전쟁에 종사하게 되면 과학 기술의 발전이 허용하는 한 무한정으로 적국의 국민을 파멸시킬 수밖에 없다고 거듭거듭 얼마나 역설하고 있는가![178]

비폭력주의자 곧 평화주의자의 잘못은 절대적 금지를 주장하여, 다른 사람으로 하여금 죄를 짓게 만드는 데 있다. 평화주의자는 폭력의 사용 유무만을 가지고 모든 폭력을 동일시함으로써 신 앞에 죄를 짓는 것처럼 만든다. 결국 평화주의는 지킬 수 없는 것을 지키라고 하는 것과 같아서 논리적 모순을 낳는다고 말한다. 평화주의는 이중효과의 원칙에 비추어 보면, 평화주의라는 목표를 이루는 과정에서 발생하는 모든 부작용에도 개의치 않고 목표를 향해 달려가는 것과 같다. 즉 이중효과의 원칙을 그대로 따르는 것이라고 볼 수 있다. 그런 점에서 평화주의를 비판할 수 있다.

정의로운 전쟁의 목적은 무엇인가? 그것은 폭력에 제한을 가하는 것이다.[179] 정의로운 전쟁을 하는 이유는 폭력을 제한하려는 시도이다. 정의로운 전쟁의 기준은 전쟁에서 해야 할 것과 하지 말아야 할 것을 구분하며, 이것은 옳고 저것은 그르다는 가치판단을 하게 한다. 그 목적은 다른 사람에게 해를 주는 폭력을 효과적으로 줄이려는 의도이다. 이런 의도가 중요한 것은 현실 세계에서 전쟁을 피할 수 없기에, 조금이라도 폭력을 줄이려는 노력이라고 이해할 수 있다. 이런 점에서 정의로운 전쟁을 본다면, 정의로운 전쟁이 폭력을 줄일 수 있는 방식임을 인정해야 한다. 다만 현대에 와

---

178) 앤스콤, op. cit. p.342.
179) Andrew Value ed. op. cit. p.161.

서 무기의 발달로 인해 전쟁의 정당성을 찾기가 쉽지 않다는 점이 고려되어야 한다. 무고한 자의 살인을 피할 수 있는 방법이 현대 전쟁에서는 점점 더 어렵기 때문이다. 평화주의가 매력적이기는 하지만, 더 큰 화를 불러올 수 있는 여지는 있다. 악에 대해 더 큰 폭력을 행사할 수 있는 여지를 주기 때문이다.

이제 폭력의 정당성 문제를 검토해 보자. 폭력 특히 가장 극단적인 폭력인 전쟁은 상대국가가 악을 행하는데 전쟁 외에는 다른 수단이 없을 때, 정당하다고 말한다. 정당화되기 위해서는 한쪽은 선이고 한쪽은 악이어야 한다. 니버 입장의 가장 큰 문제는 바로 여기에 있다. 그에게 전쟁의 정당성을 줄 수 있는 상대방이 악이어야 하는 경우를 입증하기가 쉽지 않다. 역사적인 선례를 보아도 항상 자신의 입장을 정당하다고 보고, 상대방을 악하다고 본다. 그리고 전쟁의 결과에 따라 이긴 쪽이 항상 선이고 정의였다. 그래서 국가들 사이에 선과 악을 구분하기 어렵다. 이 점이 정의로운 전쟁이 가능하기 어렵게 하는 이유이다. 만일 논리적으로 선과 악의 구분이 어렵다면, 정당성의 입증 역시 어렵다. 물론 객관적으로 보아도 정의로운 전쟁인 경우도 있다. 침략전쟁에 대한 자기 방어적 전쟁은 정의로운 전쟁이라고 할 수 있다. 그러나 많은 전쟁이 선악의 구도로 전개되는 것이 아니라 악과 악의 싸움으로 변질되기 때문에 구별하기가 더 어렵다. 또 시작은 정의로운 전쟁으로 시작해도, 그 과정에서 변하기 쉽다. 특히 오늘날과 같이 무기의 발달로 전투원과 비전투원의 구별이 쉽지 않고, 핵무기로 인해 수많은 무고한 사람의 인명을 앗아갈 수 있는 상황에서 전쟁의 정당성을 찾기는 어렵다. 더 정확히 말하면 정당성의 문제라기보다는 자기 합리화의 성격을 갖게 된다. 기독교 국가에서 대부분의 전쟁을 '하나님은 우리 편'이고, 상대방은 '항상 제거해야 할 악'으로 구분하는 것만 보아도, 얼마나 쉽게 정의로운 전쟁이 자기 합리화의 길로 빠지는지 알 수 있다. 이것을 실제로 십자군 전쟁과 현대의 이라크 전쟁(Iraq war)을 통해서도 확인할 수 있다.

니버와 요더의 논의를 폭력을 중심으로 살펴보았다. 니버는 폭력을 가치중립적인 용어로 사용함으로써 폭력의 사용에 대해 넓은 이해를 보여준다. 반면에 요더는 부정적인 함의로 보아서, 폭력의 사용에 대해 절대적으로 반대의 입장을 보여준다. 니버에게 폭력은 정의실현을 위한 수단가운데 하나이다. 반면에 요더에게 폭력은 행하지 말아야 할 당위이며, 비폭력 그 자체가 목적이다. 두 사람의 입장의 차이는 여기에 있다. 이를 통해 보면 니버의 폭력 사용의 인정은 오히려 폭력을 줄이려는 노력이며, 요더가 비폭력을 주장한 것은 폭력적인 방식으로 이루어진 세상에 새로운 삶의 방식을 제안하려는 노력이라고 할 수 있다.

# 제5장
# 책임을 중심으로 본 정의로운 전쟁과 평화주의

이 장에서는 책임을 중심으로 니버와 요더의 정의로운 전쟁과 평화주의를 살펴보려고 한다. 윤리학은 결국 책임의 문제이다. 이 책임의 기독교적인 관점을 살펴보고, 니버와 요더가 어떻게 책임을 바탕으로 자신들의 주장을 개진하고 있는지 보고자 한다. 이러한 관점을 통해 정의로운 전쟁이나 평화주의 모두 기독교인으로, 도덕적 행위자로서 책임의 문제라는 것을 밝힐 것이다.

## 1. 책임의 정의와 한계

독일의 사회학자 막스 베버(Max Weber)는 그의 저서 『직업으로서의 정치』(*Politik als Beruf*)에서 정치가의 윤리로 두 가지를 들고 있다. 그는 인간 행위의 윤리적 원칙을 신념윤리(Gesinnungsethik)와 책임윤리(Verantwortungsethik)로 나눈다. 신념윤리는 "기독교인은 올바른 행동을 하고 그 결과는 신에 맡긴다"[180]는 것이다. 이는 행위의 동기가 인간의 신념에서 나온 것이며, 동시에 신의 명령이기에 그 결과에 대한 책임을 인간에게 돌릴 수 없다는 것이다. 개인윤리이면서 그 결과에 대해서는 책임지지 않고 신에게 맡기는 이런 원리는 절대주의적 윤리이다. 반면에 책임윤리는 "우리는 우리 행동의 결과에 대해서 책임을 져야 한다"[181]고 말한다. 행동의 결과는 행동을 한 사람이 책임을 져야 한다는 것이다. 이것은 선한 동기가 악한 결론으로 끝날 수도 있음을 인정하는 윤리이며, 이는 상대주의적 윤리이다. 책임윤리는 결과에 대해 고려할 뿐 아니라, 자기 행위에 대해서도 책임을 진다. 즉 결과에 대해 책임을 지는 것이다. 베버는 이 두 윤리가 대립하기도 하지만, 결론적으로는 서로 보완한다고 한다. 신념윤리 없이는 어떤 도덕적 옳음을 위해 목숨을 걸고 지킬 수 없기 때문이다. 마술로부터의 해방이 목적이었던 시대에 베버가 신념윤리를 극복하고 책임윤리를 주장한 것은 책임에 중요한 의미가 있기 때문이다. 책임의 문제는 인간이 도덕적 행위자인 이상 벗어나지 못한다. 어떤 도덕적 판단을 했을 때 거기에는 도덕적 책임이 따른다.

기독교 윤리학자인 리차드 니버(Richard H. Niebuhr)는 기독교 윤리학에서 말하는바 책임을 '응답'(response)으로 이해한다. 그는 목적론적 윤리나 의무론적 윤리의 유형을 분석한 후에 '응답의 윤리'를 제안하였다. 첫째, 목적 지향적인 입장은 '내가 무엇을 해야 할 것인가?' 하는 물음에 답하기 위하여, 먼저 '나의 목표, 이상, 종국성은 무엇인가'라는 물음을 묻

---

180) Max Weber, *Politik als Beruf*, 전성우 옮김, 『직업으로서의 정치』(서울: 나남출판, 2007), p.121.
181) ibid, p.121.

는다. 둘째, 의무론적인 입장은 '나의 삶을 다스리는 법은 어떤 것인가?', '내 삶의 제일 법칙은 무엇인가?'를 묻는다. 셋째, 책임은 결단과 선택의 매 순간에 '어떤 일이 일어나고 있는가?' 하는 물음을 우선 묻는다.[182] 책임은 일어난 사건에 대해 민감하며, 어떤 행위를 할 것인가를 고민하고, 기독교인으로서 그 행위에 대한 바른 응답을 요구한다. 그에게 도덕적인 삶은 책임있는 삶이다. 이는 기독교적인 삶의 역사적 규범을 나타내 주는 성경적 에토스(ethos)를 이해하는 열쇠를 제공해준다.[183]

'책임'이라는 영어 단어 'responsibility'의 형용사형으로 '책임이 있는'의 영어는 'responsible'이다. 그리고 같은 형용사인 'responsive'라는 말이 있다. 이 단어에는 '책임을 지는'이라는 의미가 없다. 이 단어의 1차적인 의미는 '응답하는' 또는 '부응하는'이라는 의미이다. 이 말의 동사형인 respond, 즉 '응답하다'라는 의미를 갖고 있다.[184] 따라서 니버가 말하는 책임이라는 단어에는 하나님의 부름에 응답하는 것으로서의 책임이라는 의미가 담겨있다. 신앙인의 삶은 하나님의 말씀에 대한 바른 해석과 삶의 맥락(context)에 대한 바른 이해를 필요로 한다. 니버가 말하는 책임의 의미는 기독교인으로서 하나님의 말씀에 응답하여 세상에 적용하며 살아가라는 의미이다. 이는 기독교인에게 책임의 문제로 구체화된다. 기독교에서 책임이라는 주제는 고대 이스라엘의 역사에 뿌리를 두고 있을 뿐 아니라 하나님 나라의 이상에 담긴 자유와 평등, 정의와 불의가 공존하는 기독교 공동체 내에서도 찾아볼 수 있다. 하나님은 인간을 책임 있는 존재로 살게 하셨고, 그 일을 위해 부르셨다고 본다. 이러한 기독교적 입장을 살펴보자.

도덕적 책임에 대한 기존의 이론은 세 가지 유형으로 구분된다. 첫 째

---

[182] Niebuhr, Richard H, *The Responsible Self*, 정진홍 옮김, 『책임적 자아』(서울: 한국장로교출판사, 2001), pp.81-82.
[183] ibid, p.88.
[184] 김선욱, 『에치오니의 삶과 사상 : 비판적 검토』 미간행 논문에서 인용함.

유형은 행위자 이론인데, 이는 행위를 시행하는 행위자의 책임을 근거로 삼는다. 이 유형은 인과적 원인으로서의 행위자와 그의 행위에 대한 평가 사이의 연계성에 초점을 맞춘다. 여기서 핵심이 되는 문제는 행위자가 정당하게 책임이 있다고 할 만한 행위와 관련된 자유와 결정론의 문제이다. 둘째 유형은 사회적 책임론으로 칭찬과 비난의 사회적 시행에 중심을 둔다. 이는 행위자가 유지하는 역할과 사회적 소명의 관계에서 근거를 찾는다. 셋째 유형은 대화적 유형으로 타자와의 만남이라는 사건에 관심을 둔다. 즉 타자의 요구에 대해 어떻게 응답할 것인가가 문제가 된다. 이는 행위자 중심이다.[185] 니버의 응답의 윤리는 여기에 해당한다. 슈바이커(William Schweiker)는 이런 세 유형이 모두 책임을 다 설명해주지 못한다고 하면서 이 세 유형을 통합하려고 한다. 그는 책임의 다양한 개념들을 규정하기는 상당히 어렵다고 본다. 그는 책임이라는 용어를 완전성(integrity)[186]의 개념을 통해 정의한다. 그에게 책임이란 삶의 완전성을 존중하고 함양하는 것이다. 그리고 삶의 완전성이 바로 도덕적 선이다. 완전성이라는 개념 속에는 도덕적으로 완전하게 되는 것을 지향한다는 의미가 있다. 그래서 그는 책임의 정언 명법(categorical imperative)을 "우리의 모든 행위와 관계에서 하나님 앞에서의 삶의 완전성을 존중하고 함양시켜야만 한다"[187]는 것으로 정의한다. 이는 하나님 앞에서 인간의 삶을 책임적으로 이루기 위한 새로운 정언 명법인 동시에 규범이다. 칸트가 가언명법과 정언명법을 구별하고, 정언명법은 절대적인 법칙으로 이해했듯이, 슈바이커 역시 칸트의 정언명법을 빌려서 기독교인의 책임에 대한 문제를 확인시킨다.

---

185) William Schweiker, *Responsibility and Christian Ethics*, 문시영 옮김, 『책임윤리란 무엇인가』(서울: 대한기독교서회, 2000), pp.72-73.
186) ibid, p.59. 통전성을 뜻하는 'integrity'는 전체로서의 뜻을 지닌 라틴어 integri에서 유래된 것으로 전체성(wholence) 혹은 통전성으로 번역되기도 한다. 여기서는 도덕적 완성의 의미로 완전성으로 번역했다.
187) ibid, p.60.

현대에 들어와 책임에 대한 새로운 견해를 한스 요나스(Hans Jonas)가 제시하였다. 그는 "오직 인간만이 책임을 질 수 있다는 인간의 특성이 자기와 동등한 다른 사람들을 위해서도 책임을 가져야 하고 이런저런 관계에 있어서 항상 책임을 가지고 있다는 것을 의미 한다"[188]고 말한다. 요나스는 인간의 책임성을 강조하고, 인간의 사유의 변화가 없이는 인류의 미래는 소망이 없다고 본다. 그는 인간의 기술 개발로 자연을 착취한 결과 이제 자연이 반응을 보이고 있으며, 이러한 자연과의 싸움에서 인간이 이길 수 있다는 미몽에서 깨어나야 한다고 본다. 인류의 자멸이라는 위협 앞에 직면해서 필요한 윤리적 요청이 책임이며, 그에게 책임은 이를 실현할 수 있는 정언명법이다. 그에게 제1의 정언명법은 "인류는 존재해야 한다"[189]는 것이다. 이 이념은 존재론적인 명법이다. 이 존재론적 명법으로부터 출발하여 그는 책임을 윤리학의 가장 중요한 문제로 만든다. 이러한 요나스의 전략은 인간으로 하여금 책임에 새롭게 눈뜨게 함으로 자멸의 길에서 구원하기 위한 노력의 일환이라고 할 수 있다.

이렇듯 응답의 윤리이든 완전성의 윤리이든, 인류의 자멸 앞에서 책임의 문제는 우리 생존이 달린 가장 긴요한 문제임에는 틀림없다. 특히 오늘처럼 인류가 환경의 위기, 자원의 위기, 전쟁의 위기 가운데 있어 본 적이 없는 상황에서 이제 책임은 정언명법으로 이해되어야 한다.

또 다른 책임의 정의에 대해 살펴보자. 책임이란 "어떤 행위 혹은 비행위의 인과율적 관점에서 파악 혹은 예측가능한 부정적 결과에 대해 자신이 그의 원인임을 인정하고 그에 대해 보상적 태도를 갖는 것"[190]이라고 한다. 이 정의는 자신의 책임을 인정하고 그것에 대해 보상하려는 자세를 가

---

188) Hans Jonas, *Das Prinzip Verantwortung*, 이진우 옮김, 『책임의 원칙: 기술 시대의 생태학적 윤리』(서울: 서광사, 1994), p.180.
189) ibid, p. 90.
190) 김선욱, 「정치에 대한 크리스천의 책임의 문제」, 미간행 논문, p. 1.

지는 것을 강조한다. 여기서 이 정의를 사용하되, 다만 이 문장의 맨 앞에 '기독교인으로'라는 말을 첨가하고자 한다. 이러한 정의는 베버의 책임윤리와 유사하다. 즉 어떤 결과가 나오든지 그것에 대해 책임을 지는 태도를 갖는다는 점에서 그렇다.

지금까지의 논의를 통해 책임의 문제는 기독교 윤리뿐 아니라 일반 윤리에서도 가장 중요한 문제 가운데 하나임을 확인하였다. 베버의 신념의 윤리에서 책임의 윤리에로의 변화 역시 책임의 중요성을 말해 준다. 이러한 책임을 가지고 이제 정의로운 전쟁과 평화주의를 다루고자 한다.

## 2. 니버의 입장에서 본 책임과 정의로운 전쟁

### 1) 책임으로서의 정의의 문제

니버는 책임에 대해서 직접적으로 말하지는 않는다. 다만 그의 평생의 윤리학의 발전과정을 살펴볼 때, 책임에 대한 깊은 관심을 가지고 있었음은 분명하다. 그가 인간의 본성에 대해 깊이 탐구한 것도 결국 사회에 만연한 악과 부정의의 근본 원인이 무엇인가를 파악하려는 노력으로 이해할 수 있기 때문이다. 그가 폭력의 사용을 인정하는 것도 책임의 문제이다. 국가는 정의를 이루어야 할 책임이 있다. 그는 정의의 실행을 책임의 문제로 본다. 그가 행하고자 했던 필생의 과제는 낭만주의적 낙관론이 불러오는 방임에서 비롯된 인간의 독선과 악행을 막아내는 것이었다. 따라서 니버는 역사를 인간의 죄로 비롯된 역사로 이해하였다. 이러한 역사의 흐름을 막기 위한 것이 정의의 실현으로 드러난다. 따라서 그는 정의를 이루는 것 또는 정의를 행하는 것이 기독교인으로써 책임을 다하는 것으로 여겼다.

따라서 그의 정의를 이해하면 니버가 말한 책임이 무엇인지 드러나게 될 것이다. 그의 정의를 이해하기 위해서는 먼저 사랑을 이해해야 한다. 니버의 인간 이해에서 인간은 아가페 사랑을 실천할 수 있는 능력이나 가능성이 없다고 했다. 사랑을 실천할 수 없는 인간이 무엇을 할 수 있는가? 그것이 정의이다. 죄인으로서의 인간이 할 수 있는 사랑의 근사치가 바로 사랑이다. 즉 인간이 행할 수 있는 사랑의 최대치가 정의의 실현이다. 이로써 니버는 불가능의 가능성(impossible possibility)으로서의 사랑을 정의로 대치한다.

**역사적 정의가 하나님 나라의 사랑에 대하여 갖는 관계는 변증법적 관계이다. 사랑은 역사 안의 모든 정의의 성취의 완성인 동시에 부정이다. 반대 입장에서 말하면 역사에 있어서의 정의의 업적은 보다 더 완전한 사랑과 형제애 속에서 성취될 수 있도록 무한히 올라간다.**[191]

사랑과 정의의 관계가 변증법적이라 함은 인간의 죄 된 모습과 하나님의 형상의 긍정적 모습 사이와 마찬가지로, 사랑이 없는 정의도 정의 없는 사랑도 의미가 없다는 것이다. 니버에 대해 통찰력 있는 관점을 제시한 고든 할랜드(Gorden Harland)는 "사랑 없는 정의는 단순한 권력의 균형에 불과하다. 동시에 정의 없는 사랑도 사랑일 수 없다. 존재의 현실을 고려하지 않는 사랑은 막연한 감상주의에 빠지게 된다"[192]고 하였다. 이렇듯 사랑과 정의는 변증법적 관계인 것이다. 그에게 사랑과 정의는 관계의 개념이

---
191) Reinhold Niebuhr, *The Nature and Destiny of Man* II(N.Y: Charles Scribners Sons, 1996), p.246.
192) Gorden Harland, op. cit, p.25.

다. 또한 그에게 사랑과 정의는 두 바퀴이다. 한 바퀴만으로 제대로 굴러갈 수 없듯이, 그에게 있어 사랑과 정의의 관계는 분리할 수도, 또 분리되지도 않는 변증법적 관계이다. 이는 앞에서 그의 정의(Justice)의 정의에서 보듯이, 현실에서는 완전한 정의의 실현이 불가능하다고 전제하고, 그래서 정의는 역사 속에서 사랑을 근사치에 다다를 수 있게 하는 것이라는 점에서 사랑과 정의는 변증법적 관계라고 본다.

할랜드는 정의와 사랑의 변증법적 관계에 대해 다음과 같이 설명한다.[193] 첫째, 사랑은 정의를 요구한다(Love demands justice). 왜냐하면 정의는 사랑에게 이방인이 아니기 때문이다. 사랑은 세상 속에서 정의의 길을 만든다. 정의는 복합적인 인간관계 속에서 사랑을 구현하는 것이다. 둘째, 사랑은 정의를 부정한다(Love negates justice). 왜냐하면 사랑은 항상 정의를 초월하기 때문이다. 정의는 상충하는 이해의 무게를 재고 계산하여 판단하지만, 사랑은 의무에 따른 보상도 계산도 초월한다. 사랑은 정의에 대한 규범의 근거가 될 뿐 아니라 그것들의 한계를 지적하고 발견하는 궁극적인 전망이 된다. 셋째, 사랑은 정의를 성취한다(Love fulfills justice). 오직 사랑만이 특별한 필요를 밝혀주고 얻게 한다.

할랜드는 사랑과 정의의 관계를 이렇게 보면서 서로 변증법적으로 보완하는 관계임을 밝히고 있다. 니버는 또한 "정의에 그친 정의는 정의가 아니다"[194]라고 하였다. 즉 정의를 말하면서 그 정의를 실현하지 못하는 정의는 정의라고 부를 수 없다는 말이다. 예를 들어 '모든 사람은 법 앞에 평등하다'라는 최소한의 정의는 그야말로 말뿐인 정의이다. 현실에서 이것이 이루어지지 않는다면 정의가 아니다. 그에게 있어서 정의는 실현되어야만 하

---

193) ibid, pp.24-25.
194) D. B. Robertson, ed., *Love and Justice : Selections from the Writing of Reinhold Niebuhr*(Louisville: Westminster John Knox Press, 1957), p.32.

고, 실현된 정의는 사랑으로 드러난다는 것이다.

정의와 사랑의 관계에서 생각할 수 있는 것은 "사랑은 기독교인에게 있어서 정의의 궁극적 규범이 된다"는 것이다. 사랑이 정의의 궁극적 규범이라고 하는 것은 첫째, 사랑은 정의의 체계들이 아무리 완전한 체계를 이룬다고 해도 아가페라는 사랑의 이상에 비추어 본다면 훨씬 미치지 못한다는 것을 일깨워주는 비판적 기능을 하고, 둘째는 정의가 그 제약성 때문에 사랑을 실현한다는 역할을 포기하려 할 때, 사랑은 정의를 일깨워 보다 높은 단계로 끌어올리는 역할을 한다는 것이다.[195] 즉 사랑은 현실의 정의의 체계들의 불완전성을 일깨워주고 보다 높은 단계로 올라가도록 촉구하며, 현실의 패배주의에 빠져든 사람들을 이끌어 주는 역할을 한다. 이렇듯 니버에게 사랑과 정의의 관계는 뗄 수 없는 관계이다.

램지는 성경을 "하나님의 의로움(righteouness)의 책"[196]이라고 한다. 그는 하나님의 의와 인간의 정의(justice)를 구분하고, 하나님의 의가 인간의 정의를 위한 규범이라고 본다.[197] 이러한 하나님의 의가 예수의 사랑으로 나타났으며, 예수의 사랑이 윤리의 중심이 된다고 보았다. 니버가 본 것처럼 하나님의 정의와 사랑이 변증법적이라면, 하나님의 의와 인간의 정의는 전자가 후자를 결정한다는 것이다. 인간에게 있어 정의를 구분하는 것은 결국 하나님의 의인 것이다.

니버는 정의의 보편적 원칙으로 평등(equality)과 자유(liberty)를 제시한다.[198] 자유는 인간의 본질적 본성에 속하며, 항상 핵심가치로 등장한다. 따라서 자유는 단독으로 사회의 원리가 될 수는 없다. "자유는 정의의 보통의 원칙으로서 늘 정의, 공동체, 평등에 이르도록 하는 것과 관련된

---
195) 김기순, 『권력의 의의와 역할에 관한 사회윤리학적 연구』, 숭실대학교 철학과 박사학위논문, 1984. p.188.
196) Paul Ramsey, *Basic Christian Ethics*, op. cit. p.2.
197) ibid. p.7.
198) *The Nature and Destiny of Man*, II p.254.

다".¹⁹⁹⁾ 또한 니버는 "평등의 정의란 죄의 조건 아래서 형제애의 근사적 실현"²⁰⁰⁾이라고 하였다. 평등 역시 단독으로 쓰이기보다는 정의와 관련되어 사용된다. 이 평등의 정의는 마르크스의 평등과 대조해 볼 때 그 차이가 분명하게 드러난다. "능력에 따라 일하고 필요에 따라 분배 받는다"는 마르크스의 획일적 평등이 아니라, 니버는 죄된 인간의 모습을 인정하면서 형제애를 가장 가깝게 실천하는 것이 평등이라고 정의한다. 이 두 대조적인 평등 가운데 어느 것이 현실적이고 타당한가 하는 문제는 분명히 드러난다.

또한 니버는 평등이 갈등하는 세계 속에 사랑의 이상을 적용할 수 있고 조절할 수 있는 가장 적절한 원리²⁰¹⁾라고 하였다. 즉 "사랑과 정의의 관계의 핵심은 그리스도의 아가페 사랑을 정치적, 경제적 현실 속에서 근사적으로 실현하여 주어진 상황 속에서 근사적 정의를 실현하는 것"²⁰²⁾이라고 본 것이다. 따라서 정의란 사랑과 변증법적 관계이면서 현실적으로 세상에서 실현 불가능한 사랑을 근사적으로 실현할 수 있는 것이다. 그에게 정의의 실현이야말로 예수 그리스도의 사랑을 이 세상에 실현하는 가장 현실적인 대안이다. 그가 이루려고 하는 정의는 이 땅에서 근사적으로 이루어진다. 근사적이라는 말은 완전히 이루어지는 것이 아니라 최대한 가깝게 이루어진다는 니버의 표현이다. 이 단어의 의미를 볼 때, 그가 얼마나 현실에 바탕을 두고 자신의 사회윤리학을 전개하고 있는지 확인할 수 있다. 그에게 이 근사적 실현은 책임을 다하는 것이다.

---

199) *Love and Justice*, p.95.
200) *The Nature and Destiny of Man*, II p.254.
201) *An Interpretation of Christian Ethics*, p.149.
202) 고범서, op. cit. p.924.

## 2) 책임으로서의 정의로운 전쟁

니버는 정의의 실현을 위해서는 정책이 중요하다고 여긴다. 그는 집단적 이기주의가 만연한 사회에서 개인윤리의 접근방식으로는 불가능하고, 정치적 정책들을 사용해야 한다고 확신하였다. 그는 『도덕적 인간과 비도덕적 사회』에서 '정치적 정책들'(political policies)[203]을 제시했다. 그리고 서문 끝에서 "사회를 위한 윤리적인 사회적 목적을 달성하기 위해서 가장 많은 약속을 해주는 정치적 방법들(political methods)을 발견하는 것"[204]이라고 밝힘으로써 국가와 사회에서 정의를 실현하는 방법들을 찾으려고 하였다. 니비는 철저하게 대안과 해결책을 모색하고 있다. 니버가 현실에서 정의를 이루려고 했던 방법은 정의의 '근사적 접근'(approximating approach)이다. 사회 정의의 실현은 도덕적 설득이나 호소만으로는 가능하지 않고, 권력 혹은 공권력을 통해서 강제성에 호소할 때, 비로소 가능하다고 보았다. 그래서 니버는 힘(power)에 깊은 관심을 가졌다. 니버는 힘의 균형이 정의를 가능케 하는 것이라고 한다. 그는 "모든 정치적 정의는 집단적 이기주의 무정부적 상태를 최선의 가능한 힘의 균형에 의한 어떤 종류의 알맞은 질서 속으로 강요함으로써 성취된다. 그러한 균형은 일단 성취되면 정착되고, 윤색되고, 심지어는 때로는 순수한 도덕적 고려에 의해서 완전하게 될 수 있다. 그러나 힘의 균형을 기초로 가지고 있지 않은 정의의 설계는 역사 속에 존재한 일이 없었다"[205]고 하여 힘을 바탕으로 해서 집단적 이기주의나 여러 가지 다양한 요구들을 균형과 질서를 통해 성취할 수 있다고 본다. 국가와 국가 간의, 정부와 국민 간의, 자본가

---
203) ibid, p.Ⅺ
204) ibid, p.ⅩⅩⅳ.
205) Reinhold Niebuhr, *Christianity and Power Politics*(N.Y: Charles Scribners Sons, 1940), p.104.

와 노동자 간의 모든 문제들을 해결하는 데 있어서 일방적인 것이 아닌 서로 간의 힘의 균형을 바탕으로 정의를 이루어 가는 것이 중요하다고 니버는 보고 있다. 니버에게 정의는 현실에서 일어나는 문제를 해결함에 있어서 힘을 바탕으로 균형을 이루어 정의를 가장 근사적으로 실현하는 것이다. 이러한 실현을 위해서는 투쟁도 가능하다고 본다. 니버는 이 문제에 대해 이렇게 말한다.

> 만일 정의가 권력의 평등에 의해서만 확보될 수 있고 또 권력은 도덕적 설득만으로는 절대로 나누어 가지거나 굴복하려 하지 아니 한다면 사회에 있어서 정의는 오직 투쟁을 통해서만 성취될 수 있다. 어느 특권계층이 그들의 이익을 하나 하나 평화적으로 양보하고 나서 마지막에 싸우지 않고 그들의 사회적 특권의 기반을 자발적으로 포기하게 되리라는 그 어떤 기대도 아직까지는 찾아보기 어렵다.[206]

니버는 정의의 실현은 투쟁을 통해서 성취할 수 있다고 본다. 도덕성을 갖추고 정당한 이유가 있다면, 국가가 힘을 사용하여 시행하는 정의로운 전쟁이나 폭력도 가능하다는 입장을 피력하고 있는 것이다. 니버에게 사회정의는 예수의 사랑의 실천이요, 그 실천을 위해서는 정당한 댓가를 치루어야 하고, 그 정의를 방해하거나 막는 세력과는 싸워서라도 얻어야 한다. 이러한 생각이 니버의 현실주의이고, 또한 이 현실주의적인 생각에서 국가 간에도 정의를 위해서 필요하다면 정의로운 전쟁이 가능하다는 것으로 확장되는 것은 당연하다. 이처럼 니버에 있어서 정의로운 전쟁이 정당화된다는 것을 알 수 있다. 이러한 윤리적 전개는 그의 책임에서 비롯된 것이다.

---

[206] *Moral Man and Immoral Society*, p.40.

그가 말한 정치적 정책들이란 미국이라는 제국이 정의를 실현하는 방식이며, 그 안에는 전쟁도 한 방식이다. 세계의 평화를 책임지고 있는 미국이 가지는 정책에서 전쟁은 가능한 것이며, 정의를 위해 하는 전쟁은 정의로울 뿐 아니라 하나님이 미국에 부여한 책임을 다하는 것이 된다. 이러한 주장은 니버의 사회윤리가 기본적으로 4세기 아우구스티누스가 가졌던 문제의식과 동일한 선상에 서있음을 뜻한다. 아우구스티누스가 소종파였던 기독교를 로마제국의 종교로 만드는 신학적 작업을 했다면, 니버는 20세기 제국이며 동시에 기독교 국가로서 미국이 정의를 세계에 실현하기 위한 윤리적 토대를 세우고자 했다.

니버가 책임을 진다는 것은 기독교 사회 윤리학자로서 미국이 보다 더 세계에 보다 더 많은 정의를 행할 수 있도록 하는 것이었다. 특히 사회윤리학자로서 그는 국가의 권력이나 강제력이 올바로 사용될 수 있도록 제도적 장치를 마련하는 데 힘을 썼는데, 그 이유가 자신의 책임을 다하려는 것이었음을 알 수 있다.

## 3. 요더의 입장에서 본 책임과 평화윤리

현대에 들어와서 평화주의가 논의되는 배경에는 핵무기의 두려움이 자리 잡고 있다. 핵무기 이전의 전쟁은 전투원들 사이의 전투로 승패가 났지만, 핵무기는 인류의 생존을 위협하는 일이기에, 책임의 윤리를 주장하는 요나스도 책임의 문제가 가장 중요하다고 말한다. 여기서는 요더의 평화주의가 책임의 문제와 어떤 관련을 갖는지 살펴보고 평화주의가 책임을 다하고 있는 것인지 아니면 방기하고 있는 것인지 논의해보자.

### 1) 교회가 갖는 책임의 문제

요더에게 있어서 책임의 문제는 일차적으로 기독교인에게 해당된다. 그는 국가에 대해서는 별 관심이 없다. 그에게 관심은 교회이다. 이는 그의 윤리학이 교회에 집중되어 있음을 통해 알 수 있다. 요더에게 교회의 존재 의미는 세상[207]에 대해 비판적 증인으로 존재할 때에만 가치가 있다. 요더가 평화주의를 주장하는 것은 세상에 대해서가 아니라, 교회 안에 있는 기독교인에게 요구하는 것이다. 이러한 요구는 예수를 모범으로 삼는 기독교인들에게는 당연히 따라야 할 길이며, 예수가 원하는 새로운 사회와 질서를 만들어가는 과정이다. 예수는 교회를 통해 사람들에게 새로운 동포애와 함께 살아갈 수 있는 새로운 방식을 제공하며, 이러한 공동체의 존재는 그 자체로 중요한 사회적 변화라고 보았다.[208] 그런 점에서 교회는 세상에서 볼 수 없는 전혀 다른 공동체이며, 동시에 세상과 구별될 뿐 아니라, 세상을 변화시키는 가장 강력한 도구이기도 하다. 이것이 요더 윤리의 독특성이다. 그는 교회와 세상을 분명히 구분 하고, 교회의 존재 이유와 교회의 사명에 대해 분명한 답을 제시하고 있다.

요더는 교회가 세상에 대해 비판적 증인으로 존재해야 한다고 강조한다. 그는 그것만이 교회가 세상에 휩쓸리지 않고, 정체성을 유지하면서 교회 본연의 임무인 빛과 소금의 사명을 감당하는 길이라고 본다. 이런 점에서 교회가 국가와 어떤 관계를 설정할 것인가는 중요한 문제이다. 교회는 세상과 구별 되어야 하지만, 그렇다고 분리될 수도 없기 때문이다. 그래서 기독교인은 두 세계의 시민이다. 하나님의 시민이면서 동시에 국가의 시민

---

207) 요더에게 국가는 세상이 아니다. 세상은 국가의 개념을 넘어선다. 아우구스티누스가 하나님 나라와 지상의 나라 중에서 지상의 나라를 말한다. 그러므로 여기서 사용하는 세상이라는 의미는 광의의 개념이다. 이 논문에서는 문맥에 맞게 섞어서 썼다.
208) The Original Revolution, p.31.

이라는 이중적 자격이다. 이것이 기독교인에게는 늘 딜레마인 동시에, 중요한 문제였다. 이 문제에 대해 먼저 교회와 국가의 관계에 대해 깊은 통찰을 남긴 사람은 아우구스티누스이다. 그는 『신국론』(De Civitate Dei)에서 역사를 재해석하는 〈두 도성〉의 개념을 제시한다. 먼저 신국론을 이해하기 위해서는 Civitas의 개념부터 이해해야 한다. Civitas는 네 가지 의미가 있다. 1) 시민들의 무리, 2) 시민들의 무리가 사는 타운이나 지역의 장소 개념, 3) 공동체, 국가, 정치 연합의 단위, 4) 시민의 의무와 권리를 포함한 시민, 시민권을 갖는 신분으로서의 개념이다. 이 신분적 개념에는 시민이 아닌 사람들은 배제된다. 이 네 가지 의미들 가운데 2)만 빼고 아우구스티누스에게 다 관련을 갖는다. 그는 Civitas의 의미를 1)로 사용하지만, 그 조직은 정치적인 것은 아니다. 3)의 경우도 그것을 얽어매고 있는 법은 정치적인 것이 아니라 종교적이고 도덕적인 법이며, 조직도 내부적인 것이다. 4)는 신분으로서의 시민권이 주어지는 것이 아니라 신의 의지와 은혜로 주어지는 점에서 유사하다.[209]

아우구스티누스가 말하는 두 도성은 〈신의 도성〉과 〈땅의 도성〉이다. 그는 신의 도성을 설명하면서 교회와 일치시키기도 하고, 교회와 일치하지 않는 것처럼 말하기도 한다. 〈신의 도성〉과 〈교회〉가 일치하느냐 그렇지 않느냐는 중요하다. 동일시하느냐 동일시하지 않느냐는 제도적 교회로서의 중세 교황의 정통적 권위 확립과 깊은 관련을 갖기 때문이다. 신의 도성과 교회가 일치한다면, 교황을 정점으로 하는 제도적 교회의 체계는 확고한 힘과 권위를 신에게 위임받은 것이 된다. 반대의 경우라면 교회의 권위는 약화될 수밖에 없다. 또한 〈땅의 도성〉과 〈국가〉가 동일하냐 동일하지 않느냐도 중요한 문제이다. 동일하다면 〈국가〉는 요한계시록에 예언된 마지

---

209) 이석우, op, cit, pp.285-286 참조.

막 때에 사탄의 도구로 사용되는 짐승처럼 멸망할 수밖에 없는 존재가 된다. 만일 동일하지 않다면 〈국가〉는 〈땅의 도성〉과 가깝기는 하지만, 상대적으로 선하기에 국가는 다른 개념을 가지게 된다.[210]

근대에 들어와서 아우구스티누스의 영향을 받은 마르틴 루터는 '하나님 나라'와 '가이사의 나라'로 구분하였다. 하나님 나라의 시민들은 하나님 통치를 받고, 가이사의 나라의 시민은 가이사의 통치를 받는다. 비기독교인들은 하나님의 말씀에 통제받으려고 하지 않기에 가이사의 정부를 필요로 한다. 루터는 세속의 통치권은 믿지 않는 자들을 위한 것이라고 함으로써 기독교인들은 하나님의 말씀의 지배를 받아야 한다고 주장한다. 그러나 기독교인 역시 일시적으로 국가의 통치자에게 복종해야 한다고 한다. 로마서 13:4에 있는 것처럼, 하나님이 통치자에게 칼을 주었다고 한다. 루터는 「세속 권세 : 어느 정도까지 복종해야 하는가」라는 논문에서 다음과 같이 말한다.

> 칼은 온 세상에 대하여 평화를 유지하고 죄를 벌하며 악을 방지하기 위하여 매우 유익하고 필요한 것이기 때문에 그는 아주 기꺼이 칼의 통치에 복종하며 세금을 내며 권세 있는 자들을 높이며 정부를 촉진시키는 일을 돕고 이에 있어서 자신이 할 수 있는 모든 것을 행함으로써 정부가 존중과 두려운 속에서 유지될 수 있게 한다.[211]

즉 인간이 너무 악하기 때문에 하나님이 국가에 칼을 주었는데, 그 칼은 악을 무찌르고 평화를 존속하는 데 사용되어야 하며, 기독교인 역시 일

---

210) 결국 아우구스티누스는 두 도성의 개념을 통해 4원적으로 파악하고 있다. 신의 도성 – 지상교회, 땅의 도성 – 국가의 구분이 그것이다.(ibid, pp.307-309 참조.
211) John Dillenberg ed, 이형기 옮김, 『루터저작선』(서울: 크리스챤 다이제스트, 1994), p.446.

시적으로 국가의 통치에 복종해야 한다고 주장하였다. 그는 나중에 농민전쟁에 반대함으로써 시민이 폭군에 대해 저항하는 것은 잘못이라고 하였다. 그는 결국 국가의 통치를 인정하고, 저항을 인정하지 않음으로 로마서 13장의 말씀을 하나님이 국가의 지도자를 세웠다는 것으로 인정하였다.

교회와 국가와의 관계에 대해 가장 많은 논쟁을 일으키는 본문이 로마서 13장 1-7절의 말씀이다. 요더는 『예수의 정치학』 10장에서 이 본문을 해석하면서, 발생하는 문제점에 대해 다음과 같이 말한다.[212]

첫째 신약 성경은 국가 문제에 대해 여러 가지 방식으로 이야기하고 있으며, 로마서 13장은 이러한 신약적 가르침의 중심이 아니라고 한다. 예를 들어 복음서에서는 세속 정부를 사탄이 지배하는 영역으로 보기도 하고, 요한계시록은 국가를 사탄의 조정을 받는 짐승으로 묘사하고 있다. 그런데 개신교정치 윤리사상은 오직 로마서 13장에 의해 국가를 규정하려 한다고 요더는 비판한다.

둘째, 로마서의 구조상 12장과 13장 전체는 하나의 문학적 단위를 형성한다. 따라서 13장 1-7절은 문맥과 분리되어 이해되어서는 안 된다고 본다. 12장은 하나님의 자비하심을 기억하고 이 세상을 본받지 말라고 하는 것으로 시작해서 마지막에는 할 수 있거든 사람들과 화목하라고 하는 것으로 끝난다. 그리고 13:1절에 제시된 명령 "각 사람은 위에 있는 권세에 복종하라"는 구절은 오스카 쿨만에 따르면 13장 11-14절에 표현된 소망에 의해 고무되고 설명된다고 한다.

셋째, 신약이 요구하는 복종은 존재하는 어떤 권세라도 그것을 인정하며 어떤 구조의 주권이 지배하든 그것을 수용하는 것이다. 본문은 전통적

---

212) 『예수의 정치학』, pp.333-353.

인 견해가 주장하듯, 어떤 특정한 정부가 하나님에 의해 제정되거나 인정된 것이라고 선언하지 않는다는 것이다. 즉 정부의 합법성을 하나님이 보증하는 것은 아니라는 점이다. 독일교회가 히틀러 정부를 하나님이 위임한 정부이기에 복종해야 한다고 했지만, 이는 잘못이다. 어떤 특정한 정부가 주어졌다고 그 정부가 합법성을 가진다는 관점은 '실증주의적(positivistic) 입장'이라는 것이다. 이 관점의 약점은 로마서 본문은 어떤 특정한 정부의 존재에 대해 도덕적으로 아무런 긍정적인 판단을 내리지 않고 있다는 것이다. 다른 입장으로 '규범적(normative) 입장'이 있다. 이 입장은 칼빈주의 전통[213]이다. 이 입장에 따르면 하나님이 공인하신 것은 어떤 특정한 정부가 아니라 합당한 정부라는 개념, 곧 정부라는 원리 자체이다. 정부가 하나님의 뜻에 합당하지 않으면 불의한 정부이고, 하나님이 인정하는 정부가 아니기에 저항할 수 있고, 바꿀 수도 있다고 본다. 이러한 관점은 오늘날까지 이어져 라틴 아메리카나 아프리카의 독재 정부에 대한 저항을 정당화시켜 주고 있다. 요더는 이 두 가지 관점을 배격하고 새로운 관점을 세운다. 그는 "이 본문이 그 당시 로마 제국의 전횡이라는 현실 속에서 로마에 있는 유대 기독교인들을 염두에 두고서 쓴 본문으로, 이 본문이 지닌 일차적인 의도는 그들로 하여금 혁명이나 불복종에 대한 어떠한 생각도 품지 않도록 하려는 것이다. 본문의 요구는 그 전제 정부에 대해 무저항적 자세(nonresistant attitude)를 견지하라는 것"[214]으로 보았다. 이것이 요더의 새로운 관점이다. 기존의 해석은 이 본문을 통해 현 정부를 인정하고 하나님이 세운 것으로 받아들이든지, 또는 정부가 하나님의 뜻에 맞지 않으면 바꿀 수 있다고 보았는데, 요더는 자신의 평화주의적 관점에 기초하여 이

---

213) 이것은 쯔빙글리(H. Zwingli)에서 크롬웰(O. Cromwell)을 거쳐 칼 바르트(K. Barth) 그리고 에밀 부르너(E. Brunner)에 이르는 주류 개신교의 입장이다.
214) 『예수의 정치학』, p.348.

것을 무저항으로 해석하고 있다.

넷째, 로마의 성도에게 주어진 가르침은 그들이 정부에 아무런 영향력을 행사하지 못하는 현실에서 그 정부에 복종하라는 것이다. 이 본문은 결코 기독교인들이 군대나 경찰 업무를 수행하도록 부름 받았다는 의미가 아니다. 이 당시 병역의 의무는 로마 시민의 의무였지, 노예나 유대인들에게는 해당되지 않았다. 그런데 이 본문에 복종하라는 구절로 현대 징병제도를 인정해야 한다는 것에 요더는 반대한다.

다섯째, 기독교인들이 복종하도록 요구받는 역할들 중 칼을 들어야 하는 기능은 사법적이며 치안적 기능을 가리키는 것으로, 사형 집행이나 전쟁은 이에 해당되지 않는다고 한다. 분명히 성경에는 하나님이 국가에 칼을 가질 수 있는(롬 7:4) 권위를 허락했다. 칼은 곧 힘이고, 권력이다. 이 칼을 어디까지 허용하는가가 중요하다. 요더는 이 당시 로마는 치안이 안정되어 있었고, 따라서 칼은 전쟁의 무기가 아니라 사법적 권위의 상징일 뿐이라고 한다. 로마서 13장에서 말하는 것은 결국 치안을 확보하기 위한 것이지 전쟁을 인정한 것은 아니라는 주장이다.

여섯째, 정부에 대한 복종을 받아들이는 그리스도인들은 자신의 도덕적 독립성과 판단력을 여전히 유지한다. 정부가 권세를 가졌다고 스스로를 정당화할 수 있는 것은 아니다. 존재하는 모든 정부는 하나님에 의해 규제된다. 그러나 본문은 정부가 행하거나 시민에게 요구하는 일이면 무엇이든 다 선하다고 말하지 않는다고 한다.

지금까지의 논의로 기독교인으로 교회의 가르침과 국가의 이익이 상충될 때, 무엇을 택할 것인가에 대한 요더의 입장을 확인할 수 있었다. 그에게 중요한 것은 교회이다. 그렇다고 그가 국가에 대한 책임을 외면하려고 하지는 않는다. 다만 아우구스티누스나 루터와 같은 방식이 아닌 다른 방식으로 책임을 지려는 것이다. 그 책임은 예수의 가르침에 충실하는 것이다. 그는 로마서 13장의 분석을 통해 주류 기독교 윤리학계의 입장과는 다른 새로운 견해, 즉 무저항적 자세를 주장하고 있다. 요더는 국가가 칼의 능력을 가지고 있음을 인정한다. 그러나 국가는 선이 아니다. 국가와 예수의 교훈이 충돌했을 때, 또는 국가가 하나님 말씀에 위배될 때 기독교인은 어떻게 하는 것이 책임있는 자세인가? 요더가 보기에 기독교인이 할 수 있는 것은 예수의 교훈에 복종하는 것이다. 복종은 다른 말로 무저항이다. 정부에 저항하지 않고, 단지 거부하는 것이다. 요더는 이러한 무저항이 더 큰 도전이요, 세상을 변혁시키는 방법이라고 말한다. 이것이 교회가 가지는 책임이다. 요더에게 기독교인의 세상에 대한 책임은 기존에 세상이 가지고 있는 가치관이나 윤리를 바꿀 수 있는 새로운 대안을 제시하는 것이다. 그 대안이 바로 비폭력 평화주의이다.

**2) 평화주의는 책임을 다하고 있는가**

요더의 관심은 어떻게 하면 예수의 말씀을 실천할 수 있는가에 맞추어져 있다. 그 스스로도 "예수의 수난이 불가피했던 것은 정당한 자기 방어책을 포기하는 것이 이 땅에서 하나님의 종에게 요구되는 하나님의 뜻이었기 때문"[215]이라고 하여, 정당방위까지도 포기하신 예수를 따르는 것이 목적이라고 생각한다. 하나님이 예수에게 요구한 것은 십자가에 죽는 것이고, 그것이 구원의 길이었기 때문이다. 이제 예수가 십자가에서 죽으심은 한 사람의 죽음으로 모든 인간을 대신하신 것이다. 타이센(Gerd Theissen)

---
215) 『예수의 정치학』, p.179.

은 "예수가 폭력의 포기를 선포한 것은 젤롯당적인 폭력 저항에 대한 하나의 대안이었으며, 미래의 대 전쟁을 꿈꾸는 엣세네파의 환상에 대한 대안이었다"[216]고 하였다. 이는 그 당시 무력으로 로마에 도전했던 젤롯당이나, 또는 세상을 등지고 자기들만의 세계를 꿈꾸며 모여 살았던 엣세네파 사이에서, 예수가 선택할 수 있는 최선의 길이라는 것이다. 예수의 폭력 포기는 세상에서 차별성을 가지면서 동시에 세상을 이길 수 있는 방식으로 보인다. 예수는 한 발 더 나아가 폭력 포기를 넘어서 원수까지도 사랑하라고 함으로써 세상을 이길 수 있는 방법을 제시했다. 요더의 입장에서는 예수의 이러한 폭력 포기와 원수 사랑이 오늘 우리의 현실에서 불가능하지 않다. 그는 이 실천이야말로 기독교인의 길이라고 확신한다.

니버는 평화주의를 수상하는 자들은 정의를 희생시켜서 평화를 얻으려고 한다고 보았다. 즉 "사회적 책임을 희생시켜서 희생적인 사랑의 절대성을 얻으려는 것"[217]이라고 비판한다. 평화를 주장하는 자들이 사회적 책임을 지지 않으려는 하는데, 근원에는 평화주의자들의 주장이 비현실적이라는 관념이 깔려 있다. 이에 대해 요더는 신약성경에서 전쟁을 정당화한 곳을 발견할 수 없다고 한다. 요더가 보기에 니버와 같은 정의로운 전쟁론자들이 오히려 정의라는 이름으로 힘이나 권력을 사용하여 자신의 이익을 얻는다. 니버의 생각의 근저에는 콘스탄티누스주의가 깔려있다고 보는 것이다. 콘스탄티누스주의는 제국의 논리이며, 나는 정의이고 이방인 또는 다른 민족은 적이라는 이분법적 논리가 담겨있음을 요더는 알고 있다. 전쟁은 예수의 가르침에 비추어 보아도 옳지 않고, 정의를 지키거나 정의를 이루기 위한 전쟁이라 할지라도 자신의 이익을 위한 전쟁이 되기가 십상이

---
216) Gerd Theissen, 김명수 옮김, 『원시그리스도교에 대한 사회학적 연구』(서울: 대한기독교서회, 1994), p.239.
217) Earl Zimmerman, op, cit, p.92.

기에 옳지 않다고 주장한다.

    요더의 주장을 서론에서 설명한 기독교 사회윤리의 정의에 비추어 보면, 난점이 있음을 알 수 있다. 즉 요더의 사회 윤리에는 사회가 없다는 것이다. 그의 윤리는 엄밀하게 말하면 '사회윤리'라고 하기 보다는 '교회윤리'라고 해야 하지 않을까 생각된다. 요더는 니버와 달리 국가를 상당히 부정적인 의미에서 파악한다. 이는 재세례파의 영향으로 인한 것이다. 그러나 기독교인은 세상을 떠나서 살 수 없다. 예수의 교훈을 실천하는 장(場)은 교회에만 국한될 수 없다. 요더는 국가 안에서의 복잡한 문제들, 또 국가 간에 일어나는 갈등이나 관계에 대해서는 별 관심이 없고 오직 교회에만 관심을 국한시킨다. 물론 기독교인들이 예수의 교훈에 따라 살면 세상이 변화될 것이라는 막연한 기대는 가지고 있지만, 기독교 사회 윤리에서 필요한 사회 변화를 위한 대안이나 제도에 대한 논의가 없다. 이러한 점을 버크홀더(J L. Burkholder)는 요더를 비판하면서 "결국 요더가 '딜레마의 윤리학'(quandary ethics)을 허용하지 않는다"[218]고 말한다. 즉 사회에서 겪는 선과 악의 딜레마, 옳고 그름의 딜레마를 인정하지 않는 상아탑의 학자라는 의미이다. 이는 요더의 윤리학이 절대주의적 입장을 취하고 있기 때문에 나오는 비판이다. 그는 예수의 교훈을 절대적 윤리로 발전시킴으로써 다른 상황에 따른 변화를 전혀 받아들이지 않는다. 따라서 보편성을 획득하기는 어렵다는 것을 알 수 있다.

---

218) 신원하, 『전쟁과 정치』(서울: 대한기독교서회, 2003), p.37.

## 4. 책임을 중심으로 본 니버와 요더에 대한 평가

　니버와 요더의 윤리를 베버의 두 관점에서 보면, 니버는 책임윤리적인 면이 강하고, 요더는 신념윤리적인 면이 강하다. 요더는 예수의 교훈에 충실하려는 신념을 가지고 행위하고, 그 결과 철저하게 하나님께 맡긴다. 그에게는 그것으로 책임을 다하는 것이다. 이것이 책임으로 보았을 때 요더의 한계이다. 베버와 같은 책임윤리적인 면이 없는 것이다. 그러나 니버는 결과에 대해 책임을 지려고 한다. 즉 니버는 기독교인으로서 국가의 국민에 대한 책임을 다하려 하고, 요더는 기독교인으로서 교회에 충실하려 한다. 니버는 미국을 정의의 도구로 사용하여 세계에 만연한 악을 줄이려고 시도한다. 그는 평생에 걸쳐 정의의 근사적 실현을 위해서 애썼다. 정의로운 전쟁을 인정하는 것 역시 그런 노력의 일환이었다. 반면에 요더는 국가에 대해 새로운 윤리를 제공하려고 하였는데, 예수의 가르침인 평화주의이다. 평화주의를 통해 폭력과 전쟁으로 상처 입은 세상에 예수의 평화와 사랑을 전하려고 하였으며, 교회는 그 도구요, 전진기지와 같은 것으로 여겼다. 두 입장 모두 기독교인으로서 책임을 다하려는 노력이다.

　여기서 도덕적으로 정의로운 전쟁을 책임의 문제와 결부시켜 살펴보자. 지금까지 전쟁의 정당성에 대한 의문은 계속되어 왔다. 정의로운 전쟁의 기본적인 기준인 '전쟁에 개입할 수 있는 법'(jus ad bellum, 전쟁의 정당성)과 '전쟁 중의 법'(jus in bello, 전쟁에서의 정당성)은 근대에서나 가능한 기준임이 밝혀졌다. 현대에 들어서 과학기술이 발전하면서 무기역시 발전을 거듭하여, 2차 세계 대전에서 경험한 공중폭격은 전투원과 비전투원의 구분을 불가능하게 했으며, 히로시마와 나가사키에 떨어진 핵폭탄은 민간인 대량 학살이라는 비극을 낳았다. 이러한 전쟁의 변화를 통해 전쟁이 정당화될 가능성은 점점 줄어들게 되었다.

앞에 3장에서 포션(Nicholas Fotion)이 말한 세 가지 유형, 곧 평화주의, 현실주의, 정의로운 전쟁을 다시 한번 생각해 볼 필요가 있다. 평화주의는 전쟁을 부도덕하다(immoral)고 말하는 한 극단이고, 현실주의는 전쟁을 도덕성과 무관하다(nonmoral)고 말하는 한 극단이라면, 정의로운 전쟁론은 그 양극단 어디엔가 위치한다.[219] 정의로운 전쟁은 양쪽의 비판에 취약하다. 이 취약성은 현대에 들어서면서 점점 더 고조되고 있다. 한 쪽에서는 평화주의의 공격이 거세지고 있고, 한쪽에서는 현실주의자들이 자신들의 전쟁을 정의로운 전쟁이라 미화하고 있기 때문에, 정작 정의로운 전쟁이 설자리는 점점 좁아지고 있는 것이 현실이다. 이는 미국이 정의로운 전쟁이라고 주장했던 전쟁을 일별해도 쉽게 알 수 있다. 대량살상 무기를 보유한 이라크가 그것을 사용할 가능성이 있다는 것만으로 미국은 전쟁을 일으켜서, 많은 민간인 사상자를 냈지만, 미국은 다른 나라들의 대량살상 무기는 외면했으며, 대량살상무기를 없앤다는 명분아래 자신의 대량살상무기를 마음껏(!) 사용한 것이다. 더 우스운 것은 대량살상 무기를 찾지도 못했다는 것이다. 이 아이러니는 어떻게 설명해야 할까? 그러면서 미국 행정부는 이 전쟁이 정의로운 전쟁이라고 강변하였다.

실제로 정의로운 전쟁이나 국제법 모두 예방적 군사 활동을 허용하지 않는다. 국제연합헌장 제51조에서는 침략으로 말미암은 자기 방어적 공격만을 정당화한다. 그런데 이라크는 미국을 공격한 적이 없다. 미국은 단지 예방적 차원과 살상무기를 사용할 가능성 때문에 전쟁을 일으켰다. 그러므로 이 전쟁은 정당화될 수 없다. 이뿐만 아니라, 미국은 아프카니스탄과의 전쟁에서도 모두 동일한 예방적 차원을 들어 개전하였고, 이 역시 정

---

[219] Nicholas Fotion, op. cit. p.78.

의로운 전쟁이라고 항변하였다. 영국의 캔터베리 대주교인 로완 윌리암스(Rowan Williams)는 전쟁으로 향하는 미국과 그 추종 국가들을 향해 "손에 망치밖에 없을 때는 모든 것이 못으로 보인다"[220]라고 말했다. 이는 가장 많은 무기와 힘을 가진 미국이 오히려 세계 평화를 망치고 여기저기 전쟁을 일으키고 있음을 비판한 것이다. 전쟁을 막는다고 애쓰는 미국이 오히려 모든 전쟁을 일으키는 주범이 되는 것을 어떻게 보아야 할까?

미국의 제국주의적 팽창에 대해 비판을 멈추지 않는 하워드 진(Howard Zinn)은 "사람들이 전쟁을 나쁘게 생각하지만 뭔가 좋은 것을 얻기 위해 사용할 수 있는 수단이라고 생각하기에 정의로운 전쟁과 부당한 전쟁을 구분한다. 이 두 시각 즉 전쟁에 대한 미화와 좋은 전쟁과 나쁜 전쟁을 비교 검토하는 것을 넘어서는 제3의 시각이 있는데, 그것은 전쟁이란 너무 악해서 그 어떤 전쟁도 정당하지 않다는 것"[221]이라고 하여, 평화주의를 새로운 대안으로 내놓고 있다. 이러한 시도는 정의로운 전쟁의 자리가 없어졌기 때문이라고 보여진다.

또 하나 정의로운 전쟁의 자리가 축소되는 원인은 핵무기이다. 핵무기 앞에서 전쟁은 곧 공멸이라는 생각을 누구나 가지고 있다. 핵을 가지고 있는 것 자체가 전쟁을 억제하는 기능이 있다고 주장하는 '핵 억지론'은 다분히 가상적인 이론이다. 실제로 핵을 가진 나라들끼리 전쟁이 없었기 때문이지만, 만일 전쟁이 일어난다면, 어떻게 될지 아무도 모른다는 것이다. 그러나 가장 큰 도덕적 윤리적 비판은 세계의 평화를 유지하기 위해서 인류가 멸망할지도 모르는 핵무기를 사용하는 것이 과연 정당화될 수 있는가 하는 것이다.

평화주의 가운데 좀더 유연한 입장을 취하는 경우가 있는데, 그것이

---

220) Jim Wallis, God's Politics, 정성묵 옮김, 『하나님의 정치』(서울: 청림출판, 2008), p.158.
221) Howard Zinn, On War, 유강은 옮김, 『전쟁에 반대한다』(서울: 이후, 2003), pp.218-219.

핵평화주의(Nuclear Pacifism)이다. 이는 "핵전쟁과 핵무기 사용은 인류의 멸망이라는 위기 위식을 가지고 어떠한 경우에도 핵전쟁은 정당화될 수 없다는 입장"[222)]을 말한다. 즉 핵전쟁만은 막아야한다는 것이다. 이러한 입장은 절대적 평화주의와는 다르다. 평화주의는 비폭력 평화주의만 존재하는 것은 아니다. 보다 유연한 평화주의를 통해, 정의로운 전쟁과 만나야 한다. 즉 어떤 폭력도 안 된다는 절대적 평화주의도 있지만, 핵평화주의처럼, 다른 것은 몰라도 핵전쟁만은 안 된다는 보다 완화된 평화주의도 있다. 절대적 평화주의가 비판받는다면, 이러한 보다 완화된 평화주의는 설득력이 있을 것이다.

요더가 주장하는 평화주의는 현실에서 불가능한 주장이기에, 보다 유연한 입장이 필요하다고 보여진다. 요더의 입장에 긍정적인 하우어워스는 "요더의 입장은 종말론에 기초하고 교회는 궁극적으로 도래할 하나님 나라가 어떻게 어디에 임하는지 알려줄 뿐이다. 결국 교회의 일은 그들의 삶 속에서 하나님 나라가 올 것이며 현실 속에 실재한다는 것을 증거하는 증인이 되는 것"[223)]이라고 하였다. 요더는 오직 기독교인으로서 해야 할 당위에만 머물고 있다. 다만 요더의 평화주의는 무력한 평화주의가 아니라 비폭력 저항이다. 요더는 이것이 기독교 평화주의가 가지는 사회에 대한 책임이라고 보았다. 그러나 니버는 현실주의에 입각해 정의로운 전쟁도 가능하다고 하는데, 그에게 이것이 책임을 지는 한 방법 가운데 하나이기 때문이다.

---

222) 신원하, op, cit, p.151.
223) Stanley Hauerwas, op, cit, p.221.

제6장
# 니버와 요더를 넘어서 : 제3의 길은 가능한가?

　이 장에서는 니버와 요더의 정의로운 전쟁과 평화주의에 대한 논의를 바탕으로 새로운 제3의 길의 가능성을 탐구하려고 한다. 정의로운 전쟁이나 평화주의는 어쩌면 양립할 수 없는 것처럼 보여진다. 그러나 정의로운 전쟁이나 평화주의 역시 완화된 주장들을 전개함으로써 보다 양자가 가까이 만날 수 있는 계기가 주어졌다. 이들의 보다 완화된 논의들을 살펴보고, 정의로운 전쟁의 입장에서 본회퍼의 저항권의 개념으로 보다 평화주의에 가까운 길을 제시함으로써, 양자가 만나는 데 일조하기를 바란다.

## 1. 정의로운 전쟁과 평화주의에 대한 윤리적 논변

### 1) 정의로운 전쟁에 대한 윤리적 논변

정의로운 전쟁이라고 할 때, '정의로운' 또는 '정당한'(just) 전쟁이 가능한 것일까? 정의로운 전쟁론자는 정의로운 전쟁은 가능하다고 본다. 반대로 평화주의 입장에서는 정의로운 전쟁이란 불가능하다. 대표적인 평화주의자인 월터 윙크도 "정의로운 전쟁은 실제로는 정치적 전쟁 또는 민족 이익의 전쟁"[224]이라고 한다. 평화주의자의 입장에서 정의로운(just)이라는 말은 대부분 이러한 이익이나 정치적 이유로 진행되는 것이며, 명분만 정의롭다는 이름을 붙여 사용하는 전쟁의 정당화일 뿐이다. 그런데 우리가 앞에서 살펴본 요더의 입장을 보면, 평화주의를 주장하는 가장 큰 이유는 예수 그리스도의 명령이기 때문이지, 정당성에 대해서는 중요하게 다루지는 않는다. 즉 전쟁 그 자체의 정당성에 대한 논쟁이 아니라, 오히려 예수의 명령이 무엇인가에 초점이 맞추어져 있다. 그러나 니버는 전쟁의 필연성을 인간의 죄성에서 찾고, 그러한 죄성으로 인해 상대방의 악에 대해 싸우는 방식의 전쟁을 정의로운 전쟁이라고 한다.

그럼 이제 정의로운 전쟁의 가능성을 어디서 발견할 수 있을까? 먼저 아우구스티누스의 견해에 의하면 다음과 같은 세 종류의 전쟁은 도덕적으로 정당화될 수 있다. 첫째, 외부의 침략에 대한 방어전, 둘째, 자행된 악을 개선하기 위한 전쟁, 셋째, 도난당한 재산을 되찾기 위한 전쟁이다.[225] 먼저 외부 침략에 대한 방어전이 정당성을 갖는다는 것은 자기 방어(self

---

[224] Walter Wink, J. Patout Burns ed, op, cit, p.110.
[225] 박종대 지음, 「중세의 평화관」, 서강대학교 철학연구소편, 『평화의 철학』(서울: 철학과 현실사, 1995) p.83.

defence)라는 측면에서 인정할 수 있다. 외부의 침략에 대한 방어전이라는 개념은 대부분의 전쟁에서 그 전쟁을 정당화하는 조건이 된다. 악을 개선하기 위한 전쟁이라는 개념은 아우구스티누스의 악(惡)론과 깊은 관련이 있다. 악을 선의 결핍으로 보기 때문에, 악을 제거하는 것이 신의 뜻이며 그런 의미에서 전쟁은 정당하다는 것이다. 이는 선과 악의 대립 구도로 보는 기독교의 이원론적인 사고의 결과이다. 기독교에서 악은 제거되어야 할 그 무엇이다. 아우구스티누스 역시 이러한 관점에서 전쟁을 이해하기에, 그에게 전쟁은 응징의 개념에 가깝다. 즉 전쟁은 악을 응징하는 것으로 전쟁을 이해한다. 도난당한 재산을 되찾는다는 것은 현실적인 문제이다. 즉 내 것은 잃어버릴 수 없다는 생각을 기반으로 한다. 먼저 강제로 빼앗아 간 나의 것을 되찾기 위한 전쟁은 정당화되고 정의로운 전쟁이라는 것이다.

    이러한 고전적인 기준을 보다 체계적으로 분류하여 추출된 것이 두 가지 기준인데 하나는 그 전쟁이 정당한가(jus ad bellum)하는 문제이고, 다른 하나는 전쟁을 정당하게 진행하는가(jus in bello)하는 문제이다. 그 전쟁이 정당한가 하는 문제에서, 제일 중요한 것은 정당한 이유가 있는가 이다. 즉 전쟁을 해야 할 만한 정당한 이유, 곧 정치적 이해나 경제적 문제 등에 관한 이유가 아닌, 직접적인 공격이나 침략, 또는 그에 상응하는 이유가 있을 때에는 전쟁이 가능하다. 문제는 정당한 이유가 너무나 주관적이기 때문에 선을 긋기가 어렵다는 것이다. 그래서 래키는 "도덕적으로 정의로운 전쟁의 여부는 정의, 인권, 공동의 선, 그리고 관련된 모든 다른 도덕적 개념들이 각각 고려되고 그 후에 사실에 비추어서 평가되고 또한 각각의 도덕적 개념들의 중요성이 서로 비교되고 고찰된 후에야 결정된다"[226]고 했다. 이 문제와 관련하여, 현대에 들어서 가톨릭계의 폴 램지가 정의로운

---

226) Douglas P. Lackey, op. cit, p.76.

전쟁을 기독교 사회윤리학적 관점에서 지지하고 있으며, 사회윤리학계에서는 왈쩌가 정의로운 전쟁에 대한 역사적 사례를 통해 윤리적으로 분석하여 정당한 것과 부당한 것을 잘 지적하고 있다.

중요한 것은 정의로운 전쟁의 기준이 앞에서 말한 바와 같이 핵전쟁 시대가 되면서 더욱 불분명하게 되었다는 점이다. 1945년 히로시마의 핵폭발 이후 오늘날까지 인류가 보유한 핵무기가 약 6만개 이상이라고 한다. 이 핵무기를 사용하기 위해서 전략 폭격기, 발진 미사일, 핵 잠수함, 대륙간 탄도미사일, 순항미사일, 핵 지뢰에 이르기까지 엄청난 핵무기들을 만들어 왔다.[227] 이렇게 국가들마다 핵무기에 집착하는 이유는 핵이 가지는 억지력 때문이다. 재래식 전쟁에서는 강대국과 약소국 사이에 전쟁의 승패가 분명하게 나지만, 핵무기를 보유한 약소국을 강대국이 함부로 침략하지 못한다. 핵무기의 사용으로 승자 없이 모두가 패하는 전쟁이 가능하기 때문이다. 그래서 약소국들은 핵무기를 가지려고 한다. 이러한 상황에서는 정의로운 전쟁의 기준이 모호하게 되었다.

또 하나 예방적 무력(preventive force) 사용이 정당한가 하는 문제가 있다. 예방적 무력 사용은 "어떤 사람에게 무력을 사용하는 것이 그 사람이 이미 저질러 놓은 일 때문이 아니라 그 사람이 앞으로 저지를지도 모르는 악 때문에 무력을 사용하는 것"[228]을 말한다. 여기서 '앞으로 저지를지도 모르는'이라는 말의 의미가 중요하다. 이는 악행을 저지를 개연성이 있다고 보는 것이다. 즉 A라는 나라가 B라는 나라를 공격할 개연성이 있다고 할 때, 그 개연성은 어디까지를 말하는 것인가가 중요하다. 찬성하는 입장은 작은 희생으로 큰 것을 막을 수 있다는 주장이다. 예를 들어 A라는 테러 집단이 유엔빌딩을 폭파하려고 한다. 이들이 계획을 짜고 실행하

---

227) ibid, p.212.
228) ibid, p.287.

는데 5개월이 걸린다고 하자. 계획 1개월에 성공 확률은 20% 이며, 매 달 20%씩 확률이 증가한다고 하자. 만일 예방적 무력을 1개월째 사용하면 20%의 재난의 가능성밖에 없지만 그 계략을 초기에 막은 것이 된다. 만일 5개월째에 사용했다면 80%의 재난의 가능성을 막은 것이다. 그렇다면 5개월째는 되고 1개월째는 안되는가? 그 이유는 무엇인가? 예방적 무력 사용 말고 또 하나 중요한 것이 선제적 무력(pre-emptive force) 사용이다. 선제적 무력은 "선제적 무력이 가해지지 않으면 곧 악행을 저지를 사람에 대해서 사용되는 무력"[229]이다. 위의 예에서 만일 A라는 테러 집단이 유엔 빌딩에 폭탄을 가지고 들어가는 것을 공격할 때, 우리는 그것을 선제적 무력이라고 부를 수 있다. 여기서 문제가 제기된다. 그렇다면 선제적 무력은 되고 예방적 무력 사용은 안 되는가? 1개월 째 공격을 하면 그것은 재난을 미리 막을 수 있을 것이 아닌가? 만일 우리가 선제적 무력 사용을 용인한다면, 예방적 무력도 용인해야 한다. 둘 중에 하나만 선택할 수 없다. 이 둘의 한계를 긋기가 어렵기 때문이다. 이것이 '예방적 무력에 대한 논변'이다. 이에 대해 래키는 이러한 논변을 거부한다. 그는 이 논변이 세 가지 점에서 잘못이라고 지적한다.[230] 첫째, 예방적 무력과 선제적 무력 간에는 실제적인 차이가 있다. 둘째, 이 논변은 무력을 사용하는 자가 꼭 갖고 있지 않을 수도 있는 정보나 지식을 이미 갖고 있는 것처럼 가정하고 있다. 셋째, 이 논변은 예방적 무력이 가져오는 부작용을 정당화하는 작업을 무시해 버리고 있다.

　여기서 중요한 것은 예방적 무력을 인정하면 무고한 민간인의 피해를 막을 수 없다는 것이다. 즉 테러를 행할 마음을 먹었다고 그를 가두거나 공격할 수는 없기 때문이다. 오히려 테러를 막으려고 예방적 무력을 사용

---

229) ibid, p.288.
230) ibid, pp.293-294.

하면 그것을 행하는 자를 테러범으로 만들 수 있다. 선제적 공격처럼 분명한 의도와 실행 직전에 행하면 몰라도, 저지를지도 모르는 일을 가지고 무력을 사용하는 것은 반대이다. 필자는 예방적 무력 사용을 거부한다. 또한 선제적 무력 사용 역시 거부되어야 한다. 정의로운 전쟁이 되려면 공격을 받았을 경우에만 가능하다.

그렇다면 다른 국가가 핵무기로 공격할 경우 어떻게 할 것인가의 문제가 제기될 수 있다. 머튼 수사는 핵에너지를 좋은 목적에 사용하자고 주장해 온 과학자 가운데 한 사람인 질라드의 말을 인용해서 "선제공격을 당했을 경우에 적국의 도시에 핵폭탄을 사용할 수 있겠지만, 그것마저도 사전 경고 없이 사용해서는 안 된다"[231]고 주장한다. 핵폭탄을 상대국 도시에 투하할 수 있지만, 그 도시에 거주하는 사람들이 피할 수 있도록 사전에 경고해야 한다는 것이다. 머튼이 이 제안에 대해 "핵무기를 이용한 대량 살상 보복과 기독교인의 양심을 화해시킬 수 있는 유일한 방안"[232]이라고 하였다. 필자의 생각 역시 머튼의 말에 동의한다. 상대방의 공격이 예견 가능하다고 할지라도, 심지어 핵폭탄을 투하할 것이 확실시 된다고 할지라도, 먼저 선제공격을 하는 것이 기독교인에게 정당화되지 못한다. 그렇게 되면, 현실주의적인 입장과 다를 바가 없다. 정의로운 전쟁을 주장한다면, 핵공격을 당했을 때, 보복할 수는 있지만, 그 도시에 사는 사람들에게 미리 경고함으로 그들이 피할 수 있게 해주어야 한다. 그것이 무고한 자의 피해를 줄이고, 이중 효과의 원리를 벗어나면서도, 기독교인의 양심에 반하지 않는 것이다. 이런 입장이 전쟁은 이기는 것이 중요하지 도덕적 판단은 무의미하다는 현실주의자와 비폭력을 주장하는 평화주의자와는 다른 정의로운 전쟁을 수행할 수 있는 근거가 될 수 있다고 생각한다. 이 길이

---

231) Thomas Merton, op. cit. p.215.
232) ibid. p.215.

정의로운 전쟁의 설 자리가 점점 좁아지는 상황에서 핵전쟁을 맞이하는 기독교인의 정의로운 전쟁에 대한 태도여야 한다고 본다.

현대에 와서 중요한 논변 가운데 하나는 전쟁에서 죽는 무고한 사람들이다. 전투원이 아닌 사람을 죽이는 것이 윤리적으로 정당화될 수 있는지를 살펴보자. 고전적인 전쟁은 두 국가의 군대가 벌판에서 진영을 짜서 하거나 또는 성을 공격하는 식이었다. 그러나 오늘날의 전쟁은 공중폭격과 지뢰, 핵무기 등으로 전투원과 민간인의 구분이 불가능하다. 그래서 정의로운 전쟁의 조건을 만족시키기가 어렵다. 따라서 오늘날의 전쟁은 모두 비도덕적이다.

이렇게 정의했다면, 이러한 결론이 옳은 것인가를 따져봐야 한다. 앞에서 엔스콤은 전쟁의 승리를 위해 무고한 사람을 죽이는 것은 옳지 않다고 하였다. 또 죤 포드 신부는 "무고한 사람의 생명을 빼앗는 것은 항상 본래적 악"이라 했고, 또 다른데서는 "가톨릭의 신학자라면 누구나 무고한 비전투원을 직접 살해하는 것은 본래적으로 비도덕적이라고 비난할 것이다"라고 했다.[233] 이러한 주장에 대해 와써스트롬은 두 가지 애매함이 있다고 한다. 첫째, 문제가 되고 있는 비도덕성이란 그들의 견해에 따른다면 '절대적'인 것인가, 아니면 어떤 의미에서 '조건부'적인 것인가를 결정해야 한다. 둘째, 문제가 되고 있는 비도덕적이란 속성은 의도적 살해라는 개별적 행위에 대해서 부가되는가, 아니면 전체로서의 전쟁에 대해서 부가되는가를 물어야만 한다.[234] 와써스트롬이 보기에 엔스콤이나 포드 신부는 전쟁 중이라고 할지라도 무고한 사람의 고의적인 살해가 정당화될 수 없다는 절대주의적 입장에 서 있다. 그러면 전쟁 중에 단 한 명의 무고한 사람이 죽게 된다면, 그 전쟁은 정의롭지 못한 전쟁이 된다. 이런 절대주의는 너무나 과

---

233) 와써스트롬, op. cit. p.382.
234) ibid. p.383.

도하다고 보여진다. 만일 절대주의 입장에 서면 정의로운 전쟁은 오늘날의 전쟁에서는 불가능하다. 반대로 절대주의 입장에 서지 않더라도, 무고한 사람이 전쟁에서 죽는 것을 정당화하기에는 역시 어렵다고 보여진다. 이를 통해서 정의로운 전쟁을 실행하는 것이 얼마나 어려운지 알게 된다.

## 2) 평화주의에 대한 윤리적 논변

초대교회의 평화주의 유형은 세 가지이다.[235] 첫째는 율법주의적이고 종말론적인 평화주의로, 터툴리안(Tertullian)이 대표적 인물이다. 그는 기독교인은 그리스도께 복종해야 하며, 그 행동의 결과를 그리스도께로 돌려야 한다고 하였다. 즉 법을 지키고 그 결과는 신에게 맡기는 것이다. 둘째는 기독교적 사랑과 육체에 대한 영지주의적 반감을 결합시킨 유형으로, 마르시온(Marcion)이 대표적 인물이다. 그는 기독교적 사랑이라는 이름으로 전쟁과 결합된 구약성경의 신을 거부하였다. 셋째는 실용적 혹은 구속론적 평화주의로, 오리겐(Origen)이 대표적 인물이다. 그는 기독교인은 전쟁을 거부하면서도 사회에 남아 있어야 한다고 하였다. 기독교인의 기도와 규칙적인 생활이 군인이 왕에게 헌신하는 것보다 더 훌륭한 일이라고 보았다. 가장 위대한 전쟁은 인간과의 싸움이 아니라 인간을 원수로 만드는 공중의 권세 잡은 영적 세력과의 싸움이라고 보았다.

이러한 평화주의적 전통은 오늘 날까지 이어진다. 현대에 와서 하우어워스는 평화주의 특히 기독교적 평화주의는 오직 예수 그리스도의 삶과 죽음과 십자가를 통해서만 바르게 이해될 수 있는 사회 윤리적인 문제라고 보았다. 평화는 하나님과의 관계, 이웃과의 관계 속에서 실천되므로

---

[235] R. H. Bainton, op. cit, pp.81-83.

개인의 신념이라기보다는 믿음의 공동체의 생활양식(a Way of life of a Community)[236]인 것이다. 그는 예수는 어떤 종류의 폭력이나 강압도 거부했으므로, 비슷한 방식으로 교회는 세상에 대해 폭력적이고 강압적인 수단을 사용해서는 안 된다.[237]

알렌(J. L. Allen)은 평화주의 이론을 두 가지로 구분하는데, 그것은 실용주의적 이론(pragmatic argument)과 증언적 이론(witnessing argument)이다. 실용주의적 이론은 비폭력적 방법이 '효과'가 있다는 주장이다. 비폭력적 방법은 이 세상 안에서 전쟁을 수행하는 것보다 훨씬 더 효과적인 방법이며 훨씬 더 인명 피해를 줄이는 방법으로 악행에 저항한다. 그리고 증언적 이론은 전쟁이 기독교의 하나님 이해와 조화되지 않을 뿐더러 예수를 따르는 자로서의 자질과도 부합되지 않기 때문에 언제나 옳지 못하다고 주장한다. 요더는 실용주의적 이론을 배제하고, 우리의 행위가 하나님의 성격을 반영하고 제자가 되라는 그리스도의 명령에 순종하느냐의 여부에 있다고 한다. 그는 기독교인이 정치적 삶의 세계로부터 물러나야 한다고 요구하지는 않는다.[238] 실용주의 이론에 평화주의를 실천한 사람은 간디나 마틴 루터 킹 목사이다. 그들은 실용주의적 관점에서 비폭력이 항상 전쟁보다 나은 결과를 가져온다고 믿고 실천했다. 증언적 이론은 요더나 하우어워스와 같은 학자들이 주장하고 있으며, 이들은 주로 예수 그리스도와의 관계에서 윤리이론으로 전개된다.

어떻게 하면 평화를 이룰 수 있을까에 대한 기독교적 대안을 제시한 인물 가운데 에밀 브루너(Emil Brunner)가 있다. 그는 평화를 이루기 위

---

236) 박종도, op. cit, p.178. 이 글에서 저자는 하우어워스의 비폭력 윤리를 근거로 평화주의가 무엇인지 말하고 있다. 특히 하우어워스는 교회란 믿음의 공동체라는 입장에서 오해되고 있는 기독교 평화주의에 대해 말하고, 교회의 가르침을 통해 예수 그리스도를 철저하게 따르는 존재론적인 삶의 변화를 강조하고 있다.
237) J. L. Allen, op. cit, p.45.
238) ibid, pp.41-46.

한 세 가지 가능성을 제시한다.[239] 첫째는 우월적 통일적 강제적 권력에 의한 평화이다. 이는 로마처럼 힘으로 평화를 이루는 것을 말한다. 로마제국은 몇 세기 동안 힘으로 평화를 이루었다. 둘째는 법에 의한 평화이다. 이는 국제법상의 평화 조약을 통해 이루어지는 평화이다. 그리고 셋째는 권력과 결합된 법에 의한 평화이다. 이는 연합적이며 협조적인 기초 위에서 초국가적 권력을 수립하는 것이다. 그러나 브루너 역시 이러한 가능성에 대해 비판적이다. 위의 세 가지 가능성 모두 현실에서는 부정적이다. 그는 평화의 조건을 평화의 의욕에서 찾는다. 적어도 평화를 위해서는 자기들의 이기주의적 권력 정치를 버리고 최소한도의 국제법적 정의와 협조가 있어야 한다는 요청을 실행한다면 평화의 질서를 수립하는 것이 반드시 불가능하지는 않다는 것이다.[240] 그렇다고 꼭 부정적인 것만은 아니다. 그는 역사적 시간 안에서 영원한 평화를 수립한다는 것은 유토피아적인 생각이지만, 미래에 전쟁을 극복할 수 있는 가능성을 부인하는 것 역시 잘못된 비관주의라고 말한다.[241] 즉 현재가 어렵다고 미래에도 불가능할 것이다라고 단정할 수는 없다는 것이다.

그러나 브루너는 평화주의 소박한 생각 자체에 대해서는 비판적이다. 그는 평화주의에 대해 이렇게 평가한다.

> 그러나 이러한 현실에 대한 냉정한 고려와 이에 관한 성경의 발언은 우리가 지나친 낙관주의 정신에 몰려서 억지로 실행하려고 하는 것을 경계할 것이며, 이 낙관주의는 인간 본질과 국가 본질이 변치 않고 버티고 있는 한, 현실 세계에서 정의는커녕 도리어 비정의를 조장하는 것이 되고 말 것이다. 우리들

---

[239] Emil Brunner, Gerechtigkeit, 전택부 옮김, 『정의와 사회질서』(서울: 대한기독교서회, 2003), pp.301-305.
[240] ibid, p.307.
[241] ibid, p.331.

은 이상과 같은 것을 일부 평화론에 대해 말할 수 있다. '무기를 버려라'는 부르짖음으로 전쟁을 없앨 수 있다고 생각하는 평화주의는 과연 그릇된 평화주의가 아닐 수 없다는 것이다. 그러나 최근의 역사는 우리에게 다음과 같은 것을 가르쳐 주고 있다. 만약 어떤 국가가 적당한 권력만 가지고 있었더라면, 이 세계에 평화의 질서를 수립하였을 것인데, 그런 잘못된 평화론을 지지하고 있었기 때문에 못했다는 사실이다. 대체로 인간은 정당한 재판에도 순순히 복종하지 않는 심보가 있는 한, 세계의 악이 그대로 버티고 있는 한, 권력을 가지고 법을 보호한다는 것은 필요하다고 말할 수 있다.[242]

브루너는 평화주의가 현실에서는 올바르지 않을 뿐 아니라, 오히려 평화주의를 주장하는 것이 정의를 이루지 못하게 한다고 본다. 미래에 평화가 올 것을 기대하기는 하지만, 그것은 평화주의를 실천해서가 아니라, 평화를 소망하는 인류가 국가라는 조직을 통해 서로 협력하거나 조약을 맺어서 이루어질 수 있는 것으로 보고 있다. 브루너는 니버와 마찬가지로 평화주의는 현실에서 오히려 악용될 소지가 많고, 인간의 본성에 대한 이해 부족으로 인해 평화는커녕 혼란만을 초래할 수 있음을 경고하고 있다.

또 하나 생각할 문제는 평화주의자들이 주장하는 것이 반드시 옳으냐 하는 점이다. 평화주의를 주장하는 것은 그것이 인류에게 선을 가져다 줄 수 있다고 믿기 때문이다. 만일 사람들이 전쟁을 하지 않거나 싸움을 하지 않게 되면 더 나은 세상이 될 수 있을까 물어 볼 수 있다. 평화주의자들의 주장은 "악에 대해 대항하지 말라"고 주장한다. 그러면 싸움이나 전쟁은 사라지고 세상은 더 나은 세상이 될 것이라고 본다. 그런데 반드시 그런 것 같지는 않다. 만일 세상 사람들이 "폭력을 사용하라, 하지만 단지

---

242) ibid, pp.331-332.

자기 방어를 할 경우에만 사용하라"는 원리에 동의한다고 상상해 보자. 만일 모든 사람들이 자기 방어만을 위해서 폭력을 사용한다면 그 결과는 "결코 폭력을 사용하지 말라"는 규칙을 받아들임으로써 생기는 결과와 같게 될 것이다. 이는 평화주의가 비평화주의보다 더 낫다고 입증할 수 없게 된다는 것을 보여준다.[243] 이처럼 평화주의가 반드시 비평화주의 보다 더 나은 선을 가져다주는 것도 아니라는 것이 논리적으로 증명되었다. 우리는 단순히 평화주의는 선하고 당위라고 하지만, 그 당위가 현실에 잘 부합하는 것은 아님을 알 수 있다.

그럼에도 월터 윙크는 정의로운 전쟁과 평화주의를 넘어서는 대안을 제시한다. 그는 이 대안을 보다 철저한 예수 그리스도의 삶의 방식에서 찾는다.

> 예수의 새로운 방식의 가르침은 수동성과 전쟁을 단연코 단념하는 것이다. 우리는 정의로운 전쟁이 가능하다는 생각을 포기해야만 한다. 우리는 수동성이라는 희망 없는 덫과 성경에 있는 불충분한 기초들과 함께 '평화주의자'라는 말을 물러가게 해야 한다. 그들 자신을 평화주의자라고 부르는 대신에 기독교인은 단순히 하나님의 나라의 지배 – 자유로운 상태의 도래를 위해 위임된 사람들임을 주장해야 한다.[244]

평화주의자는 철저하게 예수의 교훈에 의존하며, 그의 교훈을 지키는 것이며, 보다 적극적으로 예수의 교훈과 가르침을 실천하는 삶임을 강조하고 있다. 이는 요더의 입장과 일치한다. 평화주의의 근본적인 근거는 다만 폭력이나 전쟁이 나쁘기 때문이 아니라, 예수의 명령이라는 점을 기억해야

---
243) 이러한 논변에 대해 ibid. pp.45-52참조.
244) Walter Wink, J. Patout Burns ed, op. cit, pp.118-119.

한다. 이들에게 평화주의의 근거는 선악이나 옳고 그름에 있는 것이 아니다. 그것은 먼저 예수의 명령에 기인한다. 따라서 평화주의에 대한 도덕적 논변을 이들에게서 찾는 것은 힘든 일이다.

## 2. 제3의 길의 가능성

### 1) 새로운 대안 - 저항권

이 시대는 점점 지구가 하나의 마을이 되어가고 있다. 피터 싱어는 '하나의 세계'(One World)라는 것으로 통합하여 한 국가의 관점이 아닌 전지구적인 관점에서 볼 것을 주장한다. 그는 지구 공동체적 윤리를 주장하면서, 국가적인 차원의 비윤리적인 모습을 극복하려고 시도한다.[245] 앞에서 월츠가 말한 전쟁의 원인 세 번째에 대한 대안으로 싱어는 현존하는 유엔(United Union)을 통해 지구의 윤리를 보이려고 한다. 그는 2000년에 설립한 '개입과 국가 주권에 대한 국제위원회'(International Commission on Intervention and State Sovereignty, 이하 ICISS)가 「보호책임(*The Responsibility to Protect*)」라는 보고서에서 정당화될 수 있는 군사적 조치의 기준을 단 두 가지로 압축하여 제시하였다.

> 가. 집단살해의 의도가 있건 없건 고의적인 국가 행위, 태만이나 무능력 혹은 국가 해체 상황의 산물인 현재의 또는 예상되는 미래의 대규모 인명 손실.

---

245) Peter Singer, *One World:The Ethics of Globalization*, 김희정 옮김, 『세계화의 윤리』(서울: 아카넷, 2003).

나. 학살, 강제 추방, 테러나 강간 행위 등에 의한 현재의 또는 예상되는 미래의 대규모 인종 청소.[246]

　　이 두 가지 경우만이 정의로운 전쟁의 요건이 된다고 하였다. 이러한 개입의 요건을 강제할 수 있는 것이 현재로서는 유엔이다. 그래서 싱어는 유엔의 개혁을 주장한다. 그는 전쟁을 없애고 평화를 가져오는 일이 초국가의 법적 질서를 통해서 가능하다고 본다. 이처럼 초국가적인 정부나 질서를 통해 평화를 추구하려는 노력이 진행되고 있으나, 150개국도 넘는 국가의 이익과 목소리를 대변할 수 있는 질서나 체제를 세우는 길은 요원하다. 그리고 설령 그런 질서가 세워진다고 해도, 평화가 올 것인지는 의문이다. 혹시 소설가 조지 오웰(George Orwell)이 쓴 『1984년』과 같이 빅 브라더가 다스리는 전체주의 국가가 될 수도 있다. 단순히 미래에 초국가적 질서가 세워지면 평화가 올 것이라는 것도 너무 낙관적인 견해인 것 같다.
　　다른 면으로 정의로운 전쟁이나 평화주의 중에 어느 쪽이 옳으냐는 것은 관점의 차이일 수 있다.

　　**생명은 신성하므로 보존되어야 한다는 원리가 의미하는 바는 어떤 것도 결코 죽임을 당해서는 안 된다는 것인가, 아니면 가능한 한 많은 생명이 보존되어야 한다는 것인가? 분명히 평화주의자들은 전자를 택할 것이나 평화주의자가 아닌 사람들은 후자를 택할 것이다.[247]**

　　평화주의는 만일 한 사람의 범죄자의 생명을 희생해서 수많은 사람들을 살릴 수 있다고 할지라도, 그 한 사람의 생명을 해치지 않는 것이 도덕

---
246) ibid, p. 168.
247) Douglas P. Lackey, op, cit, p.39.

적으로 정당하다고 주장한다. 그러나 이것이 가정이 아닌 역사적 사실이라고 할 때도 과연 그렇게 주장하는 것이 타당하다고 할 수 있을까? 히틀러와 같은 독재자 한 사람 때문에 수백만 명의 생명을 빼앗기고 있는데도 생명을 해치지 않는 것이 도덕적으로 옳다고 할 수 있을까? 과연 한 생명의 가치가 수백만 명의 생명의 가치와 같은 무게를 가지는지를 묻지 않을 수 없다. 평화주의자들은 한 생명이라도 죽이는 순간 비폭력이나 평화주의는 무너진다고 생각한다. 미끄러짐 논증과 같은 경우를 두려워하는 것이다. 평화주의자들은 절대적 윤리 원칙을 가지고 있기 때문이다. 반대로 정의로운 전쟁론자들은 현실주의자들처럼 전쟁이나 폭력을 쉽게 용인할 수 있는 쪽으로 향하는 경우가 많은데, 이 역시 상대적 윤리 원칙을 가지고 있기 때문이다.

    필자는 평화주의 관점이 아닌 정의로운 전쟁의 관점에서 새로운 길을 찾아보고자 한다. 필자는 그 길을 본회퍼에서 발견할 수 있다고 본다. 본회퍼는 평화주의자였다. 그는 미국을 방문했을 때, 폴 레만, 라인홀드 니버, 쟝 라세르(Jean Rasserre) 등을 통해 큰 영향을 받았다. 그는 니버를 통해 사회윤리의 지평을 넓혔고, 라세르를 통해 평화윤리를 받아들였다. 특히 라세르를 통해 산상수훈의 평화의 메시지를 발견하면서, 본회퍼는 기존에 가지고 있던 민족주의적 관점을 버리게 된다.[248] 본회퍼의 이런 평화 사상은 두 가지로 요약할 수 있다.[249] 첫째, 십자가 신학에 근거한 제자직의 평화론이다. 예수를 따르는 제자는 십자가에 달린 예수를 따름으로 성립된다. 즉 예수의 고난에 동참하는 자가 제자인 것이다. 둘째, 절대적 비폭력을 통한 비폭력 저항의 평화주의이다. 그는 무저항이 세상적 삶의 원

---

248) 김현수, 「대화의 균형으로서의 여정: 디트리히 본회퍼와 라인홀드 니버의 관계」,『기독교사회윤리』, 한국기독교사회윤리학회편, 제16집, 2008), p.38.
249) 유석성,「본회퍼의 평화주의와 정치적 저항권」,『神學思想』, 한국신학연구소, 1995 겨울), p.39.

가 된다면 하나님이 은혜로 보존하는 세상 질서를 파괴하는 결과를 가져올 것이라고 하였다. 그러나 이 역시 수동적인 저항이다.

본회퍼는 이렇게 평화주의를 주장하다가 나중에 스스로 히틀러 암살 사건에 가담하게 된다. 평화주의를 주장하다가 히틀러를 암살하려한 것은 폭력의 허용 내지는 전쟁의 허용이 아닌가 물을 수 있다. 히틀러 암살 음모 사건에 가담한 본회퍼의 행위는 두 가지 관점에서 볼 수 있다.[250] 첫째, 폭력과 비폭력의 시각에서가 아니라 저항권의 관점에서 이해해야 한다. 둘째, 본회퍼의 히틀러 암살음모에 가담한 행위를 책임 윤리적 시각에서 이해해야 한다.

첫째는 평화가 궁극적으로 폭력, 구조적 폭력의 제거에 있다고 보는 것이다. 폭력의 문제는 폭력인가 비폭력인가 양자택일의 문제가 아니라 정당한 권력의 사용인가 정당치 못한 권력의 사용인가에 따른 판단의 문제이다. 산상수훈에서 예수의 교훈을 요더는 폭력의 포기로 보았는데, 본회퍼는 폭력으로부터 자유스러운 것이라고 보았다. 따라서 평화의 실현은 비폭력적 방법이 있으나, 이 비폭력의 방법은 비폭력 무저항을 의미하는 것은 아니다. 본회퍼의 행동은 평화를 지키기 위한 최후의 수단으로 저항권(right of resistance)[251]을 행한 것이라고 보자는 것이다.

저항권이란 하나님께로부터 부여받은 권력의 한계를 벗어난 불의한 권력에 대해서 저항할 수 있다는 사상으로 이는 미국 독립 선언이나 프랑스 혁명을 거쳐 근대에 이르러 확립된 것이다. 먼저 스콜라주의의 전통에서 발전한 자연법적 저항이론을 살펴보자. 그 가능한 조건은 다음과 같다. 첫째, 저항은 폭군의 방지 즉 불법으로 권력을 잡으려고 하는 권력찬탈자 혹

---

250) ibid, pp.42-45.
251) 저항권이란 "민주적 법치국가적 기본질서 또는 기본권 보장의 체계를 위협하거나 침해하는 공권력에 대하여 주권자로서의 국민이 민주적 법치국가적 기본질서를 유지 회복하고 기본권을 수호하기 위하여 공권력에 저항할 수 있는 비상 수단적 권리인 동시에 헌법제도를 말한다." 권영성, 『헌법학원론』(서울: 법문사, 1995), 유석성, ibid, p.43에서 재인용.

은 공동체적 복리에 앞서서 권력자의 개인적 복리를 추구함으로써 자기의 권리를 과도하게 오용하고 있는 정권의 수장에 대한 방지에서 그 타당성이 승인된다. 둘째, 단지 정권찬탈을 시도하는 것에 대해서 개개인이 저항하는 것은 정당하다. 셋째, 공동체의 복리를 끔찍하게 침해하는 데 대한 저항은 공공복리의 회복에 기여해야 하며 자신의 사적 이해관계를 따라서는 안 된다. 넷째, 모든 평화적이고 법적인 수단들이 사용되어야 한다. 다섯째, 살상하는 무력은 단지 찬탈자에게만 직접 허락되며 폭군적 정권에 대하여 이러한 무력은 공적 재판 절차를 전제로 한다. 여섯째, 저항권의 행사를 통하여 폭군적 정권에서 이미 나타난 것보다 더 큰 손실이 생겨서는 안 된다.[252] 이러한 조건들은 결국 정의로운 전쟁에 필요한 조건들과 거의 유사하지만 분명히 다른 것은 그것이 신중하고 최후의 수단으로만 가능하다는 점이다. 현대에 들어와서 점점 헌법에 저항권을 인정하는 경우가 늘고 있다. 독일은 1968년에 제정된 헌법에서 이 저항권을 보장하고 있다.[253] 이 저항권의 인정은 나찌에 대한 경험 때문이다.

저항권 이외에 불복종이 있다. 이 불복종은 양심에 비추어서 옳지 않다고 여겨질 때, 할 수 있는 것이다. 현대에 와서 시민불복종을 주장한 인물로 소로우(Henry D. Thoreau)를 들 수 있다. 노예제도 폐지와 반전을 근거로 세금 납부 거부 운동과 같이 정부의 정책이 올바르지 못할 때, 거기에 복종하지 않음으로써 그릇된 것을 바꾸려는 운동이다. 마틴 루터 킹 목사 역시 흑인에 대한 차별에 대해 불복종 운동을 벌였다. 에리히 프롬(Erich Fromm)은 복종과 불복종의 정의를 "사람이나 제도, 권력에 대한 순종(타율적인 순종)은 복종이다. 이에 비하여 나 자신의 이성 혹은 확

---

[252] W. 후버·H. R. 로이터, 김윤옥·손규태 옮김, 『평화윤리』(서울: 대한기독교서회, 1997), p.474.
[253] 법조문의 내용은 "모든 독일인들은 이러한 질서를 제거하려고 하는 어떤 사람에 대해서도 다른 수단이 불가능하다면 저항의 권리를 갖는다"고 규정하고 있다. ibid, p.476.

신에 대한 순종(자율적인 순종)은 복종의 행위가 아니라 긍정의 행위"[254] 라고 하였다. 프롬은 아이히만을 예로 들면서 아이히만이 조직화된 인간의 상징이자 소외된 관료주의자의 상징이며, 동시에 모든 인간의 상징이라고 보았다. 권위에 복종하고, 데까르트(R. Descartes)처럼 모든 것을 회의하고, 의심함으로써 '아니오'라고 말할 수 있는 능력이 인류 문명의 종말을 막을 수 있다고 본다.[255] 불복종은 합법적인 체제 내에서 합법적인 테두리 안에서 진행되는 비폭력 시민운동이다. 롤즈(John Rawls)는 시민불복종에 대해서 "흔히 법이나 정부의 정책에 변혁을 가져 올 목적으로 행해지는 공공적이고 비폭력적이며 양심적이긴 하지만, 법에 반하는 정치적 행위라 정의"[256]한다. 단지 법에 반할 뿐이지 행동은 비폭력임을 분명히 밝히고 있다. 그 이유는 시민불복종은 정의로운 국가 내에서 그 체제의 합법성을 인정하고 받아들이는 시민들에 의해서 생겨나기 때문[257]이다. 즉 정의로운 정부 아래서 부당하거나 불법적인 일에 대한 갈등이기 때문이다. 불복종은 저항권보다는 약한 개념인 동시에, 폭력을 사용하지 않는 방법이다. 따라서 이 방법은 평화주의자들이 불의에 대해 사용할 수 있는 가장 좋은 방법 가운데 하나이다.

그러나 저항권은 히틀러와 같이 부정의하고 무고한 사람들을 살상하는 정부에 대한 것이기 때문에 불복종과는 차별된다고 볼 수 있다. 평화주의를 주장했던 대표적인 집단인 중세 수도원운동에 대해 본회퍼는 다음과 같이 비판적으로 바라본다.

**예수 그리스도의 부름은 인간을 세상에 거슬러 투쟁하라고 했다는 사실**

---

254) Erich Fromm, *On Disobedience and other essays*, 문국주 옮김, 『불복종에 관하여』(서울: 범우사, 1988), p.19.
255) ibid, p. 23.
256) John Rawls, *A Theory of Justice*, 황경식 옮김, 『정의론』(서울: 서광사, 2002), p.376.
257) ibid, p.375.

을 인식하지 못하고, 세상이 아닌 장소, 곧 더 잘 응답할 수 있는 장소를 구하는 데 있다. 세상에서 도피하려는 이런 헛된 수고에서 온 세계에, 수도원도 포함하여, 말해진 하나님의 부정(no)도, 또한 하나님 그 자신이 세상과 화해시킨 하나님의 긍정(yes)도 진지하게 생각하지 못하였다.[258]

본회퍼는 기독교인의 사명은 세상에 존재하는 악에 대해 투쟁하는 것이라고 보는데, 현실을 외면하고 하나님의 뜻을 구한다고 세상을 등진 수도원 운동은 오히려 하나님의 뜻을 어기는 것이라고 본다. 세상에 대해 교회는 예언자적 사명을 감당해야 할 뿐 아니라, 불의가 가득하게 되면 저항해야 한다는 것을 의미한다.

둘째로 본회퍼가 책임의 문제를 제기하였다. 그는 책임의 문제를 대리(deputyship)로 이해한다. 그는 "책임이란 근본적으로 대리의 문제이고, 그것은 사람이 직접적으로 다른 사람들, 예를 들면 아버지로서, 정치가로서, 선생으로서와 같이 행동하지 않으면 안 되는 관계에서 가장 가깝게 증명된다"[259]는 것이다. 기독교인이 세상에 대해 책임이 있는데, 그 책임은 우리가 하나님의 대리로서 감당해야 할 책임이라고 보는 것이다. 그는 고립된 나는 부정한다. 나가 아닌 다른 사람과 함께 하는 것이 중요하다. 고독한 개인은 책임을 가지지 못하기 때문이다. 그가 수도원운동을 비판하는 것은 바로 여기에 있다. 세상에 대한 기독교인의 책임을 망각하고, 고독 속으로 퇴행한다는 것이다. 대리는 책임과 같은 말이다. 즉 본회퍼의 대리의 개념은 기독교인으로 하여금 책임을 가지게 한다는 점에서 의의가 있다. 이러한 책임은 하나님과 이웃을 위해 "죄를 짊어지는 행위"[260]이다.

---

258) Dietrich Bonhoeffer, *Ethics*(New York: Touchstone Book, 1995), p.252.
259) ibid. p.221.
260) 고재길, 「본회퍼의 책임윤리의 기초: 그리스도의 대리행위」,『목회와 신학』, 2008년 6월), p.188.

슈바이커도 본회퍼의 대리 개념에 공감하면서 책임의 이념을 그리스도의 행위라는 관점에서 이해하고 있다. 즉 그리스도께서 우리를 대신해서 행위한 것처럼 기독교인도 이웃을 위한 존재로서 행위해야 한다.[261] 본회퍼의 대리행위로서의 책임은 히틀러 암살에 관여하는 것에 대한 정당성을 부여해 준다. 그의 행위의 근거는 책임을 지기 위해서 하나님과 이웃을 대리해서 최후의 수단으로서 행한 것이다. 결국 본회퍼의 윤리는 기독교인으로 하여금 예수 그리스도 안에서 역사적 현실의 폭력과 부정의를 막는 것이 자신의 책임임을 알게 한다. 본회퍼는 교회의 정치적 책임에 대해 "바퀴 아래 깔린 희생자에게 붕대를 감아 주는 것뿐 아니라 바퀴 자체를 멈추게 하는 것"[262]이라고 하여, 책임을 다하기 위해서는 폭력도 인정된다고 보았다.

본회퍼의 평화윤리는 요더와 니버의 주장과는 다르다. 먼저 요더의 평화주의와 비교해보면, 본회퍼의 저항권은 사실 비폭력의 포기와 마찬가지다. 반면에 니버의 입장에서 저항권은 너무 제한적이어서 정의를 실현하는 데 어려움이 있다. 본회퍼의 저항권 개념은 모든 사람들에게 인정받지는 못한다. 본회퍼 이전에는 저항권의 개념으로 폭군살해는 정당화되지 못하였다. 예를 들어 토마스 홉스는 폭군살해가 정당하다는 것에 반대하고, "폭군이라는 말은 단순히 사람들이 자신들이 보기에 못마땅한 왕에 붙이는 이름에 지나지 않는다"[263]고 말했다. 이는 당시 반란이나 폭군살해를 정당화했던 16세기의 영향 때문인 것 같다. 그러나 이것은 중요한 말이다. 실제로 역사가 전쟁에 진 쪽은 늘 폭군의 오명을 뒤집어 쓴 것을 보여주고 있기 때문이다. 히틀러와 같은 누가 보아도 폭군인 경우도 있지만,

---

261) William Schweiker, 『책임윤리란 무엇인가』, op. cit p.98-99.
262) Dietrich Bonhoeffer, *Gesammelte Schriften* Ⅱ, 유석성 논문에서 재인용, p.45.
263) Thomas Hobbes, op. cit. p.ⅩⅨ.

그렇지 않은 경우도 많다. 이렇듯 저항권도 저항의 대상이 분명한 악을 행하거나, 공동체를 위하여 그 사람을 죽여야 할 분명한 이유가 없는 한, 역시 정당화되기는 어렵다.

본회퍼가 폭군살해라는 저항권을 이야기한 것은 그것이 정의의 문제라고 보았기 때문이다. 그러나 요더의 입장은 급진적이어서 그 폭력에 저항하여 스스로 죽음을 받아들이자는 순교적 입장이라고 볼 수 있다. 본회퍼는, 본인이 히틀러 암살 사건에 참여했지만 발각되어 결국 순교했음에도 불구하고, 비폭력을 포기한 것이다. 본회퍼의 입장을 두둔하는 것은 저항권에 관점에서 보면 이해할 수 있지만, 요더의 입장에서 보면, 불충분하고, 예수의 교훈을 결국에는 실천하지 못한 결과가 된 것이다. 그러나 그것이 잘못된 것일까? 필자는 오히려 그 길이 평화주의를 지향하는 것보다 더 어려울 수 있다고 본다.

**2) 니버와 요더를 넘어서 : 제3의 길을 향하여**

기독교인이 믿는 성경에는 전쟁이 많이 나온다. 주로 구약에 집중되어 있지만, 분명히 전쟁을 하나님이 명령하기도 하고, 또 평화를 이루시기도 하신다. 신약에서는 주로 예수의 가르침에 근거하기에 평화주의를 주장한다. 구약과 신약 사이에 연속성과 불연속성이 존재하지만, 여기서 다룰 주제는 아니다. 다만 이러한 흐름을 통해서 볼 때, 정의로운 전쟁과 평화주의를 주장하는 것은 옳고 그름의 문제가 아니며, 양자택일의 문제도 아니라는 것을 인식해야만 한다. 어쩌면 둘 다 옳을 수도 있고, 둘 다 틀릴 수도 있다.

필자보다 먼저 새로운 제3의 길을 주장한 것은 월터 윙크이다. 그는 악에 대한 일반적인 태도인 1) 수동적 태도, 2) 폭력적인 대항이라는 기존의 길 대신에 새로운 제3의 길, 즉 전투적 비폭력(militant nonviolence)을 주장한다.[264] 전투적 비폭력은 단순히 수동적이거나 폭력으로 같이 맞서는 것이 아니라, 맞서되 비폭력으로 맞서는 것이다. 윙크는 무저항의 소극적이고 연약한 비폭력이 아닌, 당당하게 맞서되 비폭력적인 방식으로 맞서는 것을 제3의 길이라고 제시하였다. 이 길은 결국 십자가의 길과 통한다. 이러한 견지에서 제3의 길은 일반적인 태도인 회피나 폭력 사용이 아닌 예수의 십자가에서 죽는 것까지도 할 수 있는 용기와 지혜가 필요한 일이다. 이는 요더가 말한 예수의 비폭력과 동일하다. 이는 평화주의를 보다 강화한 것으로 이해할 수 있다.

이와는 달리 철학계에서도 평화주의에 대한 새로운 길을 모색하려는 의 움직임이 있다. 현대에 들어와서 절대적 비폭력 평화주의의 입장에 많은 변화가 있었다. 이는 평화주의가 정의로운 전쟁과의 사이에 새로운 길, 즉 제3의 길을 모색하기 때문이다. 평화주의에는 어떤 폭력도 도덕적으로 금하는 비폭력 평화주의(nonviolent pacifism)가 있고, 비치명적인 평화주의(nonlethal pacifism)가 있다. 비치명적 평화주의는 모든 폭력을 반대하는 것이 아니라 다른 사람에게 치명적인 폭력을 사용하는 것을 금하는 것이다. 이는 폭력은 인정하되 치명적인 폭력은 금지하는 것이다. 더 나아가서 대량으로 치명적인 무기를 사용하는 전쟁만이 도덕적으로 금지된다고 보는 반전 평화주의가 있다.[265] 이처럼 평화주의 역시 실천 가능한 새로운 길을 모색하고 있다. 평화주의는 비폭력에서 약간의 폭력의 허용으로 나아가는데, 반전 평화주의같은 경우 전쟁을 제외하고 폭력을 용인함으

---

264) Walter Wink, op. cit, p.30.
265) James Sterba, "Reconciling Pacifists and Just War", *Social Theory and Practice*, spring, 1992, Vol. 18, (Florida: Florida university press), pp.21-23.

로써, 비폭력 평화주의가 가지고 있던 현실에 대한 적실성을 많이 보완하였다. 스테르바(James Sterba)는 이런 평화주의에서 한 발 더 나아가 자신의 제 3의 길을 제시하는데, 그것이 "정의로운 전쟁 평화주의"(just war pacifism)[266]이다. 이제는 정의로운 전쟁이 거의 불가능하고, 또 비폭력 평화주의 역시 불가능하다고 보고, 정의로운 전쟁론과 반전 평화주의를 합하여 "정의로운 전쟁 평화주의"를 주장한다. 이는 정의로운 전쟁을 엄격하게 요구하되 다만 전쟁에서 아주 예외적으로 치명적인 무기를 대량으로 사용하는 것을 도덕적으로 부당하다고 보는 것이다. 이러한 주장은 평화주의 입장에서 정의로운 전쟁을 포섭하여 새로운 길을 제시하려는 노력이라고 보여진다. 문제는 이런 평화주의를 평화주의라고 할 수 있는가의 문제가 제기될 수 있다. 비폭력을 포기한 평화주의라고 한다면, 정의로운 전쟁을 통해서 평화를 이루려고 하는 정의로운 전쟁 역시 평화주의로 볼 수 있을 것이다. 평화주의가 단지 평화를 얻는 길이라고 한다면, 정의로운 전쟁 역시 평화주의라고 할 수 있기 때문이다. 따라서 평화주의가 비폭력을 포기하고 전쟁을 용인하는 것은 현실에 적실성을 가지려는 노력이기는 하지만, 실상 정의로운 전쟁론과 다르지 않다고 보여진다.

그럼 선택할 수 있는 대안은 무엇인가? 호네커(Martin Honecker)는 폭력 사용에 대해 남은 문제는 이미 두 가지로 결정되었다고 본다. 하나는 기독교적 결단으로, 원칙적인 폭력의 포기이거나, 다른 하나는 최후 수단으로, 폭력의 사용이다.[267] 우리가 택할 수 있는 것은 호네커의 말대로 폭력을 포기하든, 아니면 최후의 수단으로 폭력의 사용을 인정하든가이다. 이삼열은 기독교인의 평화운동의 시작을 교회나 기독교인들이 국가교회적

---
266) ibid, p.34.
267) Martin Honecker, 남정우 옮김, 『사회윤리학 이론의 구상』(서울: 대한기독교출판사, 1993), p.183.

인 한계를 벗어나서, 국가가 일으키는 전쟁에 회의를 느끼고, 국가 이기주의를 넘어설 때에 비로소 가능하다고 본다.[268] 이러한 입장이 실제로는 가능하지 않다는 데 문제가 있다. 평화운동이 지금까지 계속 전개되고 있지만, 세상에 평화가 더 많이 이루어졌다는 증거는 없다. 다만 기독교인으로서 당위의 평화를 주장하는 입장으로 이해할 수 있겠다. 니버의 입장에서 본회퍼를 보면, 평화주의를 말하고 있지만, 실상 정의로운 전쟁을 지지하는 것처럼 보인다. 결국 악을 제거하기 위해 폭력을 사용하는 것이기 때문이다. 이는 몇 가지 조건을 충족시키는 전쟁을 해야 정의로운 전쟁이라고 부를 수 있는 것과 같다.

필자가 보기에 본회퍼의 저항권 개념에는 양립할 수 없는 두 주장을 하나로 묶을 수 있을 수 있는 가능성이 있다. 물론 제3의 길은 아니지만, 제3의 길을 열 수 있는 가능성은 충분히 있다. 교회는 기본적으로 평화주의를 주장한다. 이는 베버의 신념윤리적인 면이라고 할 수 있다. 그러나 모든 것에서 평화주의를 주장하는 것은 교회와 세상에 대해 일정한 책임을 감당해야 하는 기독교인으로서는 한계가 있다. 그러므로 신념윤리는 책임윤리로 옮겨가야 한다. 실례로 소수의 군주나 독재자로 인하여 다수가 죽거나 피해를 보게 될 때, 기독교인으로서 옳지 못한 독재자를 교체하는 것이 정당하고 또한 책임이기도 하다. 이를 좀 더 확대해보면, 전쟁은 피하되 최후의 수단으로, 또는 상대방이 먼저 공격할 때 자신을 방어할 수 있는 선에서 이루어지는 전쟁은 정의로운 전쟁이 될 수 있고, 기독교인이 참여할 수 있다고 보는 것이 타당하다. 이 길만이 이상주의적이고 현실을 무시한다는 평화주의에 대한 비판을 극복할 수 있다. 이것은 또한 정의로운 전쟁 이론이 이용당하거나 남용되는 것을 방지하는 길이기도 하다.

---

268) 이삼열, op. cit. p.299.

50년대 후반 미국과 소련은 핵무기 보유를 선언하였다. 이들이 주장하는 논리는 핵무기가 전쟁을 방지한다는 위협이론이었다. 이 문제에 대해 고심하던 독일의 신학자, 목사, 학자들은 1959년 독일 하이델베르크 테제(Heidelberger Thesen)를 통해 자신들의 입장을 정리하여 발표하였다. 이 문서는 교회의 평화적 사명과 전쟁 및 핵무기 사용에 대한 문제들을 연구하여 입장을 정리한 것이다. 이 문서는 독일교회의 평화운동에 기념비적인 작품이 되었는데, 그 중에 6, 7, 8번 핵무기에 대한 테제만 들어 보겠다.

테제6 : 우리는 핵무기에 관한 서로 모순되지만 양심적인 결정들을 이해하려고 하며, 이들이 딜레마 관계에 있으면서도 서로 보완적인 것으로 이해해야 한다고 생각한다.

테제7 : 교회는 무력의 포기를 그리스도교적인 행위방식으로 이해해야 한다. (…) 핵무기 공포는 지대한 것이어서, 기독교인으로서는 이를 없애는 것이 하나님의 명령이 아닐까를 심각하게 고려하는 것이 마땅하다고 생각된다. 핵무기를 보유하는 유일한 정당성은 그래야 세계 평화를 유지할 수 있다는 것이다. 그러나 핵무기의 소유가 평화유지에 효력을 가지려면, 어떤 경우에는 쏠 수 있다는 위협이 될 때에만 효과를 볼 수 있다. 이는 사실상 핵무기를 사용할 준비와 태세가 되어야만 효과를 볼 수 있는 위협이다. 우리는 핵무기를 쓰는 전쟁을 과거와 같이 '의로운 전쟁'이라는 구실로 정당화할 수가 없다.

테제8 : 교회는 핵무기를 보유함으로써 평화를 유지하며 지킬 수 있다고 믿는 태도 역시 가능한 하나의 기독교적 태도라는 것을 인정해야 한다. 한편으로 핵무기를 없애려 할 때, 이는 자연히 다른 편의 군사적 우위를 보장하게 될 것이다. (…) 서방측이 만약 핵무기를 포기한다면 정의와 자유가 오랫동안 상실되는 모험이 따를 수도 있다는 것을 부정할 수 없다. 서방측의 핵무기 보유는 이런 모험을 피하기 위한 노력이다.[269]

이 테제의 핵심은 양립 불가능한 '핵무기 포기'와 '핵무기 보유'라는 주장을 모두 가능한 것으로 보고 이 둘을 함께 아우르려는 노력임을 알 수 있다. 당위로서의 평화를 주장하지만, 현실에는 그 당위를 불가능하게 하는 조건이 많음을 알기 때문이다. 이 테제는 핵무기를 가질 수는 있지만, 사용하면 안 되고, 가지지 않는다면, 상대방에게 진다는 것을 각오해야 하는 딜레마이다. 이런 핵상황은 정의로운 전쟁의 폭을 좁히게 하는 것이다.

이런 점에서 저항권은 양립할 수 없는 정의로운 전쟁과 평화주의를 아우를 수 있는 주장으로 보인다. 즉 핵무기를 가지고 있되, 먼저 사용하지 않는 것이다. 그래서 정의로운 전쟁은 선제공격론을 배제해야 한다고 주장한다. 선제공격이 아닌 방어의 전쟁만이 가능하다. 그리고 상대방이 핵공격을 한다고 할지라도, 상술한 바와 같이 핵공격을 미리 알려줌으로 무고한 시민들이 피할 수 있는 기회를 주어야 한다. 이것이 비록 불가능해 보이지만, 이 좁은 길이 최후의 수단인 동시에 저항권의 개념과 가장 유사하다고 생각한다. 만일 기독교가 이런 점을 피하고, 선제공격을 인정하거나, 선제 핵공격을 인정할 경우, 그것은 정의로운 전쟁이라고 부를 수 있는 도덕적 근거를 상실하게 될 것이 분명하다. 이 길이 전쟁에 도덕성을 부여하는 것을 거부하는 현실주의와 비폭력 평화주의의 이상 사이의 좁은 길이며, 제3의 길을 여는 단초가 될 수 있을 것이다.

또 하나 본회퍼로부터 우리는 책임의 의미를 알게 된다. 슈바이커의 말

---

269) ibid, pp.513-514 재인용.

대로 기독교인은 하나님 앞에서 도덕적 행위자로서 책임이 있으며, 이 책임을 감당하는 것이 의무이다. 이러한 통전적인 책임을 감당한 자가 바로 본회퍼라고 볼 수 있다. 그는 책임 있는 인간이 무엇인가를 이렇게 말한다.

> 누가 확고하게 설 것인가? 그것은 오직 인간의 이성, 인간의 원리, 인간의 양심, 인간의 덕을 궁극의 규범으로 하지 않고 신앙상 하나님과만 결합되어 있으며 하나님에게만 순종하고 책임 있는 행위를 하도록 부름을 받으면 그러한 것 일체를 희생할 용의가 있는 인간, 그의 생이 하나님의 물음과 부름에 대한 답 이외의 것이기를 원치 않는 책임 있는 인간뿐이다. 이러한 책임 있는 인간이 어디에 있을까?[270]

본회퍼는 책임 있는 인간은 어디에 있을까 스스로 묻고, 스스로 그 자신임을 삶으로 보였다. 책임은 실천하는 자의 것이다. 기독교인이 걷고자 하는 이 길은 좁은 길이다. 정의로운 전쟁이나 평화주의 양자 간에 택하는 것보다 더 어려운 것이 양립할 수 없는 이 두 길을 아우르면서 가야 하는 것이 기독교인의 길이다. 그 길은 현실적이지만 사악한 정부나 독재자에게 이용당하기 쉬운 정의로운 전쟁의 부정적인 면을 극복하면서 동시에 소박하고 이상적이지만 현실에 적실성이 없는 평화주의의 단점을 보완할 수 있는 유일한 길이라고 할 수 있겠다. 분명 이 길이 제3의 길은 아니지만, 도덕적 기독교인이 가야 할 길이요, 니버와 요더를 넘어서서 새로운 인류의 평화를 향해 조금이라도 다가가는 길이라고 생각한다.

---

270) Dietrich Bonhoeffer, 고범서 옮김, 『옥중서간』(서울: 대한기독교서회, 2008), p.15.

## 제7장
## 결론

    지금까지 니버와 요더를 비교하면서 그들이 정의로운 전쟁과 평화주의를 주장하게 된 사회 윤리의 구조와 그와 결부된 논변들을 현실성, 폭력, 책임을 중심으로 살펴보았다. 이 둘의 주장은 모두 기독교 전통의 두 줄기이고 귀한 유산이다.

    이 책에서 보면 정의로운 전쟁이나 평화주의 모두 공통적으로 인정하는 것이 두 가지 있다. 하나는 폭력이나 전쟁은 피해야 한다는 것이다. 평화주의는 전쟁을 절대적으로 피하는 것이 기독교인으로서의 의무라고 보는 반면에, 정의로운 전쟁은 조건적이지만 현존하는 악과 싸우는 것이 타당하다고 보는 것이다. 다른 하나는 평화를 이룩하는 것이 목표라는 점이다. 정의로운 전쟁이든 평화주의이든 목표는 평화이다. 정의로운 전쟁도 역시 정의와 평화를 위해서이고, 평화주의 역시 그러하다. 과정과 방법의 차이가 있을 뿐이다. 둘 다의 목표는 "칼을 쳐서 보습을 만들고 창을 쳐서

낫을 만드는"(미가 4:3) 것이다. 즉 결론은 평화를 이루는 것이다. 다만 니버는 교회와 국가가 일치하는 제국으로서의 기독교를 보았고, 요더는 재세례파인으로서 소종파의 기독교를 보았다. 각기 자기의 자리에서 기독교의 서로 다른 유산과 줄기를 흡수하여, 기독교 사회윤리를 주장한 것이다. 아우구스티누스에서 아퀴나스, 루터와 칼빈 그리고 현대에 이르기까지 흐르고 있는 정의로운 전쟁의 전통과 초대교회에서 수도원운동 재세례파 그리고 현대에 이르기까지 흐르고 있는 평화주의의 전통이 니버와 요더를 통해 새롭게 펼쳐졌다고 볼 수 있다.

니버와 요더의 사회윤리는 기독교에 바탕을 두고 있다. 이들에게 행위의 규범은 성경이다. 그 성경을 어떻게 해석하느냐, 그리고 세계를 어떻게 보느냐에 따라 이들의 사회윤리는 달라진다. 그 가운데 정의로운 전쟁과 평화주의라는 상반된 주장을 하게 된 이론적 틀을 살펴봄으로써, 기독교 사회윤리가 가진 다양한 해석의 가능성과 윤리의 다양성을 발견 할 수 있었다. 정의로운 전쟁이나 평화주의 이 둘의 지향은 무엇보다 인류의 평화임에는 틀림이 없다. 이 둘 가운데 하나를 선택할 수는 있지만, 선택하는 순간 한 입장은 옳지 못한 주장이 되어 버린다. 정의로운 전쟁만을 주장한다면, 역사에서 보듯이, 인간의 교만과 죄로 인해 전쟁을 하면서 정의롭지 않는 전쟁을 정의롭다고 할 것이다. 반대로 평화주의만을 주장한다면, 이 역시 국가에 외면당한 채, 소수의 소리로 전락할 수밖에 없다.

이 논문에서 살펴본 바, 먼저 현실성을 중심으로 보면, 현실성으로서의 정의로운 전쟁은 현실적인 적실성이 있다. 니버에 따르면 인간의 본성이 악하기에 세계는 폭력과 부정의에 사로잡혀 있는데, 이를 바로 잡기 위해서 기독교인은 정의를 행해야 하며, 그 정의를 행하기 위해서 정의로운 전쟁도 가능하다고 본다. 이러한 견해는 기독교인으로서 정의로운 전쟁의 필요성과 가능성을 열어 두기 때문에 현실에 적실성이 있다. 반면에 요더의 평화주의는 기본적으로 기독교인에게 예수의 가르침을 따라야 한다고 말한다. 이는 기독교인으로서 당위의 길이다. 현실에서 현실성은 일단 실천하는 것이고, 그 다음은 하나님의 손에 맡기는 것이다. 이러한 견해는 현실에 적실성이 부족하다고 볼 수 있다.

폭력을 중심으로 보면, 정의로운 전쟁과 평화주의 모두 폭력에 반대한다. 정의로운 전쟁 역시 목적은 폭력을 최소화하자는 것이다. 니버는 정치와 깊은 관련을 지으면서 정의 실현의 과정에서 생기는 최소한의 폭력은 인정한다. 이것이 정의로운 전쟁으로 나타나는데, 그가 폭력을 인정하는 것은 이 세상이 악에 물들어 있기 때문이다. 반면에 요더는 폭력에 대해 철저하게 반대한다. 그러나 이 반대가 오히려 폭력을 조장하는 계기가 된다는 것을 요더는 의식하지 않는다.

책임을 중심으로 살펴보면, 니버와 요더 모두 기독교인으로서 책임을 다하려고 한다. 니버는 기독교 국가이면서 동시에 제국인 미국의 역할을 중시하고, 미국이 세계 정의를 위하여 일하게 하는 데에 기독교인의 역할과 책임이 막중하다는 것을 강조한다. 반면에 요더는 국가가 아닌 교회 공동체가 져야 할 책임에 대해 말한다. 기독교인은 예수의 가르침을 충실히 따르는 것으로 맡은 바 소임을 다하는 것이라고 본다. 이는 결국 현실에 존재하는 다양한 문제에 관심을 두지 않고, 원칙에만 충실한 태도이다.

이들의 입장은 서로 반대로 보이기도 한다. 그러나 자세히 보면, 반대가 아니라, 같은 것을 다른 방식으로 말하고 있음을 알 수 있다. 즉 기독교인으로 책임을 가지고 세상에 어떻게 대응할 것인가 하는 사회윤리적인 관심과 문제의식에서 출발한 두 사람은 서로 다른 답을 내놓고 있는 것이다. 분명히 현실적으로는 니버의 견해가 훨씬 더 적실성이 있다고 생각되지만, 요더의 평화주의 역시 소중한 기독교의 자산임이 분명하다. 그러므로 니버의 주장이나 요더의 주장은 서로 다른 것이 아니다. 다만 니버의 사회윤리는 세상에 대한 기독교의 응답이고, 요더의 사회윤리는 교회에 대한 응답이라고 할 수 있겠다.

이와는 다른 해결의 길을 모색하는 방식이 있다. 휴고 그로티우스는 전쟁과 평화의 문제를 국제법이라는 도구로 해결하려고 하였다. 그는 항구적이고 영원한 평화의 전망을 비현실적 유토피아로 보고 거부하였다. 그는 유토피아적 개념에 반대하여 전쟁의 차단 곧 전쟁을 합법화하는 것에 관심을 가진다.[271] 칸트 역시 국제기구를 통해 평화를 추구해야 한다고 하였다. 이러한 논의는 오늘에도 계속된다. 그러나 오늘날 세계는 평화가 더욱 멀어지고 있다고 느껴진다. 전쟁에 도덕성을 개입하는 것을 거부하기 때문이다. 반면에 평화주의는 전쟁의 대안으로 이야기되고 있으나, 폭력의 철저한 배제는 현실성의 결여로 비판받고 있다.

전쟁과 평화라는 주제는 오늘날과 같은 핵전쟁의 위기 앞에서 서 있는 인류에게 생존의 문제임은 분명하다. 인류는 전쟁을 피하기를 원한다. 기독교인 역시 마찬가지이다. 가급적 전쟁을 피하거나, 아니면 전쟁을 해도 윤리적으로 정당화될 수 있는 정의로운 전쟁을 해야 한다고 본다. 현실주의자처럼 전쟁의 목적을 이기는 것에만 두기에는 너무나 위험하다. 그렇다고 평화주의자처럼 비폭력만을 주장하기에는 너무나 엄중하다. 전쟁에 도덕성을 부여하는 정의로운 전쟁만이 기독교인의 양심과 윤리에 상응할 수 있다. 다만 정의로운 전쟁론이 가지는 한계 또한 분명하다. 그럼에도 전쟁에 도덕성을 부여하는 일은 폭력이나 전쟁의 감소에 중요한 일이라고 생각한다.

---

271) W. 후버·H. R. 로이터, op, cit, p.120.

필자는 정의로운 전쟁이 가지는 부정적 함의를 인식하면서, 제3의 길을 제시하지는 못했지만, 적어도 그 단초는 제시했다고 본다. 평화는 모든 이의 바람이며 소망이다. 그것을 이루기 위한 방법에 평화주의도 있고 정의로운 전쟁도 있다는 것이다. 윙크의 길처럼 평화주의 입장을 보다 강조할 수도 있지만, 이는 바람직하지 않다고 여겨진다. 앞에서 계속 논의되었지만, 이루기에게는 너무 높이 있는 이상이기 때문이다. 평화주의도 스테르바의 주장처럼 비폭력을 포기하고 평화주의를 정의로운 전쟁의 입장으로 바꾸어 가는 방식이 있다. 반대로 정의로운 전쟁의 입장에서 평화주의 쪽으로 가까이 다가가는 방식도 있다.

정의로운 전쟁을 주장하는 입장에서 방점은 전쟁이 아니라 '정의로운'이라는 말에 있다. 정의로운 전쟁이 비록 현실에서는 불가능할지라도, 이는 당위적 차원에서도 필요하다. 전쟁에 도덕성이나 옳고 그름을 부여함으로 말미암아 전쟁은 이기는 것이 선이라고 생각하는 현실주의자들의 부정의를 드러낼 수 있으며, 또한 부정의한 전쟁을 하면서 정의를 말하는 자들에게 자신의 부정의를 드러낼 수 있기 때문이다. 이러한 점에서 정의로운 전쟁은 의미있다. 특별히 필자는 정의로운 전쟁의 입장을 지지하지만, 그 단점을 극복하기 위해서 본회퍼처럼 정의로운 전쟁의 주장을 수용하면서도 평화주의의 정신은 잊어버리지 않는 길을 가는 것이 중요하다고 본다. 그 길이 좁지만, 언젠가는 진정한 제3의 길을 발견할 수 있을 것이라고 생각한다. 단지 이 논문에서는 제3의 길을 여는 단초를 제공하는 것으로 만족하겠다.

마지막으로 인류가 자멸의 기로에 선 엄중한 이 시대에 기독교인은 무엇을 해야 하는가를 묻지 않을 수 없다. 이제 교회는 세상에 평화를 말하고, 주장해야 한다. 그러나 국가가 악에 의해 공격을 당하거나, 사람들이 인종적 편견이나, 무자비한 살육으로 인해 죄 없이 죽음을 당할 때, 전쟁이 아니고서는 도저히 해결책이 없을 때, 최후의 수단(ultima ratio)으로 교회는 정의로운 전쟁을 인정할 수 있어야 한다. 이 길이 평화주의의 낙관론적이고 이상적인 면을 극복하면서, 동시에 정의로운 전쟁을 인정함으로써 겪게 될 전쟁의 오용 가능성을 극복할 수 있는 가능한 대안이라고 생각한다.

# 참고 문헌

## 1. Reinhold Niebuhr

Niebuhr, Reinhold, *Does Civilization Need Religion?*, New York: Macmillian Co., 1927.

_____, *An Interpretation of Christian Ethics*, New York: Hopper & Brothers Publishers, 1935.

_____, *Christianity and Power Politics*, New York: Charles Scribner's Sons, 1940.

_____, *Moral Man and Immoral Society*, New York: Charles Scribner's Sons, 1941.

_____, *The Children of Light and Children of Darkness*, New York: Charles Scribner's Sons, 1944.

_____, *Faith and History*, New York: Charles Scribners Sons,1949.

_____, *Love and Justice : Selections from the Writing of Reinhold Niebuhr*, D. B. Robertson, ed., Louisville: Westminster John Knox Press, 1957.

_____, *The Nature and Destiny of Man*, I,II New York: Charles Scribner's Sons, 1996.

## 2. John Howard Yoder

Yoder, John Howard, *Karl Barth and the Problem of War*, Nashville: Abingdon Press,1970.

_____, *The Original Revolution: Essay on Christian Pacifism*, Scottdale, Pa: Herald Press, 1971.

_____, *Nevertheless: Varieties of Religious Pacifism*, Scottdale, Pa: Herald Press, 1971.

_____, *What Would You Do?*, Scottdale, Pa : Herald Press 1983.

_____, *The Priestly Kingdom: Social Ethics as Gospel*, Notre-Dame, Indiana: Univ. of Notre Dame Press, 1984.

_____, *When War is Unjust*, 2ed., New York: Orbis Books, 1996.

_____, *The Royal Priesthood*, Scottdale, Pa: Herald Press, 1998.

_____, *The Christian Witness to the State*, Wipf and Stock Publishers, 1998.

_____, *The Wisdom of The Cross*, Grand Rapids, Mich: Wm. B. Eerdman Publising Co., 1999.

_____, *The Politics of Jesus*, Grand Rapids, Mich: Eerdma Publishing Co., 2ed., 1994. 신원하, 권연경 옮김. 『예수의 정치학』 서울: IVP, 2007.

_____, *For the Nations*, Grand Rapids, Mich : Wm. B. Eerdman Publising Co., 1999.

_____, *Christian Attitudes to War, Peace, and Revolution*, Theodore J. Koontz and Alexis-Baker, ed., Grand Rapids: Brazos Press, 2009

## 3. 국외 문헌

Bainton, Roland H. *Christian Attitudes Toward War and Peace*, Nashville: Abingdon Press, 1960.

Burns, J. Patout ed., *War and Discontents-Pacifism and Quietism in the Abrahamic Traditions*, Washington,D.C.: Georgetown University Press, 1996.

Carter, Craig A, *The Politics of the Cross*, Grand Rapids, Mich: Brazos Press, 2001.

Bonhoeffer, Dietrich, *Ethics*, New York: Touchstone Book, 1995.

Christopher, Paul, *The Ethics of War and Peace*, New York: Prentice Hall, 1994.

Gingerich, Barbara Nelson, *The Church's Peace Witness*, Grand Rapids, Mich: Wm. B. Eerdman Publising Co., 1994.

Harland, Gorden, *Thought of Reinhold Niebuhr*, Louisville: Westminster John Knox Press, 1996.

Hobbes, Thomas, *Leviathan*, ed.., Belmont, CA: Wardsworth, 1996.

Hauerwas, Stanley, *Vision and Virtue*, NotreDame, Indiana: University of Notre Dome Press, 1986.

Hauerwas, Stanley ed., *The Wisdom of the Cross*, Grand Rapids, Mich: Wm. B. Eerdman Publising Co., 1999.

Johnson, James, *The Quest for Peace*, Princeton: Princeton University Press, 1987.

Lehmann, Paul L. *Ethics in A Christian Context*, New York: Hopper & Row, 1963.

Lovin, Robin W. *Reinhold Niebuhr and Christian Realism*, New York: Cambridge University Press, 1995.

Miller, Richard B, ed., *War in the Twentieth Century*, Louisville: Westminster/John Knox Press, 1992.

Ramsey, Paul, *Speak Up for Just War or Pacifism*, University Park: Pennsylvania State University, 1988.

_____, *Basic Christian Ethics*, Charles Scribner's Sons, 1950.

_____, *War and the Christian Conscience*, Durham: Duke University Press, 1961.

_____, *The Just War*, Boston: University Press of America, 1983.

Shannon, Thomas A. ed., *War and Peace?: the Search for New Answers*, New York: Orbis Books, 1980.

Teichman, Jenny, *Pacifism and the Just War*, Oxford: Basil Blackwell, 1986.

Troeltsch, Ernst, *The Social Teaching of the Christian Churches*, vol. I, II, trans. by Olive Wyon, Chicago: The University of the Chicago Press, 1991.

Wagaman, J. Philip, *Christian perspectives on Politics*, Louisville: Westminster/John Knox Press, 2000.

## 4. 번역 문헌

Augustinus, De Civitate Dei, 성염 옮김, 『신국론』, 왜관: 분도출판사, 2004.

Allen, J. L, War : a Primer for Christians, 김흥규 역, 『기독교인은 전쟁을 어떻게 볼 것인가』, 서울: 대한기독교서회, 1993.

Arendt, Hannah, *Eichmann in Jerusalem*, 김선욱 옮김, 『예루살렘의 아이히만』, 파주: 한길사, 2007.

_____, On Violence, 김정한 옮김, 『폭력의 세기』, 서울: 이후, 2008.

Arrington, Robert L, *Western Ethics: An Historical Introduction*,

김성호 옮김, 『서양윤리학사』, 서울: 서광사, 2003.

Babcock, W. S, *The Ethics of St. Augustine*, 문시영 옮김, 『아우구스티누스의 윤리학』, 서울 : 서광사, 1998.

Bok, Sissela, *A Strategy for Peace*, 박상섭 옮김, 『평화를 위한 전략』, 서울: 인간사랑, 1991.

Bonhoeffer, Dietrich, *Widerstand und Ergebung*, 고범서 옮김, 『옥중서간』, 서울: 대한기독교서회, 2008.

Brunner, Emil, Gerechtigkeit, 전택부 옮김, 『정의와 사회질서』, 서울: 대한기독교서회, 2003.

Calvin, John, 김종흡, 심복윤, 이종성, 한철하 옮김, 『기독교강요』下, 서울: 생명의 말씀사, 1986.

Clausewitz, Carl von, Von Kriege, 김만수 옮김, 『전쟁론』, 서울: 갈무리, 2008.

Copleston, F. Mediaeval, *Philosophy: Augustine to Scotus*, 박영도 옮김, 『중세철학사』, 서울: 서광사, 1988.

Dillenber, John ed, 이형기 옮김, 『루터저작선』, 서울: 크리스챤다이제스트, 1994.

Galtung, Johan, *Peace by Peaceful Means*, 강종일 외 옮김, 『평화적 수단에 의한 평화』, 서울: 들녘, 2000.

Glover, Jonathan, *Humanity: a Moral History of the Twentieth Century*, 김선욱, 이양수 옮김, 『휴머니티』, 서울: 문예출판사, 2008.

Gustafson, James M, *Protestant and Roman Catholic Ethics*, 김희섭 옮김, 『신교와 구교의 윤리』, 서울: 대한기독교출판사, 1984.

Hauerwas, Stanley, William H. Willimon, Resident Aliens, 김기철

옮김, 『하나님의 나그네 된 백성』, 서울 : 복있는사람, 2008.

Hays, Richard, *The Moral Vision of the New Testament*, 유승원 옮김, 『신약의 윤리적 비전』, 서울: IVP, 2007.

Howard, Michael, *The Invention of Peace*, 『평화의 발명』, 서울: 전통과 현대, 2002.

Huber, Wolfgang. Hans-Reuter. 김윤옥·손규태 옮김, 『평화윤리』, 서울: 대한기독교서회, 1997.

Huntington, Samuel, *The Clash of Civilizations and The Remaking of World Order*, 이희재 옮김, 『문명의 충돌』, 서울: 김영사, 2001.

Jonas, Hans, Das Prinzip Verantwortung, 이진우 옮김, 『책임의 원칙: 기술 시대의 생태학적 윤리』, 서울: 서광사, 1994.

Kant, Immanuel, Zum ewigen Frieden, 이한구 옮김, 『영구 평화론』, 서울: 서광사, 2008.

Küng, Hans, Project Weltethos, 안명옥 옮김, 『세계윤리구상』, 왜관: 분도출판사, 1992.

Lacky, Douglas P, *The Ethics of War and Peace*, 최유신 옮김, 『전쟁과 평화의 윤리』, 서울: 철학과 현실사, 2006.

Merton, Thomas, *Peace in The Post-Christian Era*, 조효제 옮김, 『머튼의 평화론』, 왜관: 분도출판사, 2006.

Niebuhr, Richard H, *The Responsible Self*, 정진홍 옮김, 『책임적 자아』, 서울: 한국장로교출판사, 2001.

Paige, Glenn D, *Nonkilling Global Political Science*, 정윤재 옮김, 『비살생 정치학』, 서울: 백산서당, 2008

Plato, *Politeia*, 박종현 옮김,『국가』, 서울: 서광사, 1997.

Rachels, James ed, 황경식 옮김, 『사회윤리의 제문제』, 서울: 서광사, 1998.

Rawls, John, *A Theory of Justice*, 황경식 옮김, 『정의론』, 서울: 서광사, 2002.

Schaff, Philip, *History of the Christian Church*, 3 이길상 옮김,『교회사 전집』3권, 서울: 크리스챤다이제스트, 2006.

Schweiker, William, *Responsibility and Christian Ethics*, 문시영 옮김, 『책임윤리란 무엇인가』, 서울: 대한기독교서회, 2000.

_____, *Power, Value and Conviction*, 문시영 옮김, 『포스트모던시대의 기독교 윤리』, 서울: 살림, 2003.

Seligmann, Refael, *Hitler: die Deutscher und ihr Fuhrer*, 박정희, 정지인 옮김, 『집단 애국의 탄생 히틀러』, 서울: 생각의 나무, 2008.

Singer, Peter, *One World:The Ethics of Globalization*, 김희정 옮김, 『세계화의 윤리』, 서울: 아카넷, 2003.

Theissen, Gerd, 『원시그리스도교에 대한 사회학적 연구』, 서울: 대한기독교서회, 1994.

Valls, Andrew ed, 김한식, 박균열 옮김, 『국제정치에 윤리가 적용될 수 있는가』, 서울: 철학과 현실사, 2004.

Walzer, Michael, *Just and Unjust Wars : A Moral Argument with Historical Illustrations*, 권영근, 김덕현, 이석구 옮김, 『마르스의 두 얼굴』, 서울: 연경문화사, 2007.

Waltz, Kenneth, *Man, The State and War*, 정성훈 옮김, 『인간 국가 전쟁』, 서울: 아카넷, 2007.

Max Weber, *Politik als Beruf*, 전성우 옮김, 『직업으로서의 정치』, 서울: 나남출판, 2007.

Wengst, Klaus, Pax Romana, 정지련 옮김, 『로마의 평화』, 천안: 한국신학연구소, 1994.

Wink, Walter, *Jesus and Nonviolence: A Third Way*, 김준우 옮김, 『예수와 비폭력 저항』, 서울: 한국기독교연구소, 2003.

Zinn, Howard, *On War*, 유강은 옮김, 『전쟁에 반대한다』, 서울: 이후, 2003.

다케니카 치하루, 노재명 옮김, 『왜 세계는 전쟁을 멈추지 않는가?』, 서울: 갈라파고스, 2009.

## 5. 국내문헌

강사문, 『구약의 하나님』, 서울: 한국성경학연구소, 1999.

고범서, 『개인윤리와 사회윤리』, 서울: 한국신학연구소, 1984.

_____, 『사회윤리학』, 서울: 나남, 1993.

_____, 『라인홀드 니버의 생애와 사상』, 서울: 대화문화아카데미, 2007.

그리스도교 철학연구소편, 『현대사회와 평화』, 서울: 서광사, 1991.

김균진, 『기독교조직신학』Ⅱ, 서울: 연세대출판부, 1989.

김선욱, 『정치와 진리』, 서울: 책세상, 2001.

김용옥, 『나는 불교를 이렇게 본다』, 서울: 통나무, 1999.

노영상, 『기독교 사회윤리 방법론에 대한 해석학적 접근』, 서울: 장로회신학대학교출판부, 2006.
맹용길,『전쟁과 평화』, 서울: 쿰란출판사, 1994.
박원기,『평화의 추구』, 서울: 이화여대출판부, 1992.
박충구,『기독교윤리사』, 서울: 대한기독교서회, 2000.
서강대학교 철학연구소편,『평화의 철학』, 서울: 철학과 현실사, 1995.
신원하,『전쟁과 정치』, 서울: 기독교서회, 2003.
송호근, 서병훈 편,『시원으로의 회귀』, 서울: 나남출판, 1999.
이삼성,『미래의 역사에서 미국은 희망인가』, 서울: 당대, 1995
이삼열,『기독교와 사회참여』, 서울: 한국신학연구소, 1986.
이상원,『라인홀드 니버』, 서울: 살림, 2006.
이석우,『아우구스티누스』, 서울: 민음사, 1995.
이장형,『라인홀드 니버의 사회윤리 구성과 인간이해』, 서울: 선학사, 2002.
임지현외,『우리 안의 파시즘』, 서울: 삼인, 2000.
오만규,『초기 기독교와 로마 군대』, 서울: 한국신학연구소, 2001.
유지황,『어거스틴의 신학 사상 이해』, 서울: 땅에 쓰신 글씨, 2006.
유현석,『국제정세의 이해』, 서울: 한울아카데미, 2003.
장 욱,『폭력에 대한 철학적 성찰』, 서울: 철학과 현실사, 2006.
정원범,『신학적 윤리와 현실』, 서울: 쿰란출판사, 2004.
조요한,『관심과 통찰』, 서울: 숭실대출판부, 2004.
철학연구회,『정의로운 전쟁은 가능한가』, 서울: 철학과 현실사, 2006.
최상용,『평화의 정치사상』, 서울: 나남출판, 2006.
황경식,『사회정의의 철학적 기초』, 서울: 문학과 지성사, 1996.

## 6. 간행물 및 논문

Zimmerman, Earl, A Praxis of Peace: The "Politics of Jesus" According to John Howard Yoder, Doctoral Dissertaion, Washington, D.C: The Catholic University of America. 2004.

Sterba, James, Reconciling Pacifists and Just War, Social Theory and Practice, spring, 1992, Vol.18, Florida: Florida University Press.

Sin, Won Ha, The Models of Social Transformation: A Critical Analysis of The Theological Ethics of John Howard Yoder and Richard J.Mouw, Boston: Boston University, 1997.

고재길,「본회퍼의 책임윤리의 기초: 그리스도의 대리행위」,『목회와 신학』, 2008년 6월.

김기순,『권력의 의의와 역할에 관한 사회윤리학적 연구』, 숭실대학교 철학과 박사학위논문, 1984.

김선욱,「평화에 대한 정치윤리적 반성」, 한국동서철학회,『동서철학연구』 제 33호, 2004년. 9월.

_____,「에치오니의 삶과 사상 : 비판적 검토」, 미간행 논문.

_____,「정치에 대한 크리스천의 책임의 문제」, 미간행 논문.

김정우,「정의로운 전쟁 이론에 관한 윤리 신학적 고찰」,『현대가톨릭 사상』vol. No23., 대구가톨릭대 가톨릭연구소, 2000.

박도현,「전쟁에 대한 동서양의 태도」, 숭실대학교 철학과,『사색』, 18집, 2002.

_____, 「기독교인에게 평화는 가능할까?」, 한국기독교사회윤리학회편, 『기독교사회윤리학회』 제14집, 2007.

_____, 「고범서의 시각에서 본 라인홀드 니버의 사회윤리학」, 한국기독교사회윤리 학회편, 『기독교사회윤리학회』 제16집, 2008.

박준식, 「창조적 긴장관계에 있는 두 교회론」, 『목회와 신학』, 2005, 7월호.

박종도, 「기독교 평화주의와 믿음의 공동체」, 『신학사상』, 2002년 겨울호.

이석우, 「Aurelius Augustin 과 전쟁론」, 『경희사학』 6,7,8합본호, 경희대 사학회편, 1980년 2월.

이종원, 「정당전쟁론에 대한 윤리적 탐구」, 중앙대철학연구소, 『철학 탐구』 vol.23. 2008.

유석성, 「본회퍼의 평화주의와 정치적 저항권」, 『神學思想』, 한국신학연구소, 1995년 겨울.

정기환, 「콘스탄티누스의 종교정책(1)」, 『종교와 문화』, 1998, 4권.

## 주제어 및 인명 색인

**[ㄱ]**

간디, 마하트마 61, 96, 112, 177
갈퉁, 요한 22, 58-61, 65, 105
거룩한 전쟁 24-28
거스탑슨, 제임스 64, 91
교회론 114
구조적인 폭력 110
국제법 48, 166, 178, 200
국제연합헌장 166
권력 34, 75, 78, 83-86, 94, 99, 112, 134, 135, 149, 153-155, 161, 163, 178-179, 184-186

근사적 접근 153
글로버, 조나단 22, 50, 56
기독교 박해 31
기독교 사회윤리 14-17, 23, 73, 86, 115, 125, 164, 198
기독교 현실주의 72, 78, 80, 90, 92, 99, 138

**[ㄴ]**

니버, 라인홀드 14-16, 18-19, 21, 23, 36, 39, 67-68, 70-75, 77-78, 80-86, 90, 92, 95, 98-102,

104, 106–108, 111–121, 123, 125, 138, 141–143, 145–146, 148–155, 163–165, 168–170, 179, 183, 188–189, 192, 195, 197–200
니버, 리차드 144

**[ㄷ]**
도덕적 인간과 비도덕적 사회 81, 83, 153
두 도성 157–158
두 왕국론 37

**[ㄹ]**
라우쉔부쉬, 월터 79
래키, 더글라스 61–62, 171, 173
램지, 폴 22, 124–125, 151, 171
레만, 폴 16, 183
롤즈, 존 186
루소, 장 자크 47, 72
루터, 마르틴 23, 37–39, 41, 77, 158, 162, 198

**[ㅁ]**
마르크스, 칼 72, 109, 152

마키아벨리, 니콜로 70, 133–134
머튼, 토마스 55, 132–133, 174
메노나이트 42, 101

**[ㅂ]**
바르트, 칼 87–90, 93, 139, 160
반전 평화주의 62, 190–191
베버, 막스 143–144, 148, 165, 192
베인튼, 로날드 21, 24, 30
복, 씨셀라 48–49
복수성(plurality) 49
본회퍼, 디트리히 19, 169, 183–184, 186–189, 192, 194–195, 201
부르너, 에밀 160
부정의 58, 75, 85, 94, 103–104, 116, 126, 148, 186, 188, 198, 201
불가능의 가능성 118, 138, 149
불복종 160, 185, 186
비치명적 평화주의 190
비폭력 14, 18, 22, 29, 42–43, 59–62, 88, 92–93, 96–97, 105, 112–113, 120–121, 131, 139–140,

142, 174, 183-184, 186, 188-191, 200-201
비폭력 저항 97-98, 168, 184
비폭력 평화주의 97, 128, 131, 190-191, 194

# [ㅅ]

선제적 무력 사용 173-174
성경적 현실주의 87, 90-92, 99, 123, 138
소로우, 헨리 185
소종파 29, 32, 41, 43, 64, 82, 87-88, 101, 109, 137-138, 155, 198
수도원 운동 23, 40-41, 187
슈바이커, 윌리엄 146, 188, 194
스테르바, 제임스 191, 201
스토아학파 118
시민불복종 185-186
신국론 35, 156-157
신념윤리 143-144, 164, 192
싱어, 피터 108, 181-182

# [ㅇ]

아가페 사랑 40, 99-101, 121, 124, 133, 149, 152
아도르노, 테오도르 12
아렌트, 한나 49-50, 71, 85, 111
아리스토텔레스 37, 45
아우구스티누스 22, 28, 33-34, 36-38, 61, 71, 74, 78, 155-158, 161, 170-171, 198
아우슈비츠 이후 12
아퀴나스, 토마스 22, 37, 198
악의 기원 75
암브로우시우스 28, 33
에라스무스 45-46
엔스콤, G. E. 55-56, 175
영구평화론 47-49, 59
예방적 무력 사용 172-174
예수의 윤리 14, 29, 42, 75, 95, 97-101, 117-120, 122, 128-130, 133, 138
예수의 정치학 89, 91, 94-96, 128-129, 131, 159-160, 162
와서스트롬, 리차드 53
완전성 122, 146-147

완전주의 42, 75, 77, 79, 99-101, 117-119, 122-123
왈쩌, 마이클 22, 57, 103-104, 172
요나스, 한스 146-147, 155
요더, 존 14-16, 18-19, 21, 23, 43, 67-68, 70, 87-99, 104-107, 111, 123, 127-128, 130-131, 133-134, 136-139, 142-143, 155-156, 159-165, 168-170, 177, 180, 184, 188-190, 195, 197-200
윌리암스, 로완 166
월츠, 케네스 22, 71-72, 181
윙크, 월터 97, 170, 180, 189-190, 201
이성적 윤리 82
이중효과의 원칙 55, 57, 140
인간의 본성과 운명 72-73

## [ㅈ]

자유주의 교회 79-80, 119, 121
재세례파 5, 22, 38, 41-43, 64, 82, 87-88, 95, 122-123, 138, 164, 198

저항권 19, 169, 181, 183-186, 188-189, 192, 194
적실성 18, 40-41, 49, 91-92, 99, 119, 123, 125, 128, 138, 190-191, 195, 198-199
전쟁에 개입할 수 있는 법 52, 102, 165
전쟁의 도덕성 54-55
전쟁 중의 법 52-53, 102, 165
정의로운 전쟁 평화주의 191
제3의 길 19, 62, 97, 169, 181, 189-190, 192, 194-195, 201
제도적인 폭력 110
종교적 윤리 82, 84
진, 하워드 167
집단 이기주의 81

## [ㅊ]

책임윤리 143-144, 146-147, 164-165, 187-188, 192
초대교회 23, 29-30, 32-33, 39-41, 43, 96, 136, 176, 198
최후의 수단 52, 57-58, 102-103, 126, 184-185, 188, 191-192, 194,

202

**[ㅋ]**

칸트, 임마누엘  22, 47-50, 59-62, 65, 72, 105, 146, 200

칼빈, 존  38-39, 160, 198

콘스탄티누스  27, 29, 32, 132, 134-137

콘스탄티누스주의  125, 135-137, 163

쿨만, 오스카  89, 159

큉, 한스  109

클라우제비츠  51, 57, 70

킹, 마틴 루터  96, 177, 185

퀘이커교도  23, 43, 64

**[ㅌ]**

타이센, 게라드  162

터툴리안  176

톨스토이, 레오  61

트뢸취, 에른스트  64, 100

**[ㅍ]**

포션, 니콜라스  69, 165

프롬, 에리히  185-186

플라톤  40, 43-45

**[ㅎ]**

하우어워스, 스텐리  92, 123, 168, 176-177

하워드, 마이클  22, 50

하이델베르크 테제  192

할랜드, 고든  149-150

핵 억지론  13, 167

핵평화주의  167-168

헌팅턴, 사무엘  109

혁명적 복종  96

호네커, 마틴  191

홉스, 토마스  46-47, 65, 72, 188

히로시마 이후  12, 67

히틀러, 아돌프  12, 49-50, 56, 84, 133, 139, 159, 183-184, 186, 188-189

힘  22-23, 34, 36, 69, 71, 73, 81-82, 85-86, 95, 98-99, 107-108, 110-112, 116-117, 123, 126, 133-137, 153-155, 157, 161, 163, 166, 178